Votre maison :

L'entretien et la réparation

La SCHL offre une vaste gamme de renseignements relatifs à l'habitation. Pour obtenir des précisions, composez le 1 800 668-2642 ou visitez notre site Web à www.schl.gc.ca.

This publication is also available in English under the title: Home Care: A Guide to Repair and Maintenance, 61019

Les renseignements contenus dans la présente publication
correspondent à l'état des connaissances dont disposait
la SCHL au moment de sa parution et ont été revus à fond
par un vaste échantillon de représentants du secteur
de l'habitation. La SCHL se dégage cependant de toutes
responsabilités relatives aux dommages, aux blessures,
aux dépenses et aux pertes que pourrait causer leur
utilisation.

Données de catalogage avant publication de la Bibliothèque nationale du Canada

Vedette principale au titre : Votre maison : l'entretien et la réparation

Éd. rév.
Publ. aussi en anglais sous le titre : Home care, a guide to repair and maintenance.
ISBN 0-660-96797-9
N° de cat. NH15-32/2003F

1. Habitations – Entretien et réparations – Guides, manuels, etc.
1. Société canadienne d'hypothèques et de logement.

TH4817.3H65 2003   634'.7   C2003-980038-5

© 1982, Canada Mortgage and Housing Corporation
Revised 2003
Reprinted 1985, 1988, 1990, 1992, 1994, 1995, 1997, 1998, 2001, 2003

Printed in Canada
Produced by CMHC

Table des matières

Gardez votre maison en bon état

Gardez votre maison en bon état

Votre maison représente un investissement important. C'est là que votre famille passe une bonne partie de son temps. Il importe donc de maintenir votre maison en bon état, de bien l'entretenir et d'en assurer la sécurité. *Votre maison* vous guidera dans l'exécution des réparations courantes à y faire pour la maintenir en bon état. Il ne s'agit pas d'un ouvrage sur la rénovation, mais plutôt sur les petits travaux d'entretien pour garder votre maison en bon état, la rendre plus saine et plus sûre. La meilleure façon d'y parvenir consiste à inspecter régulièrement votre maison et y effectuer un entretien de base. Normalement, la correction d'un petit problème est assez simple et empêche les problèmes plus graves et plus coûteux de survenir. En effectuant l'entretien et les réparations élémentaires, vous pourrez rendre votre maison plus saine, aussi bien pour vous, que pour votre famille, votre entourage et pour l'environnement. *Votre maison* vous indique comment utiliser des méthodes d'entretien et de réparations pour une *Maison saine*MC. Que vous soyez locataire ou propriétaire, *Votre maison* est un ouvrage indispensable.

Maison saine^MC et *Votre maison*

Le concept de la Maison saine^MC :
- contribue à une meilleure santé des occupants;
- réduit la consommation d'énergie;
- protège nos ressources naturelles;
- réduit les effets sur l'environnement;
- est plus abordable de par sa création, son exploitation et son entretien.

L'entretien et les réparations élémentaires vous donnent l'occasion de faire des choix plus sains en matière d'habitation. Les sections de *Votre maison* portant sur la maison saine^MC vous aideront à faire des choix plus sains notamment pour ce qui suit :
- La santé des occupants — Supprimez les problèmes d'humidité en faisant les réparations nécessaires pour éviter la formation de moisissure nuisible pour la santé. Employez des matériaux tels que des colles à base d'eau et des peintures peu toxiques qui dégagent peu ou pas d'agents chimiques dangereux.
- L'efficacité énergétique — Remplacez les ampoules grillées des appareils d'éclairage par des ampoules fluorescentes compactes peu énergivores qui vous permettront de réduire vos factures mensuelles d'électricité.
- L'économie des ressources — Réparez rapidement les robinets qui fuient afin d'économiser l'eau.
- La responsabilité environnementale — Utilisez des peintures à l'eau pour vos travaux de peinture. L'élimination de vos pots vides sera moins dommageable pour l'environnement.
- L'abordabilité — Faites entretenir vos installations de chauffage : elles offriront ainsi un rendement optimal et vous économiserez argent et énergie.

L'importance de l'entretien de votre maison

Au moment de l'entretien de votre maison, vous devez tenir compte de trois principaux éléments :

1. la sécurité;
2. empêcher la détérioration et l'usure par la prévention et la réparation; et
3. le maintien de la qualité de l'air intérieur (QAI) et l'amélioration du confort.

La sécurité avant tout

Lorsque vous songez à faire l'entretien de votre maison, vous devez toujours tenir compte de la sécurité avant tout.

- Sécurité incendie — Évitez les situations pouvant causer un incendie, telles que les problèmes électriques et les défectuosités des appareils de chauffage.
- Sécurité des structures — Corrigez les problèmes ayant une incidence sur la sécurité des structures de votre maison, tels que des fondations endommagées ou un plancher pourri.
- Qualité de l'air intérieur (QAI) — Des appareils de chauffage à combustible défectueux peuvent libérer du monoxyde de carbone, un gaz inodore qui peut être mortel. Cette situation est extrêmement dangereuse et doit être corrigée immédiatement. De plus, des problèmes d'humidité peuvent entraîner la formation de moisissure nuisible à la QAI de votre maison et susceptible de provoquer de graves problèmes de santé.

Sécurité incendie

Les feux d'habitations sont mortels

Des centaines de personnes meurent chaque année dans des incendies d'habitations. Plus des deux tiers de tous les incendies au Canada se produisent dans des maisons. Près de 1 000 incendies se déclarent dans des résidences et dans des appartements chaque semaine, soit plus de 50 000 par année.

Causes des incendies

La négligence et le manque d'entretien sont les plus fréquentes causes d'incendie dans les habitations. L'usage du tabac, les défectuosités du câblage électrique et des appareils électroménagers et la présence de matières combustibles peuvent déclencher des incendies qui pourraient être évités.

Solutions pour assurer la sécurité de sa famille

- Posez des détecteurs de fumée. Disposez-les à chaque étage de votre maison (y compris au sous-sol), en haut de chaque escalier et dans les corridors entre les chambres à coucher. Vérifiez les détecteurs tous les mois en appuyant sur le bouton d'essai. Si le détecteur fonctionne à pile, remplacez la pile à un moment déterminé, à tous les six mois. Pour vous rappeler plus facilement le jour où vous devez remplacer la pile, faites-le lorsque vous changez l'heure (passage de l'heure normale à l'heure avancée et vice versa).

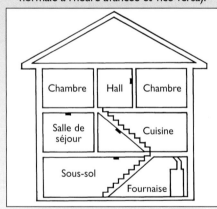

- Gardez des extincteurs d'incendie à portée de la main et chargés. Montrez à tous les occupants de la maison à se servir correctement d'un extincteur d'incendie.
- Ayez un plan de sécurité incendie et exercez-vous régulièrement avec votre famille.
- Interdisez l'usage du tabac dans votre maison.
- Si vous autorisez l'usage du tabac à l'intérieur, videz toujours les cendriers dans un contenant métallique approprié. Gardez les allumettes et les briquets hors de portée des enfants.

- Avant de quitter la maison, assurez-vous que les appareils électroménagers sont arrêtés.
- Utilisez uniquement des appareils électroménagers approuvés par l'Association canadienne de normalisation (CSA) ou par les Laboratoires des assureurs du Canada (ULC). Un appareil approuvé comporte une étiquette ou une vignette portant la mention « Approuvé par la CSA » ou « Approuvé par les ULC ».
- Gardez les appareils en bon état de marche. Remplacez ou réparez les fiches ou les cordons endommagés.
- Gardez les fours propres et exempts de graisse qui pourrait déclencher un grave incendie.
- Gardez les surfaces adjacentes aux appareils de chauffage et de cuisson propres et exemptes de matières combustibles. Enlevez les rideaux des fenêtres à proximité de la cuisinière. Les rideaux qui battent au vent lorsque la fenêtre est ouverte peuvent facilement prendre feu.
- Faites inspecter et nettoyer les appareils de chauffage au moins une fois l'an.
- Faites ramoner les cheminées et les tuyaux de poêles au moins une fois l'an.
- Enlevez tous les articles superflus ou les déchets pouvant déclencher un incendie et placez-les dans un endroit sûr.
- Ne rangez rien dans les espaces sous les escaliers. Si un incendie se déclare dans un escalier, il peut se propager rapidement et vous empêcher de quitter l'immeuble.
- Rangez les peintures, l'essence et d'autres liquides combustibles ou explosifs dans des contenants sûrs, à l'extérieur et à l'écart de la maison.
- Gardez toujours la pelouse bien tondue autour de la maison pour empêcher qu'un feu de broussailles se propage à votre maison.

Votre plan familial de sécurité incendie

- Réunissez les membres de votre famille et préparez ensemble un plan pour quitter la maison et établir un point de rencontre à l'extérieur.
- Revoyez le plan et exercez-vous deux fois par année, par exemple au moment où vous devez changer d'heure (passage de l'heure normale à l'heure avancée et vice versa). Profitez-en pour vérifier le bon fonctionnement des détecteurs de fumée et remplacer les piles le cas échéant.
- Gardez toutes les voies d'accès près des portes de sortie libres de tout

obstacle, de manière à pouvoir quitter rapidement la maison.
- Assurez-vous que les fenêtres peuvent facilement être ouvertes pour qu'elles puissent servir de voies de sortie au besoin.
- Sachez qui appeler en cas d'incendie. Dans bien des localités vous pouvez composer le 9-1-1, mais dans d'autres vous devrez appeler le service des incendies. Toutes les personnes de votre ménage doivent connaître les numéros à appeler. Affichez les numéros d'urgence à côté de votre téléphone. Si votre téléphone comporte une fonction de composition abrégée, envisagez d'y programmer le numéro.
- Installez au moins un détecteur de fumée à chaque étage de votre maison. La plupart des victimes suffoquent en respirant la fumée et des gaz toxiques. Un détecteur de fumée peut vous sauver la vie en cas d'incendie.
- Assurez-vous que votre numéro civique est assez gros et facile à voir depuis la rue, surtout dans l'obscurité. Chaque seconde compte lorsque vous avez besoin d'aide. Posez votre numéro civique aux entrées et de chaque côté de votre boîte aux lettres en bordure de la rue de sorte que votre maison puisse être repérée rapidement. Les chiffres faits de matériaux réfléchissants constituent un bon choix car ils résistent aux intempéries et peuvent être apposés sur presque toutes les surfaces.

Lutte contre un incendie à la maison

Les cinq premières minutes d'un incendie sont critiques. Si un incendie se déclare dans votre maison, vous devez être en mesure de réagir lorsqu'il est peu important et avant qu'il devienne hors de proportion. Chaque type de feu est différent et tout feu est dangereux.

Voici quelques conseils utiles sur la sécurité incendie :

NE PRENEZ JAMAIS DE RISQUES. Si le feu est trop intense pour que vous puissiez vous-même le maîtriser, sortez de la maison, fermez la porte derrière vous et appelez de l'aide.

Feu sur une personne
- Si les vêtements d'une personne prennent feu, étouffez les flammes rapidement.
- Faites coucher la personne par terre, et enroulez-la dans un tapis, un vêtement ou une couverture de manière à étouffer les flammes et en lui laissant la tête à l'extérieur.

Sécurité incendie

Éteignez les flammes en tapant doucement. Dispensez les premiers soins à la victime (brûlures ou choc traumatique) et demandez immédiatement l'aide de services médicaux.

Feux de cuisson (graisse ou huile)
- Éteignez la cuisinière ou l'appareil, couvrez le récipient ou fermez la porte du four.
- Utilisez un extincteur chimique de classe B approuvé par les ULC ou saupoudrez du bicarbonate de soude sur le feu
- N'utilisez jamais d'eau! Elle ne fera que propager les flammes.

Feu d'origine électrique (moteurs, câblage et autres)
- Débranchez l'appareil si possible ou coupez l'électricité.
- Utilisez un extincteur de classe C approuvé par les ULC ou saupoudrez du bicarbonate de soude sur le feu.

- N'utilisez jamais d'eau sur des câbles sous tension sous peine de recevoir une décharge électrique.

Feux de matières combustibles ordinaires telles que du bois ou du papier
- Baissez-vous et tenez-vous loin de la chaleur et de la fumée.
- À l'aide d'un extincteur de classe A approuvé par les ULC, dirigez le jet à la base des flammes. Pour les feux de plancher, arrosez dans un mouvement de balayage de l'extérieur vers l'intérieur. Pour les feux sur les murs, arrosez dans un mouvement de balayage de bas en haut.
- N'entrez pas dans les placards ou le grenier, mais dirigez le jet de l'extincteur à l'intérieur.

Extincteurs d'incendie

Les feux sont répartis en trois classes :
Classe A : feux de matières combustibles ordinaires comme le bois ou le papier

Classe B : feux de liquides inflammables d'usage courant comme la graisse de cuisson ou l'essence
Classe C : feux d'origine électrique

Votre extincteur est marqué d'un symbole indiquant la classe de feu contre lequel vous pouvez l'utiliser. Apprenez la signification des symboles pour connaître le type de feu pour lequel vous pouvez utiliser l'extincteur. Pour la maison, les extincteurs polyvalents destinés à combattre les feux de classes A, B et C sont normalement les meilleurs.

Inspectez votre extincteur tous les mois. Vérifiez le manomètre pour vous assurer que l'extincteur est bien chargé. Il faut remplacer ou recharger périodiquement les extincteurs. La buse doit être exempte d'obstructions et le sceau doit être intact. Suivez les consignes d'entretien affichées sur l'extincteur.

Classe de feu	Extincteur à utiliser	Symbole
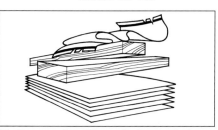 Matières combustibles ordinaires — bois, papier, textiles, déchets.	Extincteur à eau ou polyvalent à mousse ou à poudre chimique Accrochez l'extincteur au support fourni par le fabricant, de manière que sa partie supérieure ne soit pas à plus de 1 500 mm (5 pi) au-dessus du plancher.	 Ce symbole indique que l'extincteur doit être utilisé contre les feux de classe A. Le symbole est imprimé soit sur fond métallisé, soit sur fond vert.
 Liquides inflammables — huiles, graisses, peintures.	Extincteur polyvalent à poudre chimique, à mousse ou à dioxyde de carbone (CO_2) Accrochez l'extincteur au support fourni par le fabricant, de manière que sa partie supérieure ne soit pas à plus de 1 500 mm (5 pi) au-dessus du plancher.	 Ce symbole indique que l'extincteur doit être utilisé contre les feux de classe B. Le symbole est imprimé soit sur fond métallisé, soit sur fond rouge.
 Équipement, moteurs et installations électriques sous tension.	Extincteur polyvalent à poudre chimique ou à dioxyde de carbone (CO_2). Accrochez l'extincteur au support fourni par le fabricant, de manière que sa partie supérieure ne soit pas à plus de 1 500 mm (5 pi) au-dessus du plancher.	 Ce symbole indique que l'extincteur doit être utilisé contre les feux de classe C. Le symbole est imprimé soit sur fond métallisé, soit sur fond bleu.

- Sécurité des occupants — Plusieurs éléments autour de la maison peuvent constituer de graves dangers. Des mains courantes desserrées, des escaliers endommagés ou des revêtements de plancher mal fixés sont des exemples de situations qui doivent être corrigées afin d'éviter les chutes et les blessures qui en découlent.

Sécurité des structures

Détérioration et usure — Prévention et réparation

Avec le temps, l'usure fait son œuvre. Une maison est un lieu achalandé, à l'intérieur comme à l'extérieur, qui est soumis à une détérioration et à une usure attribuables à ses occupants et aux intempéries. Les charnières de portes se desserrent et la peinture se décolore. L'équipement à l'intérieur et les matériaux de construction subissent aussi une usure et se détériorent avec les années. Le filtre de votre appareil de chauffage doit être remplacé et les bardeaux de revêtement du toit se mettent à couler à un certain moment.

Suppression des problèmes d'humidité

L'humidité découlant d'infiltrations d'eau ou d'un excès d'humidité dans la maison est souvent la source de graves problèmes. Une humidité excessive peut donner lieu à la formation de moisissure ou à de la condensation sur les fenêtres et sur des surfaces froides. Les activités quotidiennes dans la maison produisent beaucoup d'humidité. Une famille de quatre personnes génère environ neuf litres (deux gallons) d'humidité par jour dans le cadre de ses activités quotidiennes telles que le bain, la cuisson, le séchage de vêtements à l'intérieur, l'utilisation du lave-vaisselle et le lavage des planchers.

Vous respirerez mieux en réduisant l'humidité et en supprimant la moisissure. N'utilisez pas un humidificateur avant d'avoir d'abord mesuré le degré d'humidité dans la maison. De nombreuses maisons n'ont pas besoin d'un apport en humidité. En hiver, un taux d'humidité relative de 30 % suffit à éviter les problèmes respiratoires et de moisissure. Un taux d'humidité relative supérieur à 50 % à proximité de surfaces froides peut engendrer la formation de moisissure. (Remarque : Le taux d'humidité relative près de surfaces froides est plus élevé qu'au centre de la pièce.)

Maintien de la qualité de l'air intérieur et confort accru

Nous passons près de 90 % de notre temps à l'intérieur, la plus grande partie dans nos maisons. Plus vous pourrez réduire et contrôler l'humidité et les matières contaminantes dans votre maison, meilleur sera votre confort et meilleure sera probablement la qualité de l'air intérieur. Le contrôle de l'humidité est essentiel pour éviter la formation de moisissure et la prolifération d'acariens qui affectent la qualité de l'air et le confort de votre foyer. D'autres éléments peuvent aussi nuire à la QAI et même causer des problèmes de santé. On retrouve deux types de contaminants : chimiques et biologiques.

Les contaminants biologiques comprennent les moisissures, les acariens, le pollen, les squames animales et les bactéries.

Les contaminants chimiques comprennent la fumée de cigarette, les gaz de combustion des appareils de chauffage à combustible, les émissions de produits de nettoyage, de meubles, de matériaux de construction et d'activités de loisirs.

Une bonne stratégie de QAI comprend notamment les points suivants :

1. **Élimination.** Éliminer la cause du problème est toujours la meilleure option. Par exemple, pour proliférer, les moisissures ont besoin d'humidité et de nourriture telle que le papier, le carton ou tout autre élément organique. Le maintien d'un bon taux d'humidité dans votre maison empêchera la formation de moisissures. Vous pouvez aussi interdire l'usage du tabac à l'intérieur, garder toujours les animaux à l'extérieur et utiliser des produits de nettoyage non toxiques et non parfumés.

2. **Séparation.** Séparer ou isoler ce que vous ne pouvez éliminer constitue une autre option. Par exemple, les meubles faits de panneaux de particules peuvent libérer des gaz nuisibles à l'air ambiant. Scellez les panneaux de particules en les enduisant d'un fini à l'uréthane à base d'eau. Gardez les produits de nettoyage et d'activités de loisirs dans des contenants en plastique hermétiques.

3. **Ventilation.** La ventilation mécanique aidera à réduire le degré d'humidité et à diluer la quantité de contaminants dans votre maison.

Sachez vos limites

Votre maison traite des cas les plus courants de réparation et d'entretien. Certains travaux de réparation sont plus complexes que d'autres et pourraient nécessiter l'aide d'un professionnel. Certains travaux d'entretien peuvent sembler assez simples, mais doivent faire l'objet de contrôles que seul un spécialiste bien équipé est en mesure d'effectuer. Par exemple, l'entretien annuel d'un appareil de chauffage au gaz ou au bois et le ramonage de la cheminée doivent être confiés à un spécialiste qui pourra déceler des problèmes de sécurité. Ces travaux doivent être exécutés par une personne compétente ou titulaire d'un permis à cette fin.

N'effectuez que les réparations que vous vous sentez en mesure de faire. Si vous êtes locataire, il est possible que vous ne soyez pas autorisé à effectuer certaines réparations. Exécuter vous-même des réparations peut vous faire économiser, mais si vous entreprenez des travaux qui dépassent vos compétences, cela pourrait vous coûter plus cher, à vous comme à votre propriétaire. Consultez votre propriétaire avant d'effectuer des réparations.

Si vous n'êtes pas certain de la façon de corriger un problème, appelez un spécialiste.

Si vous n'êtes pas certain d'être autorisé à effectuer une réparation, appelez votre propriétaire ou l'entreprise de service public pertinente.

Votre maison donne une estimation du niveau de compétence requis pour effectuer chaque tâche d'entretien ou e réparation.

Niveau de compétence :
1 - entretien simple — aucune expérience antérieure ou formation requise

Niveau de compétence :
2 - propriétaire bricoleur — une certaine expérience requise dans l'utilisation d'outils et l'exécution de réparations

Niveau de compétence :
3 - propriétaire qualifié — compétence et expérience requises dans l'utilisation d'outils et l'exécution de réparations plus complexes

Niveau de compétence :
4 - ouvrier/entrepreneur qualifié — formation, compétence et expérience requises

Niveau de compétence :
5 - spécialiste/expert — formation spécialisée, compétences et expérience avancées requises

Au sujet de *Votre maison*

- Au chapitre *Pour commencer*, vous trouverez des renseignements sur l'évaluation de votre maison et sur les outils de base dont vous aurez besoin.
- *Travaux d'entretien et de réparation élémentaires*; ce chapitre décrit les travaux courants à exécuter dans les différentes parties de la maison. Chaque section présente des trucs pour éviter les problèmes et faciliter les réparations. On y trouve également des rappels concernant la sécurité ainsi que des conseils pour rendre votre maison plus saine en adoptant des méthodes dites pour *Maison saine*^{MC} en vue d'améliorer la santé des occupants, l'efficacité énergétique, la responsabilité environnementale et l'abordabilité, en plus d'économiser les ressources naturelles.
- Un jour ou l'autre, vous aurez besoin d'un professionnel pour effectuer le travail ou pour vous aider à déterminer les travaux nécessaires à exécuter. Au chapitre *Besoin d'aide*, vous apprendrez comment embaucher les professionnels dont vous avez besoin. Vous y trouverez aussi une liste d'excellentes publications et d'autres ressources qui vous permettront d'en apprendre davantage.

Pour commencer

Pour commencer

Évaluation de votre maison

La première étape à suivre avant d'entretenir et de réparer votre maison consiste à évaluer celle-ci pour déterminer les travaux nécessaires à exécuter. Commencez par l'extérieur et inspectez la fondation, les murs extérieurs et la toiture. Voyez s'il y a des fissures dans la fondation, si le parement extérieur est endommagé ou taché, s'il y a des fissures autour des portes et des fenêtres ou si des bardeaux de toit sont endommagés ou manquants. Lorsque vous avez terminé votre inspection extérieure, passez à l'intérieur. Commencez par le sous-sol, puis passez par toutes les pièces de la maison, en particulier les pièces habitables et le grenier. Voyez s'il y a des taches de moisissure, de la peinture écaillée, des fuites aux installations de plomberie, des fissures dans les murs et d'autres situations dangereuses.

Au fur et à mesure de votre inspection, prenez note de toutes les réparations à faire. Consultez le *Guide d'inspection pour le propriétaire-occupant* pour plus de renseignements sur l'inspection complète de votre maison.

Le *Guide d'inspection pour le propriétaire-occupant* (62115) vous permettra de vous assurer que votre maison est plus sûre, éconergétique et confortable toute l'année en y consacrant seulement quelques minutes par semaine. Le guide pratique contient des conseils sur la façon de vérifier toutes les pièces de votre maison afin de déceler les problèmes les plus courants, il présente les solutions les plus efficaces et offre un outil d'évaluation pratique de la maison saine ainsi qu'un calendrier d'entretien complet de la maison. Pour commander le guide, adressez-vous au bureau de la SCHL de votre localité ou téléphonez au 1 800 668-2642.

Une fois votre inspection terminée, établissez des priorités.

1. La sécurité avant tout. Tout problème touchant la sécurité doit être corrigé immédiatement. Par exemple, une cheminée endommagée pourrait constituer un risque d'incendie ou un escalier brisé pourrait causer une chute.
2. Les petits problèmes peuvent s'aggraver. Les anomalies pouvant exiger ultérieurement des réparations importantes et coûteuses doivent être corrigées en priorité. Un tuyau qui fuit pourrait endommager les murs adjacents et causer un problème grave de moisissure.
3. Maintien et amélioration du confort. Les réparations favorisant le maintien ou l'amélioration du confort peuvent être avantageuses. Le nettoyage ou le remplacement fréquents des filtres de l'appareil de chauffage assure une meilleure qualité de l'air et un bon fonctionnement de l'appareil.
4. D'autres réparations nécessaires telles que les retouches de peinture et la lubrification des charnières de portes qui grincent.

Certains éléments doivent aussi faire l'objet d'une vérification à des moments particuliers de l'année. Une liste simple de vérifications des points à entretenir chaque mois vous est présentée ci-dessous à titre indicatif.

Janvier
- ✔ Vérifier les filtres de l'appareil de chauffage et de l'échangeur de chaleur. Nettoyer ou remplacer les filtres sales.
- ✔ Inspecter la maison pour déceler un excès d'humidité.

Février
- ✔ Vérifier les filtres de l'appareil de chauffage et de l'échangeur de chaleur. Nettoyer ou remplacer les filtres sales.
- ✔ Inspecter la plomberie pour déceler des dégouttures et des fuites.

Mars
- ✔ Vérifier les filtres de l'appareil de chauffage et de l'échangeur de chaleur. Nettoyer ou remplacer les filtres sales.
- ✔ Inspecter la maison pour déceler des dommages attribuables à l'humidité.
- ✔ Inspecter la maison pour savoir si un entretien intérieur est nécessaire.

Avril
- ✔ Vérifier les filtres de l'appareil de chauffage et de l'échangeur de chaleur. Nettoyer ou remplacer les filtres sales.
- ✔ Vérifier le détecteur de fumée et remplacer la pile.
- ✔ Vérifier la pression de l'extincteur d'incendie. Faire recharger l'extincteur au besoin.
- ✔ Inspecter le sous-sol pour déceler des signes d'infiltrations d'eau.
- ✔ Vérifier le parement et l'extérieur de la maison pour déceler des dommages attribuables à l'hiver.
- ✔ Enlever tous les débris dans les gouttières et les tuyaux de descente. Fixer les sections desserrées.
- ✔ Inspecter la pente et le terrain pour vérifier que le drainage s'effectue correctement.

Mai
- ✔ Vérifier le bon fonctionnement des portes et des fenêtres et réparer les moustiquaires au besoin.
- ✔ Inspecter les murs de fondation pour déceler des fissures et des infiltrations.
- ✔ Vérifier les filtres de l'appareil de chauffage et de l'échangeur de chaleur. Nettoyer ou remplacer les filtres sales.
- ✔ Ramoner la cheminée des appareils de chauffage au bois à la fin de la saison de chauffage.

Juin
- ✔ Vérifier les filtres de l'appareil de chauffage et de l'échangeur de chaleur. Nettoyer ou remplacer les filtres sales.
- ✔ Faire vérifier et vidanger la fosse septique au besoin (normalement aux trois ans).
- ✔ Inspecter l'état du toit et voir si des bardeaux sont défaits ou manquants.
- ✔ Inspecter le terrain et voir si un entretien extérieur est requis (par exemple réparation de la clôture et de la remise ou émondage des arbres et des arbustes).

Juillet
- ✔ Vérifier les filtres de l'appareil de chauffage et de l'échangeur de chaleur. Nettoyer ou remplacer les filtres sales.
- ✔ Vérifier les fossés d'écoulement des eaux pour déceler la présence de débris; nettoyer les fossés au besoin.
- ✔ Inspecter la maison pour savoir si un entretien intérieur est nécessaire.

Août
- ✔ Vérifier les filtres de l'appareil de chauffage et de l'échangeur de chaleur. Nettoyer ou remplacer les filtres sales.
- ✔ Inspecter la maison pour savoir si un entretien extérieur est nécessaire.

Septembre
- ✔ Vérifier les filtres de l'appareil de chauffage et de l'échangeur de chaleur. Nettoyer ou remplacer les filtres sales.
- ✔ Ramoner la cheminée et faire entretenir l'appareil de chauffage.
- ✔ Passer l'aspirateur sur les plinthes chauffantes électriques pour enlever la poussière.

Octobre
- ✔ Vérifier le détecteur de fumée et remplacer la pile.
- ✔ Vérifier la pression de l'extincteur d'incendie.
- ✔ Vérifier les filtres de l'appareil de chauffage et de l'échangeur de chaleur. Nettoyer ou remplacer les filtres sales.

Novembre
- ✔ Inspecter la maison pour déceler un excès d'humidité.
- ✔ Vérifier les filtres de l'appareil de chauffage et de l'échangeur de chaleur. Nettoyer ou remplacer les filtres sales.
- ✔ Inspecter la maison pour savoir si un entretien intérieur est nécessaire.

Décembre
- ✔ Vérifier les filtres de l'appareil de chauffage et de l'échangeur de chaleur. Nettoyer ou remplacer les filtres sales.
- ✔ Vérifier les portes et les fenêtres pour déceler l'accumulation de glace.
- ✔ Vérifier les cordons et les fiches d'appareils électriques ainsi que les prises électriques pour déceler des dommages.

Des inspecteurs en bâtiment professionnels peuvent aussi vous aider à inspecter votre maison ou une maison que vous envisagez d'acquérir. Dans les maisons où de nombreux endroits présentent des signes de moisissure, il pourrait être nécessaire de faire appel aux services d'un inspecteur spécialisé dans la qualité de l'air intérieur. Pour en savoir davantage sur le choix d'un inspecteur en bâtiment ou d'un inspecteur en qualité de l'air intérieur, consultez le chapitre intitulé *Besoin d'aide* dans la présente publication.

Votre boîte à outils

Une fois que vous avez déterminé travaux à effectuer et décidé de ce que vous aller faire en premier, il est temps de vous mettre à la tâche.

Vous aurez besoin de certains outils de base pour effectuer les travaux d'entretien et de réparation autour de la maison. Le choix des outils est une affaire personnelle. Choisissez les outils avec lesquels vous êtes à l'aise. De nombreux outils sont munis de poignées spéciales qui en facilitent la manipulation. D'autres outils plus légers ou de taille particulière conviennent mieux à des personnes ayant de petites mains. La plupart des outils décrits dans le présent chapitre peuvent être achetés individuellement, lorsque vous en avez besoin. La liste des outils suivants ne représente pas forcément tous les outils que vous aimeriez posséder. Vous pouvez obtenir des outils plus chers ou d'autres dont vous pourriez avoir besoin en les empruntant ou en les louant.

Outils de base

- pistolet à calfeutrer
- ciseaux — 25 mm (1 po) à bois
- équerre combinée
- perceuse et forets — la perceuse sans fil est plus pratique
- bâche ou toile de protection
- masque antipoussières
- fixations — jeu de vis, écrous et boulons divers
- lampe de poche
- marteau — 454 g (16 oz)
- échelles — escabeau et échelle coulissante
- niveau
- chasse-clous
- pinces — pince-étau, pince à long bec, pince motoriste
- ruban à mesurer rétractable en acier — 5 m (16 pi)
- lunettes de protection
- papier abrasif (grains divers)
- scies — scie à archet, scie à dosseret et scie circulaire
- grattoirs — largeurs diverses
- tournevis — tailles diverses avec bout carré (Robertson), cruciforme (Phillips) et lames plates
- jeu de douilles et clés
- pistolet agrafeur
- brosse à poils durs et brosse métallique
- débouchoir à ventouse
- couteau tout usage
- clé à molette

Autres outils utiles
- cordeau
- serre-joints
- ciseau à froid
- dégorgeoir
- protecteur auriculaire (pour l'utilisation d'outils électriques)
- équerre de charpentier
- genouillères
- maillet
- boîte à onglets
- outil polyvalent
- rabot de coupe
- scies — scie à archet, scie à dosseret et scie circulaire
- détecteur de montants
- pied-de-biche — plat
- clés — hexagonales, à tuyaux

Ciseaux

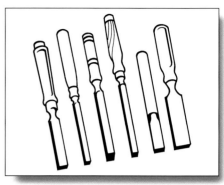

Le *ciseau* est un outil de coupe et de rectification dont le tranchant est biseauté. Les *ciseaux à bois* sont offerts dans des tailles normalisées et servent à buriner, à couper, à rectifier et à façonner des pièces de bois. Ils peuvent être utilisés manuellement ou à l'aide d'un maillet. Ils sont munis d'un manche en plastique ou en bois. Utilisez une pierre à aiguiser pour affûter le tranchant des ciseaux à bois.

Les *ciseaux à froids* sont habituellement en acier massif et servent à enlever des morceaux de maçonnerie détachés ou à couper des tôles. Utilisez une meule pour en affûter le tranchant.

Perceuse et forets

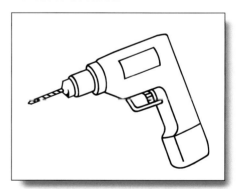

Vous aurez besoin d'une *perceuse et de forets* pour pratiquer des trous destinés à la pose de boulons, de vis ou d'autres fixations et à d'autres fins. Les perceuses à piles, sans fil, sont les plus pratiques pour l'exécution de travaux autour de la maison. Vous pouvez aussi vous procurer de grosses perceuses sans fil et perceuses électriques si vous devez effectuer beaucoup de travaux de perçage. Les petites perceuses populaires peuvent porter des forets d'un diamètre maximum de 9 mm (3/8 po). Les grosses perceuses, d'autre part, peuvent porter des forets d'un diamètre de 12 mm (1/2 po), voire plus gros. Les forets sont offerts en différents diamètres et formes et ils servent à de nombreux usages, notamment à des travaux de perçage courants et particuliers. Au moment de choisir un foret, assurez-vous qu'il est de diamètre approprié et conçu pour le travail que vous avez à exécuter. Montez le foret conformément aux indications du fabricant de la perceuse.

Fixations

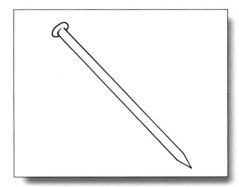

Les *clous ordinaires* ont une grosse tête. Utilisez-les pour des travaux grossiers où l'apparence n'a pas d'importance.

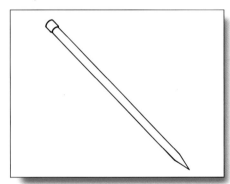

Les *clous à finir* ont une petite tête. Vous pouvez les noyer dans la surface à l'aide d'un chasse-clou et obturer le trou à l'aide de bouche-pores. Utilisez-les aux endroits où l'apparence est importante et où vous ne voulez pas qu'ils paraissent.

Des clous spéciaux sont offerts pour toutes sortes de travaux (plaques de plâtre, toiture et maçonnerie) ou pour une meilleure prise (clous vrillés).

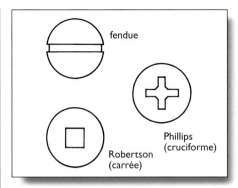

Utilisez des *vis* aux endroits nécessitant une bonne tenue. Les vis sont offertes en plusieurs types convenant à divers travaux, tels que les travaux généraux, la pose de plaques de plâtre et la tôlerie. Les empreintes de vis les plus courantes sont l'empreinte carrée (Robertson), cruciforme (Phillips) et fendue (pour tournevis à lame plate).

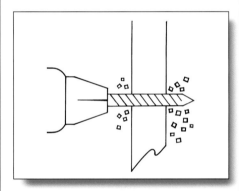

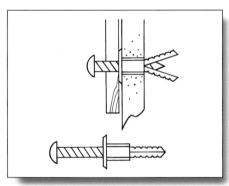

Les *vis à ancrage en plastique* sont de plus en plus employées pour la fixation d'objets légers sur les plaques de plâtre. Percez d'abord un petit trou dans la cloison et enfoncez l'ancrage pour qu'il affleure la surface de la cloison. Vissez ensuite la vis dans l'objet et l'ancrage. Serrez la vis comme il se doit. Certaines vis à ancrage autotaraudeuses peuvent être posées dans une plaque de plâtre. Il suffit de frapper légèrement la vis pour l'assujettir en place, puis de la visser à fond.

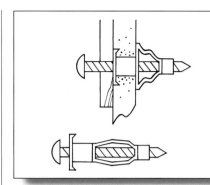

Utilisez des *vis d'ancrage à ailes* ou des *boulons à pattes à ressort* pour fixer des objets lourds sur des plaques de plâtre.

Les *vis d'ancrage à ailes* comportent deux parties : la vis et la gaine à ailes. Percez un petit trou dans la plaque de plâtre et enfoncez la gaine pour qu'elle affleure la surface de la plaque. Enfoncez le boulon de sorte que les ailes s'ouvrent derrière la plaque. Retirez la vis, fixez-la à l'objet que vous voulez suspendre, puis insérez-la de nouveau dans la gaine. Serrez la vis comme il se doit.

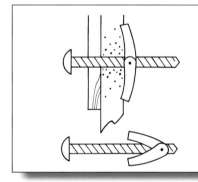

Dans le cas du *boulon à pattes à ressort*, percez dans la plaque de plâtre un trou de diamètre suffisant pour le passage de la fixation dont les pattes sont repliées.

Enlevez la fixation à pattes à ressort. Fixez le boulon à l'objet que vous voulez suspendre. Remettez la fixation à pattes en place. Poussez la fixation dans la paroi de sorte que les pattes se déploient derrière la plaque et serrez le boulon à l'aide d'un tournevis.

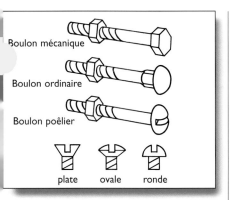

Boulon mécanique

Boulon ordinaire

Boulon poêlier

plate   ovale   ronde

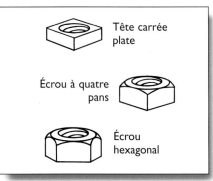

Tête carrée plate

Écrou à quatre pans

Écrou hexagonal

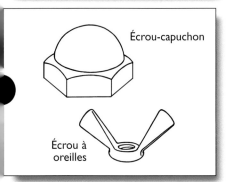

Écrou-capuchon

Écrou à oreilles

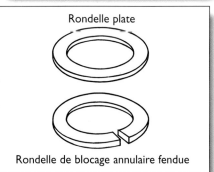

Rondelle plate

Rondelle de blocage annulaire fendue

Utilisez des *écrous, des boulons et des rondelles* pour assembler des objets lourds ou lorsqu'une plus grande solidité est de mise. Placez une rondelle de chaque côté de l'objet pour empêcher l'écrou ou la tête du boulon de glisser sur l'objet ou de s'y enfoncer. Percez un trou dans les deux objets à assembler n d'y fixer le boulon. Posez une rondelle sur la tige du boulon et insérez le boulon dans le trou. Placez la deuxième rondelle sur la partie

découverte du filetage du boulon, puis vissez l'écrou. Serrez l'écrou à l'aide d'une clé tout en retenant la tête du boulon à l'aide d'un tournevis ou d'une autre clé.

Utilisez des rondelles-freins si des vibrations risquent de desserrer les écrous. La rondelle-frein doit toujours être placée entre l'objet (ou la rondelle plate) et l'écrou.

Marteaux et maillets

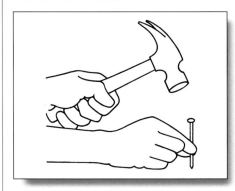

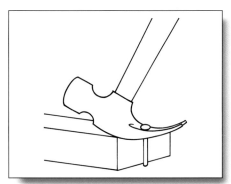

Un *marteau à panne fendue* de 454 g (16 oz.) est un bon outil d'usage général. Tenez le marteau près de l'extrémité du manche pour une plus grande force de frappe. Pour enfoncer un clou, tenez-le en place et frappez doucement à quelques reprises jusqu'à ce qu'il tienne bien, puis frappez plus fermement pour finir de l'enfoncer.

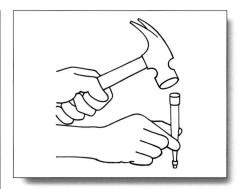

Pour arracher un clou, servez-vous de l'extrémité fendue de la panne du marteau. Placez une petite cale de bois sous la panne pour donner un meilleur effet de levier et pour éviter de marquer la surface.

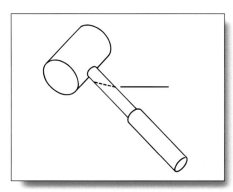

Utilisez un *maillet* en bois ou en caoutchouc pour frapper sur un ciseau à bois ou pour façonner du métal.

Échelles

Il faut souvent une échelle coulissante et un escabeau pour effectuer des travaux de réparations à la maison. Il est important de bien disposer les échelles à des fins de sécurité. Faites attention aux fils électriques lorsque vous mettez les échelles en place. Tout contact avec ces fils peut vous blesser grièvement et même vous tuer.

Une échelle *coulissante* est nécessaire pour effectuer des travaux en hauteur, à plus de 2,5 m (10 pi) au-dessus du sol. Un *escabeau* est autoportant et peut servir à de nombreux travaux. Toutefois, n'utilisez pas un escabeau de plus de 2,5 m (10 pi) de hauteur, car il sera trop instable. Le cas échéant, utilisez plutôt une échelle coulissante.

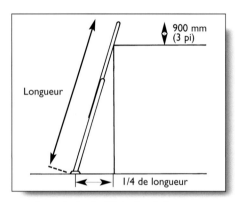

Les pieds de l'échelle doivent se trouver à une certaine distance du mur; celle-ci doit être égale au quart de la longueur de l'échelle.

Voici une méthode simple pour bien placer l'échelle.

- Appuyez l'échelle contre le mur.
- Placez vos pieds au bas de l'échelle.
- Étirez les bras, droit devant vous. Si vous pouvez aisément atteindre les barreaux, l'angle d'inclinaison de l'échelle est bon. Si vous ne pouvez atteindre aisément les barreaux, réglez l'angle d'inclinaison de l'échelle.

Sécurité des échelles

- Utilisez une échelle munie de pieds antidérapants si vous devez travailler sur des surfaces lisses ou inclinées.
- N'appuyez jamais l'échelle sur les vitres de fenêtres ou sur des portes vitrées.
- Inspectez les montants et les barreaux de l'échelle pour vous assurer qu'ils sont bien solides et serrés.
- Voyez si l'échelle est assez longue. Une longueur d'au moins deux barreaux ou 900 mm (environ 3 pi) doit dépasser au-dessus de la surface où vous devez monter.
- Il est bon d'attacher le sommet de l'échelle coulissante sur un point fixe ou de demander à une autre personne de tenir le bas d'une échelle.
- Il peut être dangereux d'effectuer certains travaux, par exemple peindre un mur haut, à partir d'une échelle. Servez-vous plutôt d'un échafaudage.
- Faites toujours face à l'échelle et servez-vous de vos deux mains lorsque vous y montez ou que vous en descendez. Soulevez ou abaissez les matériaux ou les outils à l'aide **d'un câble ou d'une élingue**.
- Ne vous penchez jamais d'un côté ou de l'autre de l'échelle. Si le travail à faire ou un objet se trouve hors de votre portée, déplacez l'échelle.
- Ne laissez jamais l'échelle en place sans surveillance pendant des travaux, sauf pendant de courtes pauses. Lorsque vous avez terminé votre journée de travail, abaissez l'échelle et rangez-la.

Niveaux

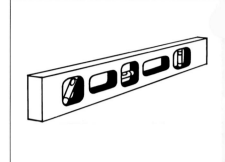

Vous pouvez vous assurer que des surfaces sont bien à l'horizontale ou à la verticale en vous servant d'un niveau. Le *niveau de charpentier* est une tige droite munie de plusieurs petites fioles de liquide disposées à différents endroits sur le niveau. Les fioles contiennent une bulle ainsi que des repères indiquant le centre de la fiole. Pour savoir si une surface est de niveau (horizontale ou verticale), appuyez le niveau contre la surface à vérifier et assurez-vous que la bulle s'immobilise entre les repères centraux de la fiole. Si c'est le cas, la surface est de niveau.

Boîte à onglets

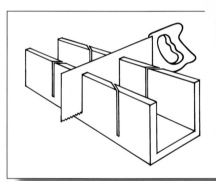

Une boîte à onglets est un guide qui vous permet de scier des moulures ou des garnitures selon un angle précis. Des boîtes à onglets à prix modique, en bois, sont employées avec des scies à dosseret (à part).

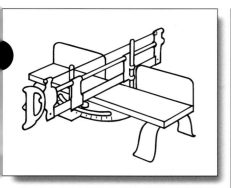

Des boîtes à onglets plus chères en métal sont livrées avec la scie à dosseret montée dans une armature en acier. Les scies à onglets électriques sont des outils populaires mais de prix plus élevé. Vous pouvez les louer. Les scies à onglets sont très commodes car elles sont normalement très précises, faciles à utiliser et peuvent couper selon des angles multiples.

Chasse-clous

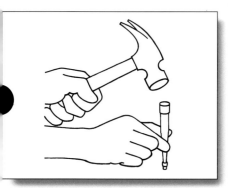

Il s'agit d'un petit outil métallique servant à noyer la tête des clous dans la surface du bois où on l'enfonce, sans abîmer le fini.

Rabots, râpes et limes

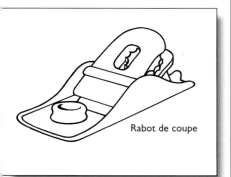

Rabot de coupe

Les *rabots, les râpes et les limes* servent à enlever de la matière excédentaire et à adoucir les surfaces. Un *rabot de coupe* est utile pour enlever de la matière sur le pourtour d'une porte qui colle.

Pinces

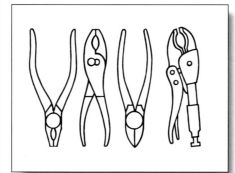

Il existe quatre types élémentaires de pinces — la pince tout usage, la pince réglable, la pince coupante et la pince-étau. Vous voudrez probablement posséder au moins une pince de chaque type dans votre boîte à outils. La *pince motoriste* a une ouverture réglable et peut servir à de nombreux travaux autour de la maison. Utilisez-la pour enlever des clous ordinaires ou des clous à tête perdue trop petits pour que la tête fendue d'un marteau puisse les enlever. Retirez le clou dans le même angle que son enfoncement. Placez une petite cale de bois sous la pince pour un meilleur effet de levier et pour protéger le fini de la surface. La *pince multiprise* (ou à rainure) est aussi réglable et permet de saisir des objets de toutes formes.

La *pince à long bec* est un type de pince tout usage et elle sert à tordre des fils, surtout pour des travaux d'électricité. N'utilisez pas une pince pour serrer ou desserrer des écrous, sous peine d'en endommager les pans. Servez-vous plutôt d'une clé.

Utilisez une *pince coupante diagonale* pour couper des fils métalliques.

La *pince-étau* est munie d'une molette de réglage qui vous permet de bien serrer les mors de la pince sur un objet. Lorsque vous avez terminé votre travail, desserrez le levier pour déverrouiller la pince.

Barres-leviers

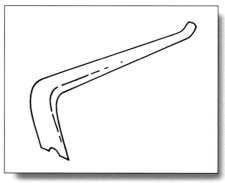

Les barres-leviers ou pieds-de-biche sont en acier et sont offerts en différentes tailles. Ils sont normalement munis d'un arrache-clou à une extrémité, l'autre extrémité étant recourbée pour exercer un effet de levier. Servez-vous d'une petite barre-levier plate en acier pour enlever les moulures. Servez-vous d'une barre-levier d'environ 600 mm (2 pi.) de longueur de forme hexagonale pour les plus gros travaux de menuiserie.

Équipement de sécurité

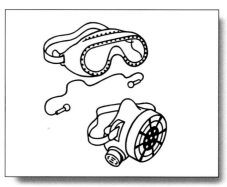

Portez un *masque antipoussières* pour vous protéger lorsque vous travaillez avec des plaques de plâtre, du bois ou de l'isolant fibreux. Consultez les cotes de protection sur l'emballage et choisissez un masque convenant aux travaux que vous effectuez.

Il est aussi essentiel de porter un *dispositif de protection auriculaire* approprié lorsque vous utilisez des outils électriques. Consultez les cotes de protection sur l'emballage et choisissez un dispositif de protection auriculaire convenant aux travaux que vous effectuez.

Des *lunettes de protection* vous protégeront les yeux des débris, de la poussière de plaques de plâtre et des copeaux de bois lorsque vous travaillez.

Les lunettes portent des cotes de sécurité en fonction des travaux effectués. Choisissez des lunettes qui conviennent à vos besoins et qui assurent une protection adéquate.

Scies

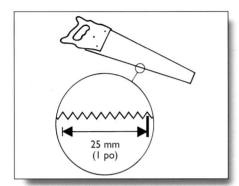

Une *égoïne* ou une *scie à tronçonner* munie de 10 dents environ aux 25 mm (1 po) convient à la plupart des travaux domestiques.

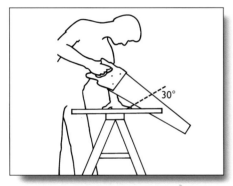

Marquez clairement vos traits de coupe. Appuyez bien la pièce à couper et tenez-la fermement près du point où vous coupez. Tirez plusieurs fois la scie pour bien commencer le trait de coupe. Les scies coupent au mouvement vers l'avant. Laissez le poids de la scie effectuer la coupe.

Une *scie à dosseret* est dotée de dents fines sur un côté et d'un renfort au dos offrant plus de rigidité. Pour des coupes plus précises, servez-vous d'une *scie à dosseret* avec une *boîte à onglets*.

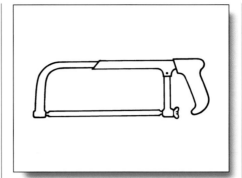

Servez-vous d'une *scie à métaux* à lame amovible pour couper des pièces métalliques comme des boulons, des écrous et des tuyaux.

Une *scie circulaire portative* vous permet de travailler plus rapidement et avec moins d'effort. Utilisez-la comme scie à tronçonner pour couper en travers du grain du bois ou comme scie à refendre pour couper dans le sens du grain du bois.

Réglez la lame de la scie de sorte qu'elle dépasse au-dessous de la pièce à couper l'équivalent de la hauteur d'une dent. À mesure que vous guidez la scie vers l'avant, le dispositif de protection de la lame est automatiquement ramené vers l'arrière de façon à découvrir la lame et ainsi assurer la coupe.

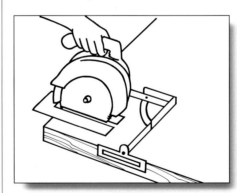

Pour les travaux de refente (c'est-à-dire dans le sens du grain du bois), utilisez un *guide de refente*. Après le réglage de la lame, placez le guide à une distance de la lame qui correspond à la largeur de matière à couper, puis sciez en faisant glisser le guide le long du bord de la pièce.

Sécurité de la scie circulaire

- Assurez-vous que la scie comporte un dispositif de protection de la lame qui se règle automatiquement pendant l'utilisation de la scie de manière à ne pas en exposer indûment la denture.
- Assurez-vous que la scie s'arrête lorsque vous relâchez la gâchette.
- Portez toujours des lunettes ou une visière de protection lorsque vous utilisez la scie.
- Inspectez la pièce à couper. Assurez-vous qu'elle est exempte de clous ou d'autres pièces métalliques.
- Assurez-vous que la pièce est bien soutenue de sorte qu'elle ne se déplace pas lorsque vous la coupez.
- Assurez-vous que la surface sous le trait de coupe est bien dégagée pour que la lame puisse faire son travail sans couper le support.
- Tenez la scie fermement contre la pièce pendant la coupe.
- Ne sciez jamais une pièce de matériau dans le sens inverse. La lame pourrait se coincer et repousser brusquement la pièce dans votre direction.
- Ne surchargez jamais le moteur en poussant trop vite ou en voulant couper une pièce trop épaisse.
- Essayez de couper droit pour ne pas coincer la lame. Si elle coince, reculez lentement la scie, le plus droit possible. Au fur et à mesure que vous continuez la coupe, rectifiez le mouvement de façon à couper en ligne droite.
- Une lame bien affûtée facilite la coupe et ne surcharge pas le moteur de la scie.
- Débranchez toujours la fiche avant de procéder au réglage de la scie ou d'examiner la lame.

Grattoirs

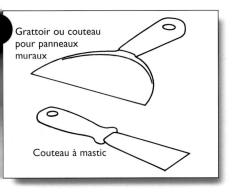

Grattoir ou couteau
pour panneaux
muraux

Couteau à mastic

Les *grattoirs* désignent des outils divers ayant une lame mince, souple et large destinés à enlever le vieux papier peint, la peinture et le plâtre écaillés, et à reboucher des trous et des fissures à l'aide d'un nouvel enduit tel que du plâtre. Ces outils sont offerts en différentes largeurs.

Tournevis

Vous aurez besoin de trois types de tournevis de tailles diverses pour effectuer des travaux de réparation : des tournevis à *lame fendue, à bout cruciforme (Phillips)* et à *bout carré (Robertson)*. La lame du tournevis doit s'adapter dans l'empreinte de la vis. Appuyez le tournevis verticalement sur la tête de la vis tout en le tournant.

Il est plus facile de visser la vis dans le bois si vous percez d'abord un avant-trou à l'aide d'un clou ou d'un foret pour empêcher le bois de fendre. Il est aussi plus facile de faire pénétrer la vis dans le bois si vous enduisez les filets de savon ou de cire.

Équerres et ruban à mesurer

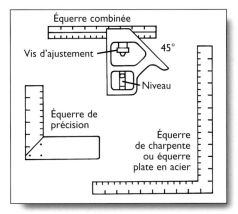

Équerre combinée

Vis d'ajustement   45°

Niveau

Équerre de
précision

Équerre
de charpente
ou équerre
plate en acier

Une *équerre combinée* est utile pour mesurer la rectitude des pièces et des lignes perpendiculaires, parallèles et à 45 degrés. Grâce à sa polyvalence, l'équerre combinée constitue un choix de premier ordre.

L'*équerre de charpentier*, généralement en métal, est un outil pratique pour mesurer, aligner des matériaux et pour exécuter des coupes à angles droits.

L'*équerre de précision* est plus petite que l'équerre de charpentier. Elle sert aussi à aligner des matériaux, à exécuter des coupes à angles droits et à les vérifier. Un de ses côtés est habituellement en bois ou en métal.

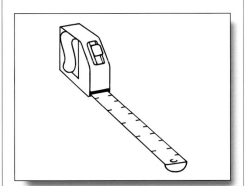

Un *ruban à mesurer rétractable* en acier de 5 m (16 pi) est un outil essentiel.

Pistolets agrafeurs

Un pistolet agrafeur et les agrafes appropriées sont utiles dans bon nombre de petits travaux tels que le remplacement de moustiquaires de portes ou de fenêtres en bois, la pose de moquettes et autres qui, autrement, nécessiteraient l'emploi d'un marteau et de petits clous. En utilisant le pistolet agrafeur, exercez une pression sur le dessus du pistolet avec une main et appuyez sur la gâchette avec l'autre main. N'actionnez jamais le pistolet dans la direction d'une personne. Les agrafes peuvent causer de graves blessures aux yeux.

Truelles et fers à joints

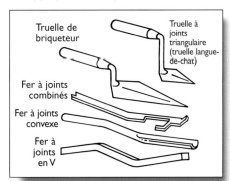

Une truelle de maçon se compose d'une fine lame plate en acier et d'un manche. Utilisez une *truelle en acier rectangulaire* pour étendre du béton ou appliquer du crépi de ciment.

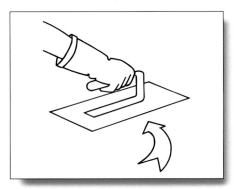

Truelle de
briqueteur

Truelle à
joints
triangulaire
(truelle langue-
de-chat)

Fer à joints
combinés

Fer à joints
convexe

Fer à
joints
en V

La *truelle de briqueteur* est une grosse truelle triangulaire servant à mélanger, à placer et à égaliser le mortier sur des briques et des blocs. Utilisez une *truelle à joints*, plus petite et triangulaire, pour boucher les trous et refaire les joints de mortier. Cette opération est le jointoiement.

Utilisez un *fer à joints* pour finir les joints de maçonnerie. On finit les joints d'un mur pour le rendre plus étanche à l'eau et lui donner une plus belle apparence. Les fers à joints sont offerts en différentes formes.

Clés

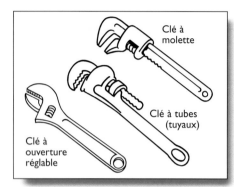

Clé à molette

Clé à tubes (tuyaux)

Clé à ouverture réglable

Les *clés à ouverture réglable* sont très polyvalentes car l'ouverture de leurs mâchoires peut être réglée pour s'adapter à des écrous et à des tubes de diamètres divers. Utilisez une *clé à tubes* pour serrer et desserrer des tubes et des tuyaux. Utilisez une *clé à molette* pour de gros écrous.

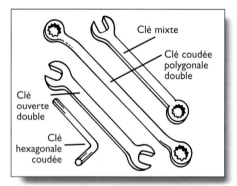

Clé mixte

Clé coudée polygonale double

Clé ouverte double

Clé hexagonale coudée

Les *clés à ouverture fixe* sont offertes en plusieurs modèles : clés ouvertes, clés fermées et clés hexagonales coudées. La clé combinée qui comporte un côté ouvert et un côté fermé de même calibre est un choix populaire. La clé à ouverture fixe ne peut s'adapter qu'à des écrous d'un seul diamètre; vous aurez donc besoin d'un assortiment de ces clés. Si un écrou est trop difficile à desserrer, appliquez-y quelques gouttes d'huile pénétrante ou de kérosène. Laissez le liquide s'imprégner pendant quelques heures ou pendant la nuit.

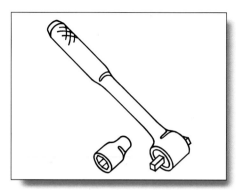

Une *clé à cliquet et des douilles* servent à serrer et à desserrer des écrous. Ces outils sont plus résistants et travaillent plus rapidement que les clés à ouverture réglable et ils offrent normalement un meilleur effet de levier que les clés à ouverture fixe. Grâce à des rallonges, ces outils permettent d'atteindre des écrous qu'il est impossible d'atteindre avec une autre clé.

Autres articles pratiques

- Utilisez un *lubrifiant pénétrant à usages multiples* pour desserrer des écrous rouillés ou coincés.
- Pour effectuer des travaux de ponçage et de finition, ayez divers types de *produits abrasifs*, tels que du papier abrasif et de la laine d'acier.
- Utilisez un *cordeau* pour tracer des lignes droites.
- Des *serres* et des *brides* sont des outils très utiles pour tenir des objets pendant vos travaux. Elles sont offertes en différents types, formes et grandeurs pour divers usages spéciaux.
- Un *dégorgeoir* peut être nécessaire pour déboucher des conduites lorsque le débouchoir à ventouse ne réussit pas à faire le travail.
- Une *toile de protection (ou bâche)* en tissu protégera bien les objets et elle n'est pas aussi glissante qu'une toile en plastique.
- Gardez une *lampe de poche* munie de piles bien chargées dans votre coffre à outils. Vous pourrez facilement l'y trouver quand vous en aurez besoin.
- Des *genouillères* sont essentielles pour des travaux sur les planchers ou sur la toiture lorsque vous devez y travailler à genoux.
- Un *détecteur de montants* vous aidera à repérer des montants rapidement et avec précision.
- Des *couteaux tout usage* peuvent servir à couper presque n'importe quoi. Ils sont offerts avec des lames remplaçables très coupantes. Les meilleurs couteaux sont munis de lames rétractables.

Travaux d'entretien et de réparation élémentaires

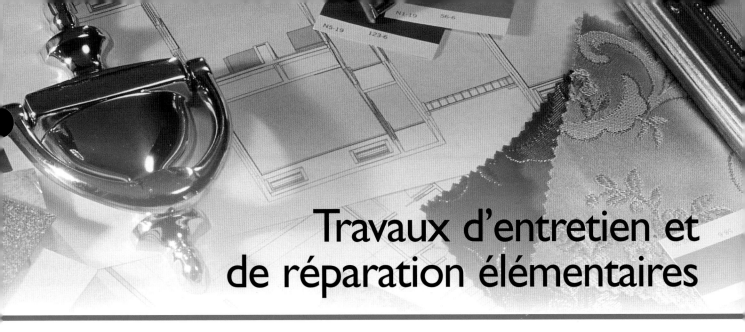

Travaux d'entretien et de réparation élémentaires

FONDATIONS ET SOUS-SOLS

Les problèmes les plus courants touchant les fondations et les sous-sols sont les suivants :

- petites fissures;
- formation excessive de moisissure.

Les travaux d'entretien comprennent :

la réduction du taux d'humidité pour tous les types de fondations et de sous-sols;
- la réparation du crépi au-dessus du sol.

Conseils de prévention

La meilleure façon d'éviter les problèmes consiste à garder l'eau loin des fondations.

- Gardez les gouttières, les tuyaux de descente et leurs rallonges propres et en bon état et assurez-vous que les eaux pluviales provenant du toit s'écoulent loin de la fondation.
- Ajoutez des gouttières aux endroits de l'avant-toit qui n'en sont pas munis.
- Assurez-vous que la pente adjacente à la fondation ne retient pas l'eau de ruissellement, mais la dirige loin de la fondation.
- Au sous-sol, vérifiez s'il y a de l'humidité en posant une feuille de polyéthylène de 1 m² (3 pi²) sur le mur ou la dalle de béton ou de maçonnerie. S'il y a formation de condensation sous la feuille de polyéthylène après une journée, de l'humidité est présente.

- Si vous ne pouvez aménager une pente autour de la fondation, envisagez de couvrir le sol d'une couche d'argile. Une autre option consiste à enfouir une feuille de polyéthylène à une profondeur de 150 mm (6 po) en lui donnant une inclinaison à sortir de la fondation. Ces méthodes peuvent aider à évacuer l'eau loin de la fondation.
- Placez des grillages sur les gouttières et à l'entrée du tuyau de descente pour en empêcher l'obturation.
- Installez un couvercle hermétique sur la fosse de la pompe de puisard.

Considérations particulières

Vous ne voyez peut-être pas les infiltrations d'eau dans des fissures. Toutefois, l'eau provenant du sol peut s'infiltrer par capillarité dans les murs et les planchers en béton et s'évaporer dans l'air du sous-sol. Les taches blanchâtres et crayeuses, qu'on appelle efflorescence, sont des signes d'évaporation de l'humidité contenue dans le béton. La charge supplémentaire d'humidité dans l'air peut entraîner des problèmes de condensation et de moisissure sur les surfaces froides.

Maison saine^{MC}

- Le sous-sol est l'endroit le plus vulnérable aux problèmes d'humidité et de moisissure. Un bon entretien et le maintien au sec du sous-sol sont à la base d'une maison saine. Supprimez les articles entreposés qui peuvent retenir l'humidité et moisir. À la place de cartonnages, utilisez des contenants en plastique pour ranger les objets et placez-les sur des étagères et non directement sur le sol.

Sécurité

- La plupart des problèmes de fondation sont liés soit au transfert de vapeur d'eau du sol à la maison par les murs et le plancher, soit aux infiltrations d'eau par des fissures. Les petites fissures et les fissures capillaires doivent être réparées pour empêcher l'infiltration d'eau ou de gaz souterrains. Les grosses fissures peuvent laisser s'infiltrer de grandes quantités d'eau et de gaz souterrains. Les fissures importantes ou actives (surtout s'il s'agit de fissures horizontales) peuvent indiquer des situations dangereuses ou des problèmes ultérieurs susceptibles d'entraîner un affaissement. Consultez un ingénieur en structures ou un spécialiste en sous-sols pour ce qui concerne des fissures multiples, graves ou qui s'élargissent.

Tâches

Réparation de petites fissures

Les petites fissures ne laissent pas forcément l'eau s'infiltrer ou n'indiquent pas forcément des problèmes de structure. Elles peuvent toutefois constituer une voie d'infiltration de vapeur d'eau et de gaz souterrains dans la maison et doivent donc être colmatées.

Niveau de compétence requis :
2 - propriétaire bricoleur

Matériel : pâte à calfeutrer de polyuréthanne, ciment hydraulique

Outils : marteau, ciseau à froid, brosse métallique, aspirateur, pistolet à calfeutrer

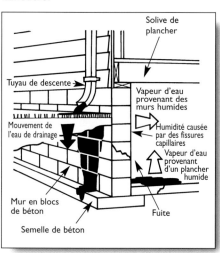

1. Inspectez les murs du sous-sol à l'extérieur pour déceler des fissures.
2. Au sous-sol, inspectez les murs et les planchers de béton ou les murs en blocs de béton pour déceler des fissures. Il y a souvent des petites fissures dans le plancher le long du périmètre des murs et autour des poteaux.
3. Dans le cas de fissures étroites et sèches, utilisez une brosse pour enlever les particules détachées de béton ou nettoyez la fissure en l'époussetant et en y passant l'aspirateur. Colmatez la fissure à l'aide de pâte à calfeutrer de polyuréthanne.
4. Dans le cas de fissures légèrement plus larges et humides, élargissez la fissure à l'aide d'un ciseau à froid et d'un marteau. Essayez d'élargir un

peu plus la fissure à l'intérieur qu'en surface pour assurer une meilleure prise du précédent de réparation. Enlevez les particules et la poussière de béton à l'aide d'une brosse et d'un aspirateur. Posez une pièce à base de ciment hydraulique en suivant les consignes du fabricant. Illustration

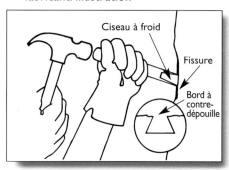

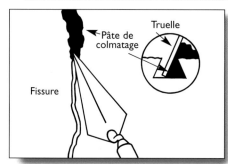

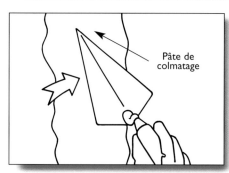

5. Remarque : Normalement, si une fondation de béton comporte une fissure verticale à l'intérieur, la fissure devrait se prolonger jusqu'à l'extérieur. S'il y a des infiltrations d'humidité, il pourrait être nécessaire de procéder à une excavation à l'extérieur de manière à mettre la fondation à nu jusqu'à la semelle. Agrandissez la fissure à l'aide d'un ciseau à froid selon les consignes du fabricant de ciment hydraulique, normalement sur une largeur d'environ 19 mm (3/4 po) et à une profondeur de 25 mm (1 po) et de sorte que les bords présente une contre-dépouille. Posez le ciment hydraulique selon

les consignes du fabricant, puis appliquez une couche d'enduit pour fondation. Pour plus de protection, posez une membrane goudronnée ou de polyéthylène d'une largeur de 300 mm (12 po) par-dessus la fissure réparée et jusqu'au niveau du sol, puis scellez-le tout au besoin à l'aide d'un enduit à fondation ou selon les consignes du fabricant.

Installation d'une membrane de protection contre l'humidité dans un vide sanitaire ou un sous-sol dont le plancher est en terre battue

Que les sous-sols ou les vides sanitaires en terre battue soient chauffés ou non, ils peuvent produire des niveaux de vapeur d'eau excessivement élevés dans l'air. Si le plancher est en terre battue, il n'y a pas de protection contre l'infiltration de vapeur d'eau ou de gaz souterrains. Par le passé, on a utilisé des aérateurs de vides sanitaires pour garder ces espaces au sec, mais des recherches ont montré que ces aérateurs sont souvent inefficaces. De plus, au printemps et en été, lorsque l'air extérieur est plus chaud et qu'il y a plus de vapeur d'eau en suspension, les aérateurs peuvent en réalité laisser entrer davantage d'humidité dans le vide sanitaire. Toutefois, un plancher en terre battue non protégé peut constituer la plus grande source d'humidité. Même s'il semble sec, il agit comme une éponge géante et laisse infiltrer l'eau par capillarité jusqu'à la surface où elle s'évapore dans l'air du vide sanitaire, et où elle peut se condenser de nouveau sur des surfaces plus froides. En réalité, très peu de vides sanitaires sont isolés et l'air qui s'y trouve se mélange à un moment ou un autre à l'air de la maison. Il est donc nécessaire d'installer une membrane de protection contre l'humidité sur le sol des vides sanitaires.

Un mauvais contrôle de l'humidité peut mener à la formation de moisissure. Celle-ci peut même se former sur la terre sous une membrane de protection contre l'humidité. Même si l'humidité ne traverse pas forcément la membrane de protection, des produits chimiques toxiques libérés par la moisissure peuvent s'infiltrer. Il vaut mieux créer un milieu défavorable à la formation de moisissure sous la membrane de protection contre l'humidité posée sur le plancher de terre, tout en respectant le plus possible l'environnement.

Niveau de compétence requis :
2 - propriétaire bricoleur

Matériel : couche de 0,15 mm (6 millièmes po) d'épaisseur de sel pour trottoir ou, de préférence une toile plus épaisse de polyéthylène, du ruban à revêtement, de l'enduit à calfeutrer en polyuréthanne; éventuellement du béton, des dalles de patio, des blocs de béton ou des briques.

Outils : pelle, râteau, pistolet à calfeutrer, (un dévidoir de ruban adhésif est pratique), un pistolet agrafeur, des sacs à ordures, un masque antipoussières, des lunettes de protection, des vieux vêtements ou une salopette jetable.

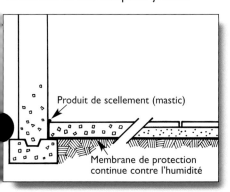

Produit de scellement (mastic)

Membrane de protection continue contre l'humidité

1. Assurez-vous que le terrassement et le drainage des eaux autour de la maison empêchent les infiltrations dans les vides sanitaires. Ces problèmes, s'il y a lieu, doivent être corrigés en premier. L'installation d'un drain de plancher pourrait être idéale, mais impossible à réaliser.

2. Portez toujours un masque et des lunettes de protection lorsque vous travaillez dans un vide sanitaire. Si vous décelez la présence d'eau stagnante ou de moisissure, demandez l'aide d'un spécialiste.

3. Placez tous les débris se trouvant dans le vide sanitaire dans des sacs à ordures et sortez les sacs à l'extérieur.

4. Passez un râteau sur le plancher en terre du vide sanitaire pour bien le niveler et enlevez les cailloux tranchants. En nivelant la surface, vous éviterez que des aspérités retiennent l'eau.

5. Épandez du sel à trottoir sur toute la surface pour former un milieu

défavorable à la formation de moisissure.

6. Étendez une toile pare-humidité en polyéthylène sur le plancher. Faites chevaucher les joints et collez-les avec du ruban adhésif. Calfeutrez les bords à la base du mur ou, si possible, agrafez-les et scellez-les à la lisse basse du rez-de-chaussée, en haut du mur.

7. Si possible, coulez un plancher en béton. La deuxième meilleure solution consiste à couvrir la toile de polyéthylène d'une couche de sable et d'y poser un plancher fait de dalles de patio. Si aucune des deux solutions ne peut être employée, assurez-vous que la toile pare-humidité est bien maintenue en place à l'aide de briques ou de blocs de béton.

Prévention de la formation de moisissure dans les fondations et les sous-sols

Pour prévenir les problèmes de moisissure dans les sous-sols, gardez ces endroits secs. Il ne peut y avoir de moisissure en l'absence d'humidité. Les signes de problèmes d'humidité et de moisissure dans les sous-sols peuvent comprendre notamment les infiltrations d'eau par des fissures dans la fondation, les inondations causées par des nappes d'eau trop près de la surface du sol, les murs ou les planchers humides ou moisis, la condensation dans les fenêtres ou sur la tuyauterie, des matériaux isolants humides, des finis endommagés par l'humidité, des tapis et moquettes moisis ou humides, des objets rangés mouillés, un taux d'humidité élevé et des odeurs de moisi ou d'humidité. Certaines méthodes élémentaires d'entretien peuvent réduire la présence d'humidité.

Niveau de compétence requis :
1 - entretien simple

Matériel : aucun

Outils : sacs à ordures, couteau tout usage, masque antipoussières, lunettes de protection

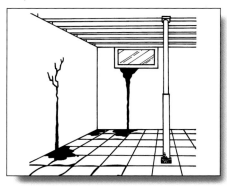

1. Assurez-vous que les gouttières et les tuyaux de descente (et les rallonges) évacuent l'eau loin de la maison.

2. La pente doit être orientée de manière à évacuer les eaux loin de la maison.

3. Si un tuyau de drainage perforé est installé autour de la maison, enlevez les feuilles et les débris dans les margelles de sorte que l'eau puisse s'évacuer plus facilement.

4. Obturez les fissures (comme indiqué précédemment).

5. Enlevez les moquettes au sous-sol sauf si le plancher de béton est parfaitement sec. Les moquettes retiennent l'humidité ce qui constitue un milieu favorable à la moisissure et à la prolifération d'acariens. Même s'ils semblent secs, les moquettes peuvent être humides en dessous. Au besoin, coupez les moquettes en lanières et placez-les dans des sacs à ordures pour les mettre au rebut.

6. N'entreposez pas trop d'objets au sous-sol. Cela permettra d'assurer une meilleure circulation d'air et limitera la formation de moisissure. Rangez les objets sur des étagères plutôt que sur le plancher et placez-les dans des bacs en plastique plutôt que dans des cartonnages. Les cartonnages absorbent l'humidité et demeurent humides.

7. Si une inondation se produit, enlevez toutes les matières endommagées le plus rapidement possible.

8. Faites fonctionner un déshumidificateur dans le sous-sol en été. Le fait d'assurer une circulation de l'air à l'aide d'un ventilateur peut être utile à toutes les saisons.

Réparation du crépi au-dessus du sol

Le crépi assure une belle finition au-dessus du sol, mais il sert également à contrôler en partie le taux d'humidité de la fondation aussi bien dans le sol qu'au-dessus. Au-dessus du sol, le crépi aide à prévenir les infiltrations d'eaux pluviales ou de ruissellement en scellant les fissures, les trous et les cavités laissées par les tirants de coffrages (les tirants maintenant en place les coffrages de béton). Il protège également les matériaux d'isolation que les rayons du soleil pourraient endommager. Dans le sol, avant de poser des matériaux d'imperméabilisation, un crépi doit être appliqué sur les murs en blocs de béton pour en sceller les joints et donner une surface lisse semblable à celle du béton coulé. Le crépi peut aussi servir à sceller les trous des tirants de coffrages ou d'autres ouvertures dans le béton coulé, avant la pose des matériaux d'imperméabilisation. Si on les frappe avec un objet dur, on peut endommager les crépis spéciaux dont sont enduits les matériaux d'isolation extérieurs. Le crépi posé sur un treillis galvanisé pour stuc, sur de la fibre de verre dense, de la fibre minérale ou sur des fondations en bois traité peut aussi être endommagé. Le crépi appliqué sur du béton ou des blocs de béton peut s'écailler en raison de l'effet du gel et du dégel de l'eau qui peut s'infiltrer derrière.

Niveau de compétence requis :
2 - propriétaire bricoleur

Matériel : ciment Portland, sable et eau; ou crépi spécial prémélangé conçu pour adhérer au polystyrène.

Outils : marteau, ciseau à froid, brosse à poils durs, truelle, éponge, pelle, brouette ou planche à mélanger, seau.

1. Enlevez les particules détachées de crépi à l'aide du ciseau à froid. Nettoyez la surface à l'aide de la brosse.
2. Humectez la surface à réparer.
3. Mélangez trois parties de sable tamisé et une partie de ciment avec de l'eau de manière à obtenir un mélange dense.

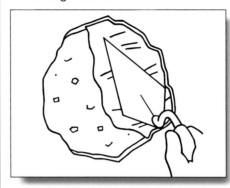

4. À l'aide de la truelle, appliquez une couche d'une épaisseur maximale de 6 mm (1/4 po) sur la surface à réparer.

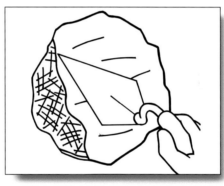

5. Si une deuxième couche est nécessaire, grattez la surface réparée à l'aide d'un clou ou d'un autre objet pointu, alors que la surface est encore molle, de manière à assurer une bonne adhérence de la deuxième couche.

6. Lorsque la surface réparée est bien sèche (après 24 heures), humectez-la de nouveau et appliquez une deuxième couche de 6 mm (1/4 po) d'épaisseur de sorte que la surface soit uniforme avec la surface du crépi adjacent.
7. Lorsque la surface est presque sèche, texturez-la à l'aide d'une éponge pour qu'elle s'harmonise avec le reste du crépi adjacent.

Nettoyage de la moisissure apparente

La présence de moisissure est un signe d'humidité excessive dans la maison. Cette situation doit être corrigée.

La moisissure peut prendre différentes colorations : noire, blanche, rouge, orange, jaune ou verte. Si vous ne savez pas s'il s'agit vraiment de moisissure, humectez la surface à l'aide d'une goutte de javellisant ménager. Si la tache se décolore ou disparaît, il s'agit probablement de moisissure. Si le javellisant n'a aucun effet, il ne s'agit probablement pas de moisissure.

Le type de nettoyage requis dépend de la quantité de moisissure présente.

S'il y a plusieurs surfaces moisies et qu'au moins une de ces surfaces occupe plus de 3 m² (32 pi²), soit environ les dimensions d'un panneau de contreplaqué, la moisissure est jugée « étendue » et requiert un nettoyage par un entrepreneur spécialisé. Un problème de moisissure aussi étendu indique également un problème d'humidité important qui doit être corrigé afin de prévenir toute moisissure ultérieure.

Nettoyage d'une « petite surface »

Vous pouvez vous-même nettoyer les « petites surfaces » moisies (moins de trois surfaces dont la superficie de chacune est inférieure à un mètre carrée). Les jeunes enfants et les autres membres de votre famille souffrant de problèmes d'asthme, d'allergies ou d'autres problèmes de santé ne doivent pas se trouver dans la pièce ni dans une pièce adjacente pendant le nettoyage.

Niveau de compétence requis :
2 - propriétaire bricoleur — petite surface moisie

Matériel : solution détergente non parfumée, chiffon humide ou éponge, bicarbonate de soude

Outils : gants de caoutchouc, masque antipoussières jetable, lunettes de sécurité, aspirateur à particules à haute efficacité (HEPA).

Surfaces lavables

1. Nettoyez les surfaces avec un aspirateur muni d'un filtre à particules à haute efficacité (HEPA), d'un aspirateur industriel avec tuyau d'échappement extérieur ou d'un aspirateur central à échappement extérieur.
2. Récurez la surface avec la solution détergente non parfumée.
3. Épongez la surface avec un chiffon humide et propre, puis asséchez-la rapidement.

L'emploi d'un détergent non parfumé vous permet de déceler plus facilement les odeurs résiduelles de moisissure.

Plaques de plâtre moisies

1. Si la moisissure n'est présente qu'en surface et n'est pas attribuable à un problème d'humidité derrière la plaque de plâtre, nettoyez la surface à l'aspirateur comme indiqué précédemment, puis lavez-la à l'aide d'un chiffon humide et de bicarbonate de soude ou d'un peu de détergent. Faites attention de ne pas trop mouiller la surface de la plaque.

Si des taches de moisissure réapparaissent après le nettoyage, c'est que la source de moisissure n'a pas été préalablement éliminée. Faites appel à un inspecteur spécialisé dans la qualité de l'air intérieur.

Pour corriger des problèmes de moisissure sur des surfaces de dimensions moyennes

Si vous suivez les méthodes appropriées et que vous portez l'équipement de protection requis, vous pouvez nettoyer des « **surfaces de dimensions moyennes** » présentant des problèmes de moisissure. Par « *surfaces de dimensions moyennes* », on entend plus de trois surfaces moisies, chacune ayant une superficie inférieure à un mètre carré ou une ou plusieurs surfaces isolées de superficie supérieure à un mètre carré mais inférieure à 3 m^2 (32 pi^2), soit environ les dimensions d'un panneau de contreplaqué.

Les jeunes enfants et les autres membres de votre famille souffrant de problèmes d'asthme, d'allergies ou d'autres problèmes de santé ne doivent pas se trouver dans la pièce ni dans une pièce adjacente pendant le nettoyage.

De petits travaux de nettoyage ne doivent prendre que quelques minutes (et non des heures). Si le nettoyage prend des heures, voire une journée, il est conseillé de porter un meilleur masque antipoussières tel qu'un demi-masque respiratoire ou d'un masque respiratoire intégral et muni de cartouches filtrantes à particules à haute efficacité. Vous devez bien ajuster le masque.

Niveau de compétence requis :
3 - propriétaire qualifié

Matériel : toile de plastique, ruban, solution détergente non parfumée, chiffon humide ou éponge, bicarbonate de soude, solution de TSP (phosphate trisodique) pour surfaces en béton.

Outils : gants de caoutchouc, masque antipoussières jetable ou demi-masque respiratoire à cartouche filtrante à particules à haute efficacité, lunettes de protection, ventilateur extracteur, aspirateur à particules à haute efficacité.

Nettoyage général

1. Isolez la surface à nettoyer à l'aide d'une toile en plastique que vous rubanerez aux murs et au plafond.
2. Installez un ventilateur extracteur dans une fenêtre de la pièce pour empêcher la contamination d'autres pièces de la maison et pour assurer une bonne ventilation.
3. Nettoyez les surfaces avec un aspirateur muni d'un filtre à particules à haute efficacité ou avec un aspirateur central à échappement direct à l'extérieur.
4. Récurez ou brossez la surface moisie à l'aide d'une solution de détergent doux non parfumé.
5. Rincez la surface à l'aide d'un chiffon humide et propre. Répétez l'opération de rinçage. Asséchez ensuite la surface rapidement.
6. Passez l'aspirateur à haute efficacité sur les surfaces nettoyées ainsi que sur les surfaces adjacentes.

Nettoyage des surfaces en bois

1. Nettoyez les surfaces en bois moisies avec un aspirateur à haute efficacité ou avec un aspirateur muni d'un tuyau d'échappement vers l'extérieur. Ne passez pas l'aspirateur si le bois est humide.
2. Nettoyez la surface à l'aide d'une solution détergente, puis épongez-la avec un chiffon humide et propre.
3. Éliminez l'humidité à l'aide d'un aspirateur pour déchets secs et humides et (ou) avec des chiffons secs.
4. Accélérez le séchage en utilisant des ventilateurs ou en ouvrant les fenêtres. Si le taux d'humidité à l'extérieur est élevé, fermez les fenêtres et utilisez un déshumidificateur. Le bois ne doit pas demeurer humide pendant plus d'une journée.

Si le nettoyage avec une solution détergente ne permet pas d'enlever la moisissure, revêtez un masque et essayez de poncer la surface avec une ponceuse munie d'un dispositif aspirateur. Poncez la surface en utilisant le dispositif aspirateur pour ne pas disperser les particules de moisissure. Cette technique n'est pas efficace si la moisissure est bien imprégnée dans le bois. Remplacez les pièces de bois pourries ou fortement moisies.

Nettoyage des surfaces en béton

1. Nettoyez les surfaces en béton avec un aspirateur à haute efficacité ou avec un aspirateur muni d'un tuyau d'échappement vers l'extérieur.
2. Nettoyez ensuite les surfaces avec une solution détergente et d'eau. Si la moisissure est encore visible sur les surfaces, utilisez une solution de TSP (phosphate trisodique). Faites dissoudre 250 ml (8 oz.) de TSP dans 9 L (2 gal.) d'eau tiède. Agitez la solution pendant deux minutes. Remarque : **Évitez tout contact de ce produit avec la peau ou les yeux. Portez des gants de caoutchouc et des lunettes de protection.** Humectez bien la surface de béton moisie avec la solution de TSP à l'aide d'une éponge ou d'un chiffon.
3. Gardez la surface humide pendant au moins 15 minutes.
4. Rincez ensuite deux fois la surface de béton à l'eau claire.
5. Asséchez ensuite la surface aussi rapidement que possible.

Plaque de plâtre moisie

Le revêtement de papier des plaques de plâtre favorise la formation de moisissure s'il est mouillé ou s'il ne sèche pas assez rapidement. Non seulement le nettoyage avec une solution d'eau et de détergent mouille davantage le papier, mais il peut causer d'autres dommages au revêtement. Si la moisissure se trouve uniquement à la surface de la peinture, enlevez-la en procédant à un nettoyage général (comme indiqué précédemment). Si la moisissure est présente sous la peinture, il vaut mieux supprimer la tache et la matière moisie en dessous en découpant la partie touchée de la plaque de plâtre Les surfaces adjacentes doivent aussi être nettoyées. Si la surface moisie est étendue, confiez le nettoyage à un entrepreneur spécialisé. Si la source de moisissure n'a pas été supprimée, le nouveau revêtement posé moisira. Il faut donc corriger le problème de moisissure avant de poser le nouveau revêtement. Avant d'enlever la plaque moisie, couvrez provisoirement les surfaces touchées d'une toile en plastique dont vous aurez rubané les bords pour la sceller. Cela réduira la propagation des spores de moisissure pendant le travail de réparation.

Nettoyez sans délai toutes les surfaces présentant de nouvelles taches de moisissure.

Appelez un inspecteur qualifié

Il est nécessaire de faire appel à un inspecteur qualifié dans les situations suivantes :

1. Les surfaces moisies sont très étendues.
2. La moisissure réapparaît après le nettoyage.
3. La maison dégage une odeur de moisissure, mais aucune moisissure n'est apparente.
4. Un membre de la famille est malade et la maison semble présenter un problème de moisissure.

Pour obtenir une liste des inspecteurs qualifiés de votre localité, communiquez avec le bureau de la SCHL le plus près.

PLANCHERS

Les planchers font l'objet d'un usage intense. On y marche, on y traîne des objets et on y en échappe. Il faut réparer immédiatement des dommages aux planchers afin d'éviter les accidents. Le maintien en bon état des planchers requiert un entretien régulier et un bon nettoyage général.

Les problèmes les plus courants touchant les planchers sont les suivants :

* revêtement de sol endommagé ou desserré;
* carreaux souples de plancher endommagés;
* carreaux de céramique de plancher desserrés ou endommagés;
* tapis et moquettes déformés, tachés ou déchirés;
* revêtements de bois franc égratignés ou usés;
* grincement.

Les travaux d'entretien comprennent :

* un balayage et un lavage périodiques pour enlever le plus possible de saleté pouvant marquer ou égratigner le plancher.

Conseils de prévention

* Corrigez les petits problèmes avant qu'ils s'aggravent.
* Placez des paillassons aux entrées de la maison pour inciter les visiteurs à s'essuyer les pieds avant d'entrer.
* Demandez aux personnes d'enlever leurs chaussures dans la maison pour ne pas traîner de saleté partout.

Conseils de réparation

* Lorsque vous installez un revêtement de plancher, conservez certaines pièces excédentaires au cas où vous auriez à faire des réparations plus tard.
* Si vous installez un nouveau couvre-plancher en vinyle, essayez d'en choisir un plus épais, surtout pour les endroits très passants. Le revêtement s'usera de manière plus uniforme et nécessitera moins d'entretien.
* Un couteau à mastiquer est commode pour enlever le couvre-plancher et pour la pose de colle.
* Servez-vous d'un rouleau à pâtisserie pour lisser la surface réparée.
* Les commerces spécialisés dans les carreaux et les couvre-planchers offrent un plus grand choix de carreaux.
* Un outil spécial pour couper les tapis, semblable à un emporte-pièce de pâtisserie, est offert dans les magasins de tapis.
* Il est beaucoup plus facile de couper les carreaux de céramique avec un outil destiné à cette fin. On retrouve souvent des coupe-carreaux dans les commerces de location d'outils.
* Poncez toujours les planchers de bois dans le sens des fibres et non en travers.
* Portez des gants de caoutchouc lorsque vous utilisez de la teinture.
* Vous pouvez louer des outils spécialisés tels que des coupe-carreaux manuels ou électriques, des tenailles et des truelles.

Considérations particulières

Maison saine^MC

* Choisissez des colles à base d'eau pour réparer les couvre-planchers. Ces produits ont peu d'effet sur la qualité de l'air intérieur de votre maison, ils se nettoient à l'eau et ne posent pas de problèmes d'élimination des rebuts.

Sécurité

* Les vieux carreaux de plancher souples (normalement antérieurs au milieu des années 1980) peuvent contenir de l'amiante. L'amiante pose des risques pour la santé lorsque les fibres sont en suspension dans l'air qu'on respire. Dans le cas d'une petite réparation telle que le remplacement d'un carreau d'amiante brisé, mouillez le carreau pour limiter le plus possible la propagation de poussières, portez des vêtements de protection et un masque antipoussières approuvé, puis effectuez un bon nettoyage à l'aide d'un aspirateur muni d'un filtre à particules à haute efficacité. Consultez vos administrations locale et provinciale pour connaître la bonne façon de vous débarrasser de produits contenant de l'amiante.

* Les grosses réparations telles que le remplacement d'un plancher revêtu de carreaux d'amiante devront être exécutées par un entrepreneur spécialisé dans l'enlèvement de l'amiante. Toute personne effectuant des travaux en présence d'amiante doit porter un masque facial et des gants approuvés, ainsi qu'une tenue de protection appropriée. Normalement, il est aussi nécessaire de prendre des mesures de sécurité additionnelles telles que l'isolement des lieux de travail, la filtration de l'air évacué et l'enlèvement des rebuts conformément aux consignes en vigueur.
* Les dommages aux planchers peuvent poser de graves risques de chute.

Tâches

Réparation d'un couvre-plancher en vinyle

Niveau de compétence requis :
2 - propriétaire bricoleur

Matériel : couvre-plancher de remplacement, ruban-cache, colle à couvre-plancher

Outils : règle ou équerre, couteau tout usage, couteau à mastiquer, rouleau à pâtisserie

1. Coupez une pièce de couvre-plancher assez grande pour couvrir la surface à réparer et faites correspondre les motifs. Rubanez la pièce de remplacement en place et alignez les motifs avec ceux du couvre-plancher existant.

2. À l'aide d'un couteau tout usage, coupez à travers les deux morceaux de couvre-plancher pour que la pièce s'ajuste parfaitement au couvre-plancher existant.

3. Enlevez la pièce et le morceau endommagé du couvre-plancher.

4. Enduisez la pièce de colle et placez soigneusement la pièce dans le trou. Pour terminer le travail, collez la pièce comme il faut en y passant le rouleau à pâtisserie, puis essuyez l'excédent de colle.

Remplacement de carreaux souples

Niveau de compétence requis :
2 - propriétaire bricoleur

Matériel : carreaux de remplacement, colle à couvre-plancher si les carreaux ne sont pas auto-adhésifs

Outils : règle ou équerre, couteau tout usage, pistolet à air chaud

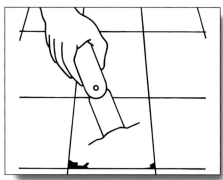

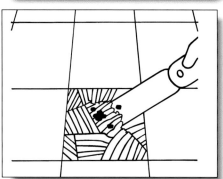

1. Soulevez le vieux carreau en utilisant un couteau à mastiquer. Utilisez un pistolet à air chaud pour ramollir la colle; il sera ainsi plus facile d'enlever le carreau. Enlevez les résidus de colle du faux-plancher. Pour une bonne tenue de la réparation, le faux-plancher et le nouveau carreau doivent être exempts de colle et de saleté.

2. Gardez les carreaux et le faux-plancher à la température de la pièce ou à une température plus élevée avant d'effectuer les réparations. Les températures plus froides font durcir les carreaux qui sont plus susceptibles de se briser et elles empêchent la colle de bien adhérer.

3. Appariez les motifs du carreau avec ceux du plancher existant. Assurez-vous que le carreau s'adapte bien dans le trou avant de poser la colle ou d'enlever la pellicule protectrice dans le cas de carreaux auto-

adhésifs. Si le carreau ne s'adapte pas correctement ou qu'il chevauche la surface, taillez-en les bords à l'aide d'un couteau tout usage.

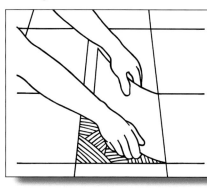

4. Vérifiez que le carreau corrigé s'adapte bien dans le trou. Si tout est parfait et que le faux-plancher est encore bien propre, vous êtes prêt à rajuster le carreau à sa place. Commencez toujours avec des carreaux complets et continuez en direction des carreaux taillés. Si les nouveaux carreaux sont auto-adhésifs, enlevez simplement la pellicule protectrice, alignez soigneusement le carreau et mettez-le en place en y appuyant fermement. Pour poser les carreaux non adhésifs, appliquez une couche mince et uniforme de colle sur le faux-plancher à l'aide d'un applicateur ou d'un couteau à mastiquer avant de mettre les carreaux en place fermement. Servez-vous d'un rouleau à pâtisserie pour bien coller les carreaux en place.

5. Enlevez immédiatement l'excédent de colle en suivant les instructions du fabricant.

Remplacement de carreaux de plancher en céramique

Niveau de compétence requis :
2 - propriétaire bricoleur

Matériel : coulis à joints, colle à carreaux ou mortier, carreaux

Outils : crayon à mine ou marqueur à encre délébile, bol à mélanger, couteau tout usage ou coupe-verre, équerre combinée ou règle, pince, ruban à mesurer, cale de bois pour y couper les carreaux, truelle dentée pour l'application de colle ou de mortier, truelles, tenailles, coupe-carreaux, gants de caoutchouc, lunettes de protection

1. Enlevez le coulis autour du carreau à l'aide d'un couteau tout usage. Enlevez le carreau en le soulevant. Si le carreau est difficile à enlever, cassez-le en petits morceaux à l'aide d'un marteau. Portez des lunettes de protection pour vous protéger des éclats. Enlevez la vieille colle et les matières détachées du plancher et des carreaux existants que vous comptez réutiliser.

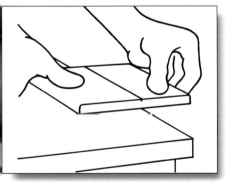

2. Si vous utilisez un carreau neuf, vous devrez peut-être le couper pour qu'il s'adapte parfaitement en place. Marquez la ou les ligne(s) sur le côté lustré du carreau (le dessus) à l'aide d'un crayon à mine ou d'un marqueur à encre délébile. Faites une coupe droite en plaçant une règle ou une équerre sur la ligne de coupe et en rayant la surface (coupe superficielle) à l'aide d'un couteau tout usage bien affûté ou d'un coupe-verre. Vous devez appuyer assez fermement pour couper à travers la surface glacée du carreau; gardez donc les doigts loin de la lame. Ensuite, placez le carreau sur le bord d'une table de sorte que la trait rayé soit aligné avec le bord de la table. Tenez fermement le carreau avec la paume d'une main, puis, de l'autre main, brisez le bord du carreau dépassant du bord de la table d'un coup sec. Le carreau devrait se briser proprement le long du trait. (Des outils spécialisés en location facilitent grandement ce travail de coupe.)

3. Coupez des lignes courbes ou arrondies en procédant progressivement tout juste à l'intérieur du pourtour de la surface. Rayez la surface, puis coupez soigneusement les morceaux à enlever à l'aide de tenailles appropriées. Pour rectifier les bords du carreau, vous pouvez utiliser un accessoire peu coûteux de rectification pour perceuse électrique.

4. Assurez-vous que le carreau s'adapte bien, puis appliquez de la colle pour carreaux de céramique à l'endos du carreau et dans l'espace à remplir. Si vous utilisez du mortier, étalez le mortier uniformément dans l'espace à remplir à l'aide d'une truelle dentée. Appuyez fermement sur les carreaux pour les mettre en place, tout en les alignant avec les bords des carreaux existants. Enlevez l'excédent de colle des espaces destinés au coulis.

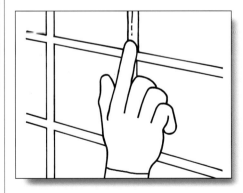

5. Une fois le carreau bien collé, remplissez les joints avec du coulis. Mélangez seulement la quantité dont vous avez besoin en ajoutant de l'eau à la poudre pour former une pâte. Appliquez le mélange dans les joints à l'aide d'un couteau à mastiquer et terminez le joint en le lissant avec un doigt (vous portez des gants de caoutchouc) que vous aurez mouillé.

6. Enlevez l'excédent de coulis des carreaux et d'autres surfaces. Enlevez le coulis ou le mortier des outils à l'aide d'une éponge et d'un seau d'eau. Essuyez bien les outils à l'aide d'un chiffon sec.

7. Laissez sécher le coulis pendant environ une heure. Lissez ensuite les joints à l'aide d'un chiffon humide doux.

8. Jetez le reste du coulis dans les ordures ménagères et non dans l'évier!

9. Laissez durcir les nouveaux joints de coulis pendant la nuit.

Réparation de dommages aux moquettes

Niveau de compétence requis :
2 - propriétaire bricoleur

Matériel : moquette de rechange, ruban à double face, colle à joint

Outils : règle ou équerre, couteau tout usage ou outil à moquette

1. Coupez la partie endommagée de la moquette en utilisant l'outil à moquette ou un couteau tout usage et la règle.
2. Coupez une pièce de remplacement de même dimensions que le trou. Assurez-vous de faire correspondre les motifs et les fibres de la pièce avec ceux de la moquette. Coupez une bande de ruban à double face légèrement plus large que le trou. Insérez le ruban dans le trou de sorte qu'il passe sous le joint de la moquette et de la pièce.

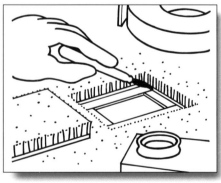

3. Alignez la pièce et posez-la de sorte que l'orientation de ses fibres et ses motifs soient appariés à ceux de la moquette. Collez le joint avec de la colle à joint.

Réparation de planchers en bois franc

Niveau de compétence requis :
2 - propriétaire bricoleur

Matériel : bouche-pores et teinture pour bois (appariés)

Outils : couteau à mastiquer, papier abrasif fin, toile, gants de caoutchouc

1. Enlever la saleté et les débris de la surface à réparer. Obturez le trou ou masquez l'égratignure à l'aide de bouche-pores que vous appliquerez avec un couteau à mastiquer.
2. Poncez doucement la surface réparée jusqu'à ce qu'elle soit lisse et uniforme avec la surface adjacente.
3. Appliquez de la teinture sur la surface réparée de sorte que la nuance soit identique à celle du reste du plancher.
4. Scellez la surface réparée à l'aide du même enduit que celui du reste du plancher.

Arrêt des grincements du plancher

La structure du plancher de la maison comprend des solives en bois que soutiennent les murs porteurs, des poutres de bois ou des poutres en acier. Des cales massives ou des étrésillons peuvent être posés entre les solives pour répartir les charges. Au-dessus des solives se trouve le faux-plancher qui est fait de contreplaqué, de panneaux de copeaux orientés ou, dans les maisons plus vieilles, de planches de bois. Si le plancher est recouvert d'un couvre-plancher en vinyle, en carreaux de vinyle ou en carreaux de céramique, une autre couche de contreplaqué ou de matériau similaire peut être posée sur le faux-plancher pour assurer une surface lisse sous ces matériaux. Le bois franc et les moquettes peuvent être posés directement sur le faux-plancher.

Les planchers grincent pour différentes raisons. Si les pièces de bois ne sont pas bien fixées les unes aux autres, elles peuvent frotter les unes contre les autres ou contre les éléments de fixation. Les pièces n'ont peut-être pas été bien fixées ou posées au départ. Les pièces de bois franc ont peut-être séché et rétréci avec le temps de sorte que les fixations sont desserrées. Les panneaux du faux-plancher peuvent grincer à leurs points de jonction. Les panneaux peuvent se déstratifier (les couches collées se décollent) en raison de l'humidité. Dans les maisons plus vieilles, la structure du plancher n'est peut-être pas assez rigide pour empêcher les grincements. Pour arrêter ces grincements, toutes les pièces doivent être bien soutenues et bien fixées.

Le meilleur moment de corriger les grincements du plancher est lorsque vous installez un nouveau couvre-plancher. Le problème est de déterminer la provenance exacte des grincements. Cette opération est plus facile à exécuter si les solives et le faux-plancher sont visibles d'en dessous. Dans la zone qui grince, examinez les solives et le faux-plancher lorsqu'une autre personne marche sur le plancher au-dessus. Si le plafond est fini sous le plancher qui grince, vous devrez essayer de repérer la provenance du grincement directement sur le plancher. Vous devrez essayer de repérer les solives en tapant sur le plancher et en écoutant pour déceler un bruit sourd indiquant la présence d'une solive. Normalement, les solives sont espacées de 400 mm (16 po).

Niveau de compétence requis :
3 - propriétaire qualifié

Matériel : clous à finir à pointe annelée, clous vrillés ordinaires, vis, colle, cales en bois, colle à bois, mastic ou cire, cales massives, étrésillons en acier

Outils : marteau, tournevis, chasse-clous, égoïne ou scie circulaire, perceuse, cordeau

D'en dessous

Si tout le plancher semble trop flexible, des rangées d'étrésillons ou de cales espacées au maximum de 2,1 m (6 pi 10 po) peuvent renforcer ce dernier en assurant une meilleure répartition des charges entre les solives.

1. Mesurez la longueur des solives entre les murs porteurs ou les poutres en dessous.
2. Divisez la longueur de sorte qu'une ou deux rangées d'étrésillons ne seront pas espacés de plus de 2,1 m (6 pi 10 po).
   À l'aide d'un cordeau, tracez une ligne sur le dessous des solives, perpendiculaire à leur longueur, où seront installés les étrésillons.

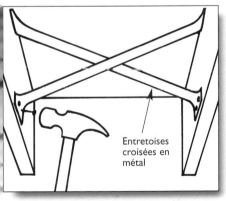

Entretoises croisées en métal

4. Pour installer des entretoises préfabriquées en acier, utilisez un marteau et fixez une extrémité de entretoise à la partie supérieure d'une solive et l'autre extrémité à la partie inférieure de la solive adjacente. Posez une autre entretoise dans le sens inverse de manière à former un X. Comme des fils et des tuyaux passent entre les solives du plancher dans la plupart des maisons, l'utilisation d'entretoises en acier est probablement la façon

la plus simple de procéder. Vous pouvez également utiliser des entretoises en bois constituées de pièces d'au moins 19 x 64 mm (3/4 po x 2 1/2 po) ou de 38 mm x 38 mm (1 1/2 po x 1 1/2 po).

Remarque : Si des pièces de renfort ou des conduits de chauffage métalliques entrent en contact avec des tuyaux de plomberie en cuivre, une réaction électrochimique peut se produire et causer une corrosion prématurée des métaux. Pour éviter cette réaction, faites attention de ne pas mettre en contact des métaux différents. Par exemple, assurez-vous que les conduits de chauffage et les tuyaux de plomberie en cuivre sont bien séparés et bien fixés. Au besoin, utilisez des entretoises en bois plutôt qu'en métal.

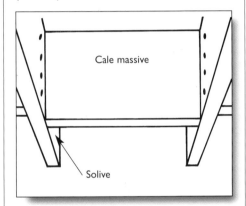

Cale massive

Solive

1. Si vous décidez d'utiliser des cales massives, coupez les pièces à partir de la même essence de bois que celle des solives.
2. Posez les pièces en quinconce pour faciliter le clouage en extrémité à l'aide de 3 ou 4 clous. Au besoin, utilisez une pièce de bois de plus petites dimensions pour faciliter le passage des tuyaux ou des fils.

S'il y a du jeu entre une solive et le faux-plancher

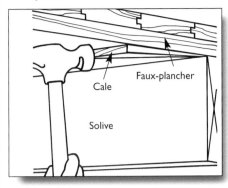

Faux-plancher
Cale
Solive

1. Appliquez de la colle sur une cale et insérez celle-ci dans l'espace entre la solive et le faux-plancher. Faites attention de ne pas trop insérer la cale de sorte que le faux-plancher se soulève.

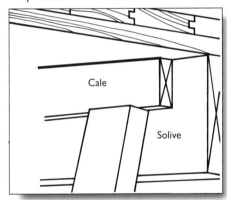

Cale
Solive

2. En variante, vissez une bande ou une cale de 19 mm (3/4 po) ou de 38 mm (1 1/2 po) enduite de colle sur le côté de la solive et fixez-la aussi sur le dessous du faux-plancher.

S'il semble y avoir un grincement entre le faux-plancher et un couvre-plancher de bois déformé.

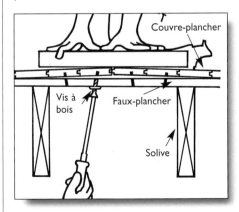

Couvre-plancher
Vis à bois
Faux-plancher
Solive

1. Posez un contrepoids sur le couvre-plancher pour le tenir fermement en place (si possible).

2. Percez des avant-trous dans le faux-plancher et dans le couvre-plancher en procédant par en dessous. Posez une bande de ruban sur le foret comme butée de manière à ne pas perforer le couvre-plancher.

3. Vissez le couvre-plancher au faux-plancher (par en dessous) en utilisant des vis assez longues pour bien fixer ensemble les deux éléments. Posez des rondelles sous les têtes de vis pour éviter que les vis ne pénètrent trop dans le faux-plancher.

Par-dessus

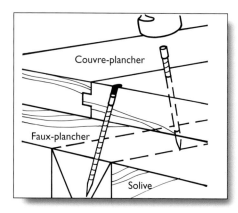

1. Dans les planchers de bois franc, percez en angle un avant-trou de diamètre approprié dans le revêtement, juste au-dessus d'une solive.

2. Enfoncez un clou à finir dans le couvre-plancher et la solive.

3. Utilisez un chasse-clou pour enfoncer la tête du clou sous la surface, puis boucher le trou à l'aide d'un bouche-pores approprié ou de cire.

Il est très difficile d'éliminer les grincements sur les couvre-planchers autres qu'en bois, sans laisser des marques visibles. Il peut être possible d'enfoncer des clous à finir dans certaines moquettes, mais les chances d'éliminer complètement les grincements sont plutôt faibles. Il est recommandé de d'abord enlever la moquette.

MURS ET PLAFONDS

Les murs et les plafonds constituent les plus grandes surfaces à l'intérieur de votre maison. En les gardant en bon état, il est plus facile de les nettoyer et d'éviter les réparations plus coûteuses.

Les problèmes les plus courants touchant les murs et les plafonds sont les suivants :

- trous et têtes de clous en saillie;
- fissures à la surface des murs;
- rubans des plaques de plâtre qui se décollent;
- fissures autour de la baignoire ou de la douche;
- carreaux de céramique décollés ou endommagés;
- éléments tels que mains courantes ou tringles à rideaux qui se détachent des murs;
- Vide autour des boîtes de jonction électriques et des conduits de ventilation secondaire d'appareils de plomberie aboutissant dans le grenier.

Les travaux d'entretien comprennent :

- les travaux de peinture à l'intérieur.

Conseils de prévention

- Au moment de vous préparer à effectuer des travaux de peinture, vérifiez s'il y a des dommages mineurs et réparez-les avant qu'ils s'aggravent.

Conseils de réparation

- Pour une personne non qualifiée, il est plus facile de réparer des panneaux muraux ou des plaques de plâtre que des murs en plâtre. Si vous devez effectuer des réparations aux murs de plâtre de votre maison, voyez d'abord si vous êtes en mesure d'effectuer ces travaux dans une période raisonnable. Les réparations aux murs de plâtre font appel à des techniques particulières et peuvent être salissantes. Il est souvent préférable de confier ces travaux à un entrepreneur spécialisé.

- Les commerces spécialisés dans les carreaux et les couvre-planchers offrent un plus grand choix de carreaux.
- Vous pouvez louer des outils spécialisés tels que des coupe-carreaux manuels ou électriques, des tenailles et des truelles.
- Évaluez avec soin la quantité de peinture dont vous aurez besoin pour vos travaux. Les restes de peinture se gâtent et ne peuvent être conservés que pendant de courtes périodes. Rangez les pots de peinture à l'envers.

Considérations particulières

Maison saine^MC

- Utilisez des peintures à l'eau. Ces produits ont peu d'effet sur la qualité de l'air ambiant de votre maison, ils se nettoient à l'eau et ne posent pas de problèmes d'élimination des rebuts.

Sécurité

- Si votre maison a plus de 40 ans, vous pouvez supposer que la peinture à l'intérieur contient du plomb. La peinture au plomb n'est pas dangereuse si elle est en bon état, mais si elle s'écaille, elle peut poser un risque pour la santé. Le ponçage et le grattage de la peinture au plomb peuvent aussi propager dans l'air de grandes quantités de particules contenant du plomb.
- Les bébés, les jeunes enfants, les femmes enceintes et leur fœtus sont les personnes les plus vulnérables aux peintures à base de plomb. Il est possible d'analyser des échantillons de peinture en utilisant une trousse d'analyse domestique ou en faisant appel à un laboratoire spécialisé. Les lois fédérales et provinciales en vigueur limitent la quantité de plomb que peuvent renfermer les produits commerciaux.

Tâches

Réparation de petits trous

Les trous dans les plaques de plâtre sont normalement le résultat de dommages mineurs tels que le déplacement d'un tableau ou les têtes de clous qui ressortent des plaques. Les têtes de clous ressortent lorsque les montants de bois sur lesquels sont posées les plaques de plâtre n'ont pas suffisamment séché avant l'installation. Lorsque le bois sèche, il rétrécit, ce qui fait en sorte que les clous ressortent par la plaque de plâtre en la perforant.

Niveau de compétence requis :
2 - propriétaire bricoleur

Matériel : composé prémélangé pour plaque de plâtre, vis pour panneaux muraux, ruban en papier ou en fibre de verre pour panneaux muraux, peinture

Outils : règle ou équerre, scie à plaque de plâtre, pistolet à colle, couteaux ou grattoirs pour panneaux muraux, papier abrasif à grain moyen (80 à 100), petit bloc de bois ou bloc de ponçage, vieux chiffon ou pinceau, couteau tout usage, tournevis

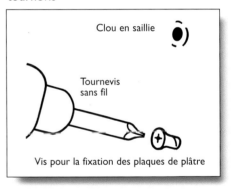

Clou en saillie

Tournevis sans fil

Vis pour la fixation des plaques de plâtre

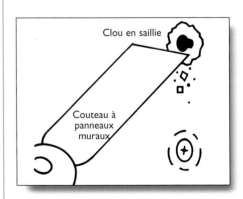

Clou en saillie

Couteau à panneaux muraux

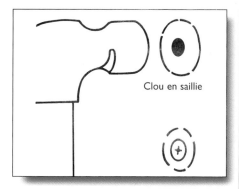

Clou en saillie

1. Appuyez le panneau mural contre le montant du mur et fixez une vis à environ 50 mm (2 po) du clou en saillie.

2. Enfoncez le clou en saillie dans le mur avec un marteau. Remplissez les trous avec du composé pour plaques de plâtre. Si vous avez utilisé une vis à plaque de plâtre, noyez la tête de vis (de sorte qu'elle s'enfonce légèrement dans la plaque) en utilisant un tournevis à bout cruciforme (Phillips). Pour que le clou ou la vis tienne bien, la tête ne doit pas déchirer le papier du panneau mural.

3. Lorsque le composé est sec, poncez-le légèrement, posez ensuite une couche d'apprêt, puis peignez la surface de la même couleur que le reste du mur.

4. Vous pouvez aussi réparer d'autres petits trous avec du composé. Poncez légèrement les surfaces et peignez-les.

Remarque : Pour limiter le ponçage, enlevez l'excédent de composé en l'essuyant doucement à l'aide d'une éponge humide.

Réparation d'un gros trou ou d'une grande surface endommagée

1. Utilisez une règle ou une équerre et délimitez le contour de la surface endommagée.

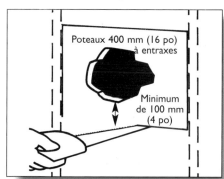

Poteaux 400 mm (16 po) à entraxes

Minimum de 100 mm (4 po)

2. À l'aide d'un couteau tout usage ou d'une scie à plaque de plâtre, découpez la surface délimitée et enlevez la section endommagée de la plaque. Évitez d'endommager le pare-air ou le pare-vapeur s'il s'agit d'un mur extérieur. Coupez une ou plusieurs pièces de contreplaqué de 12 mm (1/2 po) que vous glisserez dans le trou, légèrement en arrière des bords de la plaque adjacente. Vissez des vis dans la plaque adjacente de manière à retenir la pièce de contreplaqué. Le morceau de contreplaqué sert de point d'appui, au besoin, pour la pièce de réparation.

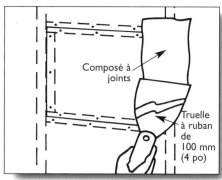

Composé à joints

Truelle à ruban de 100 mm (4 po)

3. Coupez un morceau de plaque de plâtre dont les dimensions correspondent à la grandeur du trou à réparer. Vissez le morceau de plaque de plâtre sur la pièce d'appui en contreplaqué ou sur les poteaux.

Ruban de 50 mm (2 po)   Chevauche-ment du ruban

Truelle à ruban de 100 mm (4 po)

4. Coupez des bandes de ruban de fibre de verre pour panneaux muraux et posez-les sur les joints de la pièce. En variante, posez une mince couche de composé à joints sur les joints et noyez des bandes de ruban de papier dans le composé.

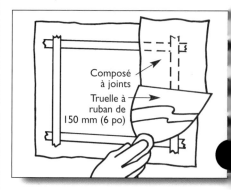

Composé à joints

Truelle à ruban de 150 mm (6 po)

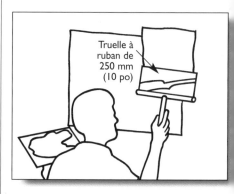

Truelle à ruban de 250 mm (10 po)

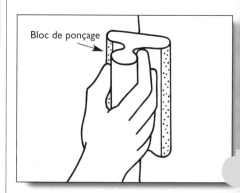

Bloc de ponçage

5. Enduisez le ruban de papier ou de fibre de verre d'une couche de composé pour plaques de plâtre à l'aide d'une truelle. Lorsque le composé est sec, posez-en une deuxième couche de manière à couvrir une plus grande surface tout en adoucissant l'épaisseur des bords (les couches de composé doivent s'amincir progressivement sur les bords). Une fois le composé sec, poncez légèrement la surface jusqu'à ce qu'elle soit lisse. Repeignez la surface de la même couleur que le mur.

Réparation et finition des fissures superficielles

Des fissures étroites peuvent se former dans les murs et les plafonds en raison du mouvement normal de la structure de l'immeuble à la suite d'un affaissement et de variations de températures et d'humidité.

Niveau de compétence requis :
2 - propriétaire bricoleur

Matériel : composé prémélangé pour plaques de plâtre, peinture

Outils : couteaux ou grattoirs pour panneaux muraux, papier abrasif à grain moyen (80 à 100), petit bloc de bois ou bloc de ponçage, vieux chiffon ou pinceau

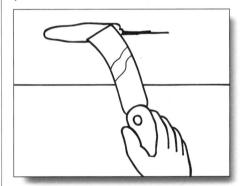

1. Remplissez les fissures de composé pour plaques de plâtre.

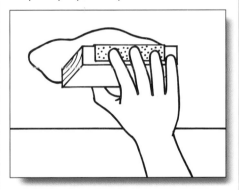

2. Lorsque le composé est sec, poncez-le légèrement, posez ensuite une couche d'apprêt, puis peignez la surface de la même couleur que le reste du mur.

3. Dans le cas des fissures plus larges, enlevez les particules détachées et adoucissez les bords de la fissure à l'aide d'un couteau tout usage. Posez du ruban en fibre de verre ou du ruban en papier et finissez la surface comme indiqué ci-dessus.

Réparation de ruban pour plaque de plâtre décollé

Il arrive parfois que le ruban à joint pour plaque de plâtre se décolle du mur et doit être réparé. Ce problème est habituellement le résultat d'une mauvaise installation initiale.

Niveau de compétence requis :
2 - propriétaire bricoleur

Matériel : composé prémélangé pour plaques de plâtre, ruban en papier ou en fibre de verre pour panneaux muraux, peinture

Outils : couteau tout usage, couteaux ou grattoirs pour panneaux muraux, papier abrasif à grain moyen (80 à 100), petit bloc de bois ou bloc de ponçage, vieux chiffon ou pinceau

1. Enlevez le ruban décollé. À l'aide d'un couteau tout usage, coupez le ruban au point où il est collé.

2. Enlevez toutes les particules de composé à joints détachées de la surface endommagée.

3. Posez une mince couche de composé prémélangé pour plaques de plâtre sur la surface endommagée. Noyez la nouvelle bande de ruban de papier dans le composé. En variante, posez une bande de ruban de fibre de verre directement sur la surface endommagée avant de poser le composé à joints.

4. Enduisez le ruban de papier ou de fibre de verre d'une couche de composé pour plaques de plâtre à l'aide d'une truelle. Lorsque le composé est sec, posez-en une deuxième couche de manière à couvrir une plus grande surface tout en adoucissant l'épaisseur des bords (les couches de composé doivent s'amincir progressivement sur les bords). Une fois le composé sec, poncez légèrement la surface jusqu'à ce qu'elle soit lisse. Repeignez la surface de la même couleur que le mur.

Calfeutrage et remplissage des fissures autour de la baignoire ou de la douche

Les produits d'étanchéité ou le coulis qui ne tiennent plus sur les joints du carrelage autour de la baignoire, de la douche ou dans la salle de bains laissent normalement des fissures. Si ces fissures ne sont pas nettoyées et réparées rapidement, elles peuvent causer des infiltrations d'eau et par conséquent des dommages aux murs et aux éléments de structure en arrière, ce qui favorise la formation de moisissure. Les fissures retiennent aussi la poussière et causent de la moisissure. La poussière et la moisissure sont des éléments de plus en plus reconnus comme étant des sources de problèmes pour la santé et la qualité de l'air.

Posez du nouveau coulis dans les joints entre les carreaux. Comme la baignoire se déplace légèrement en raison des variations de température, le coulis ne convient pas à l'exécution de joints entre la baignoire et le carrelage des murs. À cet endroit, utilisez plutôt une pâte d'étanchéité à base de silicone.

Niveau de compétence requis :
2 - propriétaire bricoleur

Matériel : ruban-cache, coulis imperméable ou pâte d'étanchéité à base de silicone pour baignoire

Remarque : Le coulis est vendu prémélangé ou sous forme de poudre à mélanger avec de l'eau. Il est plus difficile de travailler le coulis que la pâte d'étanchéité à base de silicone, mais le coulis est moins cher. La pâte d'étanchéité à base de silicone est vendue en tubes de plastique à comprimer ou en tubes cylindriques pour pistolet à calfeutrer. Lisez bien le mode d'emploi sur l'étiquette des produits avant de les utiliser.

Outils : ciseau à froid ou tournevis à lame plate, couteau à mastiquer, bol à mélanger ou pistolet à calfeutrer, gants de caoutchouc

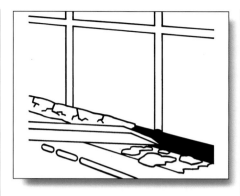

1. Enlever le vieux coulis ou le vieux joint d'étanchéité en les grattant à l'aide d'un ciseau à froid ou d'un vieux tournevis à lame plate. Protéger le fini de la baignoire en posant du ruban-cache sur le bord, à proximité de l'endroit où vous travaillez et couvrez le reste de la baignoire d'une bâche.

2. Nettoyez le joint comme il faut pour enlever les résidus de savon, de graisse ou de saleté. Lorsque vous utilisez du coulis, gardez le joint humide et suivez les instructions de mélange figurant sur l'emballage. Travaillez le coulis dans le joint avec un couteau à mastiquer pour bien remplir le joint. Lissez la surface. Avant que le coulis durcisse, essuyez l'excédent à l'aide d'un chiffon humide. Laissez durcir le coulis complètement (normalement pendant 24 heures) avant de vous servir de la baignoire ou de la douche. Polissez la surface pour enlever tout résidu de coulis.

Remarque : Le coulis est très difficile à enlever une fois qu'il a durci. Ne jetez pas les restes de coulis dans l'évier car le coulis pourrait y durcir et boucher la conduite d'évacuation! Jetez-les plutôt dans les ordures ménagères et éliminez toute trace de coulis dans le bol à mélanger et sur le couteau à mastiquer avant de les ranger.

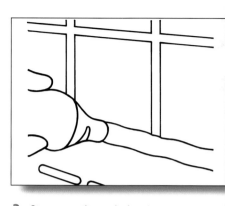

3. Si vous utilisez de la pâte d'étanchéité à base de silicone, laissez d'abord le joint sécher complètement. Coupez ensuite en biseau l'embout du tube de pâte de sorte que l'ouverture corresponde à la largeur du joint à sceller. Posez une bande de ruban-cache de chaque côté du joint selon la largeur du cordon d'étanchéité que vous désirez obtenir. Percez le sceau au fond de l'embout du tube et placez le tube dans un pistolet à calfeutrer, au besoin. Tenez l'embout en contact avec les bords du joint, à un angle de 45 degrés. Posez d'un seul trait uniforme le cordon d'étanchéité dans le joint. Essayez d'évaluer la quantité de pâte d'étanchéité nécessaire pour former un cordon uniforme. Au besoin, enlevez l'excédent de pâte d'étanchéité à l'aide d'un essuie-tout sec. Lissez la surface en mouillant votre index (vous portez des gants de caoutchouc) et en le passant le long du joint. Vous devez procéder rapidement car la silicone forme une « pellicule » ou sèche superficiellement en seulement cinq à sept minutes. Le séchage complet prend normalement au moins une journée.

Remarque : Si elle n'est pas complètement sèche, la pâte d'étanchéité peut causer une irritation des yeux et de la peau. Il faut donc laisser ouverte la fenêtre la plus près pour assurer une ventilation lorsqu'on s'en sert.

Remplacement de carreaux de céramique

Si vous remarquez qu'un carreau de céramique est décollé ou manque, réparez-le ou remplacez-le dès que possible afin d'éviter d'autres dommages. Choisissez une colle sans solvant. L'étiquette du produit devrait indiquer que la colle ne contient pas de solvant ou qu'elle n'est pas toxique.

Niveau de compétence requis :
2 - propriétaire bricoleur

Matériel : coulis, colle à carreaux, carreau(x) de céramique

Outils : crayon à mine ou marqueur à encre délébile, bol à mélanger, couteau tout usage, équerre combinée ou règle, pince, ruban à mesurer, cale de bois pour y couper les carreaux, truelle dentée pour l'application de colle, gants de caoutchouc, lunettes de protection, tenailles, coupe-carreaux.

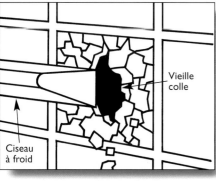

Chasse-clous

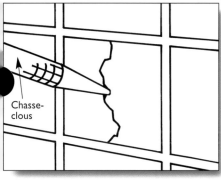

Vieille colle

Ciseau à froid

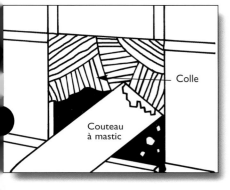

Colle

Couteau à mastic

1. Pour enlever un vieux carreau, enlevez d'abord le coulis autour en le grattant avec un ciseau à froid ou un vieux tournevis à lame plate, puis enlevez le carreau. Au besoin, cassez le carreau en petits morceaux à l'aide d'un marteau. Portez des lunettes de protection pour vous protéger des éclats. Enlevez la vieille colle et les matières détachées du mur en les grattant. Si vous avez endommagé le mur en enlevant le vieux carreau, réparez la surface et bouchez le trou en y posant une mince couche de colle. Laissez sécher. L'endos des vieux carreaux que vous réutiliserez doit être aussi propre que possible.

2. Si vous utilisez un carreau neuf, vous devrez peut-être le couper pour qu'il s'adapte parfaitement en place. Marquez la ou les ligne(s) sur le côté lustré du carreau (le dessus) à l'aide d'un crayon à mine ou d'un marqueur à encre délébile. Faites une coupe droite en plaçant une règle ou une équerre sur la ligne de coupe et en rayant la surface (coupe superficielle) à l'aide d'un couteau tout usage bien affûté. Vous devez appuyer assez fermement pour couper à travers la surface glacée du carreau; gardez donc les doigts loin de la lame. Ensuite, placez le carreau sur le bord d'une table de sorte que le trait rayé soit aligné avec le bord de la table. Tenez fermement le carreau avec la paume d'une main, puis, de l'autre main, brisez le bord du carreau dépassant du bord de la table d'un coup sec. Le carreau devrait se briser proprement le long du trait. Si vous n'avez jamais fait ce travail auparavant, exercez-vous au préalable avec un vieux carreau. Des outils spécialisés en location facilitent grandement le travail de coupe.

3. Coupez des lignes courbes ou arrondies en procédant progressivement tout juste à l'intérieur du pourtour de la surface. Rayez la surface, puis coupez soigneusement les morceaux à enlever à l'aide de pinces appropriées. Pour rectifier les bords du carreau, vous pouvez utiliser un accessoire peu coûteux de rectification pour perceuse électrique. Vous pouvez aussi utiliser un coupe-carreau sans fil qui facilite considérablement ce travail.

4. Assurez-vous que le carreau s'adapte bien, puis appliquez de la colle pour carreaux de céramique dans l'espace à remplir. Appuyez fermement sur le carreau pour le mettre en place, tout en l'alignant avec les bords des carreaux existants.

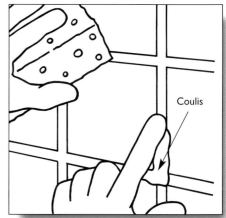

Coulis

5. Une fois le carreau bien collé (consultez le mode d'emploi du fabricant de la colle), remplissez les joints avec du coulis. Mélangez seulement la quantité dont vous avez besoin en ajoutant de l'eau à la poudre pour former une pâte. Appliquez le mélange dans les joints à l'aide d'un couteau à mastiquer et terminez le joint en le lissant avec un doigt (vous portez des gants de caoutchouc) que vous aurez mouillé.

6. Laissez sécher le coulis pendant environ une heure. Enlevez l'excédent de coulis des carreaux et d'autres surfaces. Nettoyez les outils avec un peu d'eau que vous aurez versée dans un seau.

7. Jetez le reste du coulis dans les ordures ménagères et non dans l'évier!

8. Laissez durcir les nouveaux joints de coulis pendant la nuit. Polissez ensuite la surface pour éliminer les résidus de coulis.

Repose d'éléments tels que des porte-serviettes, des mains courantes, des tringles à rideaux arrachés du mur

Il arrive parfois que des porte-serviettes, des mains courantes ou des tringles à rideaux se détachent du mur, surtout si ces éléments n'ont pas été fixés correctement au départ. Si les vis des supports de fixation ont été vissées dans un montant, vous pouvez utiliser des vis plus grosses et les visser au même endroit. Toutefois, en utilisant des vis plus longues vous risquez de perforer des fils ou des tuyaux cachés. Il est souvent préférable de déplacer légèrement le support pour le fixer dans un élément de bois.

Cela s'applique aussi à la fixation d'éléments dans une plaque de plâtre. Le point de fixation initial sera probablement endommagé et ne permettra pas de reposer solidement le support.

Niveau de compétence requis :
2 - propriétaire bricoleur

Matériel : boulon à pattes à ressort ou autre fixation pour murs creux

Outils : perceuse, tournevis, ruban à mesurer, détecteur de montants

1. Enlevez le support desserré, au besoin.
2. Examinez l'ancrage de fixation initial ou insérez un clou dans le trou d'ancrage pour savoir si l'ancrage avait été posé dans un montant ou dans un mur creux.
3. Une fixation plus longue pourrait suffire à reposer l'objet solidement. Dans le cas contraire, trouvez un autre endroit convenable pour installer le support. Tenez le support à l'endroit prévu et marquez l'emplacement des trous de vis. Utilisez un clou à finir pour piquer doucement l'endroit et voir si la fixation se fera dans un montant ou dans un mur creux (il est préférable de fixer le support dans un montant).
4. Réparer la surface endommagée en suivant la méthode indiquée à la section *Réparation des trous dans les murs*.
5. Percez des trous de diamètre approprié dans les nouveaux emplacements pour la pose des vis ou des ancrages pour mur creux.
6. Insérez des ancrages au besoin.
7. Vissez les vis dans les supports jusque dans le montant ou dans les ancrages.
8. Reposez la main courante ou la tringle à rideau.

Obturation des espaces autour des conduits de ventilation secondaire de plomberie traversant le grenier ou les murs extérieurs

Pour fonctionner correctement, toutes les des appareils de plomberie doivent être ventilées. Normalement, les conduits de ventilation secondaire se prolongent de la conduite d'égout jusqu'à la toiture, en passant par les plafonds pour permettre à l'air extérieur de remplacer l'eau chassée ou évacuée. Les siphons des éviers et des lavabos sont parfois ventilés verticalement par une cavité dans le mur extérieur qui est raccordée à une colonne de ventilation principale. Sans les conduits, l'action d'évacuation de l'eau crée un vide et un retour d'eau et d'air dans les siphons. Sans les siphons, des gaz d'égout se propagent dans la maison.

On trouve normalement au moins une grosse colonne de ventilation secondaire de 76 mm (3 po) de diamètre pour chaque cabinet de toilette et des conduits de ventilation secondaire de plus petit diamètre raccordés entre les appareils de plomberie et l'un des plus gros conduits de ventilation. Dans bien des maisons, les trous dans les plafonds ou les murs que traversent les conduits de ventilation secondaire des appareils de plomberie ne sont pas suffisamment étanches. Les pénétrations de grenier peuvent laisser s'infiltrer de l'air chaud et humide de la maison dans le grenier, une des principales causes d'humidité à cet endroit. Les pénétrations mal scellées du côté intérieur du pare-vapeur/pare-air des murs extérieurs peuvent laisser s'infiltrer de l'air et de l'humidité causant un inconfort et des dommages aux murs. Toutes les pénétrations dans les plafonds et les murs doivent être bien étanches.

Les conduits de ventilation secondaire en plastique ABS (et même les conduits plus anciens en fonte) sont soumis à l'air chaud et humide ainsi qu'à l'air froid de l'extérieur et peuvent se dilater ou se contracter légèrement sur leur longueur. Il vaut mieux exécuter un joint étanche souple le cas échéant. Comme la plupart des conduits de ventilation secondaire sont acheminés à l'intérieur des murs à ossature de bois, le conduit de ventilation est normalement plus facilement accessible du grenier.

Niveau de compétence requis :
2 - propriétaire bricoleur

Matériel : joint d'étanchéité en caoutchouc ou solin d'aérateur de toit, mastic d'isolation acoustique, mousse de polyuréthanne à faible coefficient de dilatation, ruban à revêtement goudronné pour entrepreneur, clous à toiture

Outils : couteau tout usage, pistolet à calfeutrer, marteau, masque

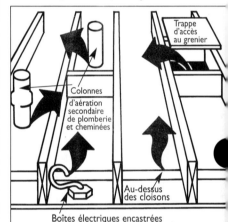

Trappe d'accès au grenier

Colonnes d'aération secondaire de plomberie et cheminées

Au-dessus des cloisons

Boîtes électriques encastrées

antipoussières, lunettes de protection

Pénétrations du grenier

1. Accédez au grenier et repérez le conduit d'évent traversant le plafond. Faites attention où vous mettez les pieds lorsque vous vous déplacez dans le grenier. Pour ne pas défoncer le plafond en dessous, ne marchez que sur les poutres et sur les solives.
2. Écartez les matériaux d'isolation autour de la colonne de ventilation pour pouvoir travailler à l'aise. Lorsque vous déplacez l'isolant, assurez-vous de porter un masque respiratoire et des lunettes de protection.
3. S'il est possible d'installer un joint souple, préparez un joint de caoutchouc d'environ 300 mm (12 po) carrés dont le centre est percé d'un trou pour le passage de la colonne. Une fente doit être pratiquée du trou jusqu'au bord du joint. En variante, vous pouvez

utiliser un solin de caoutchouc fendu et conçu pour une colonne d'un diamètre donné.

. Posez le joint de caoutchouc autour de la colonne.

5. Posez un cordon de mastic d'isolation acoustique sous le pourtour du joint s'appuyant contre le dessus du pare-vapeur /pare-air en polyéthylène ou sur le matériau du plafond s'il n'y a pas de pellicule de polyéthylène.

6. Si possible, utilisez des clous à toiture pour fixer le joint de caoutchouc à la partie supérieure de la sablière.

7. Rubanez le pourtour du joint de caoutchouc sur la partie supérieure du pare-vapeur/pare-air en polyéthylène ou sur le matériau du plafond.

8. Posez un cordon de mastic d'isolation acoustique le long de la fente du joint de caoutchouc, à partir du bord jusqu'au centre.

9. Dans les rares cas où on ne prévoit pas de dilatation, il est possible d'étancher la pénétration de plafond autour de la colonne de ventilation en utilisant de la mousse de polyuréthanne à faible coefficient de dilatation à la place d'un joint souple. Pour ce faire, suivez le mode d'emploi du fabricant.

10. Replacez l'isolant du plafond.

Pénétration d'un mur extérieur

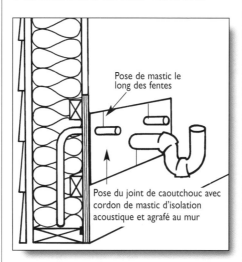

Pose de mastic le long des fentes

Pose du joint de caoutchouc avec cordon de mastic d'isolation acoustique et agrafé au mur

1. S'il est possible d'installer un joint souple, préparez un joint de caoutchouc d'environ 150 à 200 mm (6 à 8 po) de côté dont le centre est percé d'un trou pour le passage du tuyau. Une fente doit être pratiquée du trou jusqu'au bord du joint.

2. Posez le joint de caoutchouc autour du tuyau.

3. Posez un cordon de mastic d'isolation acoustique sous le pourtour du joint s'appuyant contre le pare-vapeur/pare-air en polyéthylène ou sur le revêtement du mur.

4. Rubanez le pourtour du joint de caoutchouc sur le pare-vapeur/pare-air en polyéthylène ou sur le revêtement du mur.

5. Si possible, servez-vous d'agrafes et de minces languettes de bois pour fixer le joint de caoutchouc au mur.

6. Posez un cordon de mastic d'isolation acoustique le long de la fente du joint de caoutchouc, à partir du bord jusqu'au centre.

7. En variante, étanchez la pénétration autour de l'évent en utilisant de la mousse de polyuréthanne à faible coefficient de dilatation ou de la pâte à calfeutrer à la place d'un joint souple. Pour ce faire, suivez le mode d'emploi du fabricant.

Étanchéité des passe-fils et des boîtes de jonction dans les murs et les plafonds

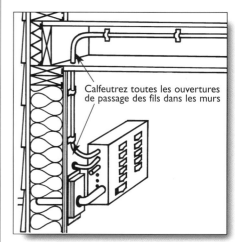

Calfeutrez toutes les ouvertures de passage des fils dans les murs

Dans de nombreuses maisons, il n'y a que de l'isolant et pas de pare-vapeur/pare-air au-dessus des boîtes de jonction électriques métalliques dans le plafond ou derrière les boîtes de jonction dans les murs. Souvent, les ouvertures pour le passage des fils électriques dans les sablières ne sont pas étanches. L'isolant est peu utile pour empêcher les infiltrations d'air. Comme ces ouvertures sont souvent nombreuses, une grande quantité d'air chaud et humide de la maison peut s'échapper dans les murs extérieurs et dans le grenier et ainsi causer non seulement des déperditions calorifiques, mais aussi des dommages attribuables à l'humidité.

De l'air s'échappe par des trous et non directement par les murs ou les plafonds finis (plaques de plâtre ou plâtre par exemple). Toutes les pénétrations dans les murs et les plafonds doivent être bien scellées.

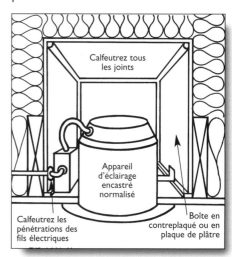

Calfeutrez tous les joints

Appareil d'éclairage encastré normalisé

Calfeutrez les pénétrations des fils électriques

Boîte en contreplaqué ou en plaque de plâtre

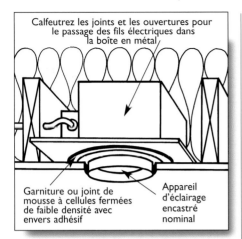

Calfeutrez les joints et les ouvertures pour le passage des fils électriques dans la boîte en métal

Garniture ou joint de mousse à cellules fermées de faible densité avec envers adhésif

Appareil d'éclairage encastré nominal

Mise en garde : Il ne faut pas poser de matériau isolant autour des appareils d'éclairage encastrés dans les plafonds, sauf si ces appareils sont conçus expressément à cette fin. Autrement, l'isolant peut poser un risque de surchauffe et d'incendie. Si la pose d'isolant autour des appareils d'éclairage encastrés est approuvée par la CSA et acceptée par un inspecteur en électricité de la municipalité, toutes les ouvertures des boîtes de jonction électriques métalliques peuvent être bouchées à l'aide de ruban électrique en aluminium et les boîtes recouvertes d'isolant. Si les appareils d'éclairage encastrés ne sont pas approuvés pour être isolés directement, suivez les consignes du fabricant et les prescriptions du code du bâtiment au sujet du dégagement nécessaire autour des appareils. Vous pouvez utiliser une boîte préfabriquée en plastique ou une boîte en contreplaqué fabriquée sur place et qui assure le dégagement requis pour assurer l'étanchéité à l'air autour de l'appareil d'éclairage.

Niveau de compétence requis :
2 - propriétaire bricoleur

Matériel : pare-vapeur/pare-air en polyéthylène, mastic d'isolation acoustique, ruban à revêtement goudronné pour entrepreneur, joints pour boîtes électriques

Outils : couteau tout usage, pistolet à calfeutrer

1. Accédez au grenier et déplacez les panneaux d'isolant, un à la fois, pour repérer des pénétrations dans le plafond. Vous trouverez des conduits de ventilation secondaire d'appareils de plomberie (comme indiqué précédemment), des boîtes électriques de plafond et des fils passant dans les sablières des murs. Lorsque vous déplacez les panneaux d'isolant, portez un masque respiratoire et des lunettes de protection.

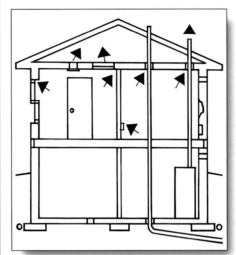

2. Posez un morceau de polyéthylène d'environ 300 mm carrés (12 po) par-dessus toute boîte électrique non étanche.
3. Rubanez le morceau de polyéthylène à la partie supérieure du pare-vapeur/pare-air du plafond ou sur le revêtement du plafond. (Avant de rubaner, assurez-vous que la surface est propre pour que le ruban y adhère bien.)
4. Utilisez du ruban ou du mastic d'isolation acoustique pour sceller le morceau de polyéthylène sur le plafond et tous les fils.
5. Utilisez du ruban ou du mastic d'isolation acoustique pour sceller les orifices autour des fils traversant les sablières des murs.
6. Enfin, posez des joints en mousse derrière les plaques de toutes les prises électriques extérieures.

Travaux de peinture intérieurs

Non seulement le fait de peindre la maison régulièrement redonne à cette dernière un petit air de fraîcheur et de propreté, mais ces travaux préviennent aussi des dommages coûteux ultérieurement. La peinture écaillée ou les surfaces qui non pas été peintes peuvent entraîner la pourriture des ouvrages en bois tout en leur donnant une apparence peu esthétique. Il est moins coûteux de prévenir les dommages que de les réparer après coup.

Niveau de compétence requis :
2 - propriétaire bricoleur

Matériel : peinture

Outils : rouleaux et bacs, manche à rallonge (si vous peignez les plafonds ou des murs hauts), pinceaux de 50 mm (2 po) à 100 mm (4 po) de largeur, de préférence à bord biseauté, un pinceau effilé pour encadrements de fenêtres (si vous peignez des fenêtres, des moulures et d'autres surfaces étroites), détergent, éponges et chiffons, ruban-cache, bâches, escabeau, seau à peinture, agitateurs en bois, vêtements de travail

Préparation

- Voyez si la vieille peinture contient du plomb. Consultez les *Conseils de sécurité* mentionnés précédemment dans le présent chapitre.
- Avant de peindre ou de repeindre, vérifiez soigneusement les surfaces et réparez tous dommages tels que des marques de crayons et des trous de clous.
- Employez des toiles ou des bâches en plastique pour protéger les planchers et les meubles des éclaboussures de peinture.
- Enlevez les rideaux, les tableaux, les plaques des prises et des interrupteurs électriques. Couvrez les interrupteurs et les prises avec du ruban-cache. Si vous ne pouvez pas enlever des appareils d'éclairage, couvrez-en les bords avec du ruban-cache. Faites attention de ne pas mettre de peinture sur les boîtes électriques.
- Enlevez tous les petits meubles. Vous pouvez pousser les gros meubles au centre de la pièce et les recouvrir de vieux journaux ou d'une bâche en plastique.

- Les têtes de clous apparentes doivent être enfoncées au marteau et noyées, puis recouvertes d'un bouche-pores. Poncez et essuyez avant de peindre.
- Enfoncez les clous qui ressortent de murs secs et réparez les fissures. Réparez aussi les fissures et les trous dans le plâtre. Consultez la rubrique *Réparation de petits trous* présentée précédemment dans ce chapitre.
- Enlevez la poussière, la fumée et les saletés des murs et des plafonds.
- Récurez les endroits moisis à l'aide d'une solution de détergent doux non parfumé. Rincez à l'eau claire et laissez sécher. Consultez la rubrique *Nettoyage de la moisissure apparente* à la section *Fondations et sous-sols*.
- Poncez légèrement les surfaces lustrées pour que la peinture y adhère.
- Avec un détergent non parfumé et de l'eau tiède lavez les endroits où la peinture est farineuse ou écaillée. Grattez ces endroits, bouchez les aspérités et poncez. Appliquez un peu de peinture (celle que vous avez choisie) à ces endroits en guise d'apprêt.
  Enlevez le vieux papier peint et la colle en les détrempant avec de l'eau tiède ou des produits conçus à cet effet avant de les décoller avec un grattoir. Enlevez tous les résidus de colle avant de peindre.
- Laissez bien sécher le plâtre non peint, les plaques de plâtre et assurez-vous de la cure du béton et des blocs de béton avant de les peindre. Enduisez-les d'abord d'un apprêt de scellement.
- Enduisez les nœuds dans les surfaces de bois non peintes d'une sous-couche de peinture à l'émail pour les sceller.

Quantité de peinture à acheter

La quantité nécessaire dépend de la surface à peindre et du type de peinture que vous allez utiliser. Il faut prévoir au minimum 1 litre (environ une pinte) de peinture par couche pour couvrir environ 8 m² (environ 86 pi²) de surface murale. Plusieurs couches seront peut-être nécessaires selon la qualité de la peinture utilisée et l'intensité de la couleur à recouvrir.

Application de la peinture

Réunissez tous les outils dont vous aurez besoin. Portez des vêtements confortables et travaillez à une température agréable, l'idéal étant de 20 °C à 22 °C (68 °F à 72 °F). Progressez à votre propre rythme. Assurez une bonne ventilation en ouvrant les fenêtres avant de commencer le travail. Attendez toujours que la peinture soit sèche avant d'en appliquer une autre couche et souvenez-vous que la température et l'humidité affectent le temps de séchage. Suivez les instructions données sur l'étiquette du pot de peinture.

Marche à suivre

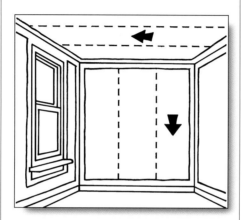

Plafond : Commencez par le plafond si vous devez le peindre en plus des murs. Attaquez dans un angle et procédez par petites surfaces et limitez-vous à un espace que vous pouvez facilement atteindre. Peignez dans le sens de la largeur.

Murs : Procédez par petites surfaces faciles à atteindre, en allant du haut vers le bas. Faites la bordure du mur (où il rencontre le plafond) avec un pinceau de 50 mm (2 po), puis continuez avec un rouleau.

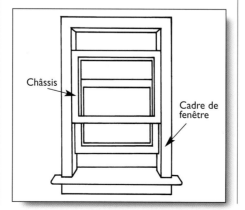

Châssis

Cadre de fenêtre

Fenêtres : Elles demandent de la patience et une main qui ne tremble pas. Un pinceau effilé de 50 mm (2 po) pour encadrement de fenêtre vous permet d'appliquer la petite quantité voulue de peinture. Commencez par peindre le haut de la fenêtre, l'avant et les linteaux (les barres étroites entre les encadrements), puis finissez par le châssis, le haut, les côtés et le bas.

Portes : Peignez d'abord les panneaux, puis les bandes horizontales et enfin les bandes verticales. Si la porte s'ouvre dans la pièce que vous êtes en train de repeindre, peignez le chant du côté la poignée. Si elle s'ouvre dans l'autre sens, peignez le chant du côté des charnières. Remarque : Pour empêcher la porte de coincer ou de frotter, poncez-en les bords avant de la peindre. Vous éviterez ainsi que les couches de peinture s'accumulent et que la porte « coince ».

Plinthes : Commencez d'abord par le dessus de la plinthe, puis peignez le bord au bas. Servez-vous de ruban-cache pour protéger les planchers vernis ou les moquettes, s'il y a lieu.

Placards et armoires : Enlevez les tiroirs et la quincaillerie. Peignez d'abord l'intérieur. Continuez par les moulures autour des panneaux décoratifs. Peignez le reste du placard ou de l'armoire, puis le haut. Pour les tiroirs, peignez les bords apparents et l'avant. Empilez les tiroirs, fond en dessous et laissez-les ainsi jusqu'à ce que la peinture soit sèche.

PLOMBERIE

Normalement, les installations de plomberie fonctionnent bien si elles sont entretenues régulièrement, si les petits problèmes sont corrigés rapidement et si des mesures simples sont prises pour éviter les problèmes. La plupart des problèmes de ces installations sont attribuables à des fuites ou à des bouchons dans les appareils ou dans les tuyaux.

Les problèmes de plomberie les plus courants sont les suivants :

- robinets qui fuient;
- tuyaux de vidange bouchés;
- débordement des toilettes;
- fuites constantes des toilettes;
- problèmes de chasse d'eau;
- condensation sur les réservoirs;
- fuites au bas des toilettes;
- fuites aux cabines de douches et autour de la baignoire;
- fuites dans tous les types de tuyaux;
- bruits des installations de plomberie;
- tuyaux gelés;
- problèmes des pompes à eau et des réservoirs sous pression.

Les travaux d'entretien comprennent :

- chauffe-eau : vidange du réservoir et essai des soupapes de surpression;
- installation septique : vidange régulière par pompage, méthode pour éviter le trop-plein ou des dommages à l'installation;
- épurateurs d'eau : remplacement des filtres et ajout de produits chimiques;
- pompes de puisard : vérification du bon fonctionnement de la pompe et des conduites de refoulement.

Conseils de prévention

- Prévenez l'obturation des renvois d'eau. Jetez les résidus de graisse, les cheveux et les restes d'aliments dans les ordures ménagères et non dans les conduits de renvois d'eau. Placez une crépine dans l'évier pour y recueillir les morceaux d'aliments.
- Tous les mois, servez-vous d'un produit artisanal pour nettoyer les renvois d'eau de la cuisine et de la salle de bains. N'utilisez pas de produits chimiques de nettoyage de conduits.

Produit artisanal de nettoyage des renvois d'eau

Il est bon de nettoyer les renvois d'eau de la cuisine et de la salle de bains environ une fois par mois. Servez-vous d'un produit de nettoyage artisanal économique et qui n'endommagera pas vos installations de plomberie et votre installation septique.

Ingrédients (achetez ces produits à l'épicerie)
250 ml (1 tasse) de bicarbonate de soude
250 ml (1 tasse) de sel de table
65 ml (1/4 tasse) de crème de tartre
Mélangez les ingrédients dans un bol. Versez le produit dans un bocal ou dans une boîte de conserve portant une étiquette appropriée et rangez-le dans un endroit sûr hors de la portée des enfants.

Utilisation
Versez environ 65 ml (1/4 tasse) du mélange dans le renvoi d'eau et ajoutez une tasse d'eau. Le mélange aura un effet d'effervescence et formera des bulles. Une fois que cessera cet effet d'effervescence, faites couler de l'eau dans le renvoi d'eau.

- Prévenez l'obturation des toilettes. Jetez les couches de papier, les serviettes sanitaires, les tampons d'ouate et les mégots de cigarettes dans les ordures ménagères et non dans la toilette.
- Améliorez l'écoulement d'eau en gardant les tamis des robinets propres.
- Ne rangez pas d'objets sur le réservoir du chauffe-eau ni près de celui-ci, en particulier près de la hotte d'extraction ou de la veilleuse d'un chauffe-eau au gaz ou au mazout. Ne rangez pas à ces endroits des articles susceptibles de dégager des vapeurs combustibles et de causer une explosion, notamment de l'essence, des peintures et des produits de nettoyage.
- Faites attention de ne pas laisser tomber d'objets sur le chauffe-eau. Un coup brusque sur le chauffe-eau pourrait fissurer la doublure de verre à l'intérieur.
- Isolez votre chauffe-eau à l'aide d'une doublure isolante conçue à cet effet

et vendue dans les quincailleries et les commerces d'articles de plomberie. Ces doublures isolantes favorisent la conservation de la chaleur et réduisent la consommation d'énergie. Lorsque vous isolez un chauffe-eau au mazout, faites attention de ne pas couvrir les commandes et de ne pas obstruer les ouvertures d'air comburant et les raccords d'évent. L'isolant ne doit pas être en contact avec le raccord d'évent. Avant d'isoler le chauffe-eau, consultez un installateur compétent ou le service de distribution de gaz pour vous assurer que ce travail ne compromettra pas la sécurité et le fonctionnement du chauffe-eau.

- Assurez-vous que tous les occupants de la maison savent où se trouve le robinet principal d'arrivée d'eau. Ouvrez et fermez régulièrement les robinets d'arrêt d'arrivée d'eau principal et secondaires (aux installations) pour vous assurer qu'ils ne se bloquent pas en position d'ouverture. Il faut pouvoir manœuvrer ces robinets de manière à couper l'arrivée d'eau en cas d'urgence ou lorsque des travaux de plomberie s'imposent.

Conseils de réparation

- Avant d'effectuer des réparations à la plomberie, coupez l'arrivée d'eau aussi près que possible de l'endroit où vous ferez les réparations. Selon le type de réparation, vous devrez peut-être vidanger les tuyaux au préalable.
- Protégez les robinets chromés avec du ruban-cache, du ruban de peintre ou un manchon de caoutchouc (par exemple un bout de chambre à air de pneu de bicyclette) pour ne pas les endommager.
- Pour acheter la bonne pièce de rechange, il suffit normalement d'avoir le nom de la pièce et le numéro de modèle, mais il vaut toujours mieux apporter la vieille pièce. De cette façon, vous obtiendrez exactement la pièce voulue.
- Suivez toujours les instructions du fabricant pour installer une pièce ou un appareil donné.
- Louez des outils spécialisés tels qu'un dégorgeoir de toilette si vous en avez besoin.

Considérations particulières

*Maison saine*ᴹᶜ

- Des robinets, des toilettes et des tuyaux qui fuient gaspillent l'eau. Un robinet d'eau chaude ou une pomme de douche qui dégoutte à raison d'une goutte à la seconde gaspille environ 800 L (environ 200 gal.) d'eau chaude par mois. Ce n'est pas uniquement de l'eau mais aussi de l'argent que vous gaspillez. En effet, cela a des conséquences sur votre facture d'eau et d'électricité et sur le fonctionnement plus fréquent de la pompe dans le cas de votre installation septique. L'eau qui dégoutte peut aussi garder les endroits adjacents humides causant ainsi la formation de taches de rouille et de moisissure.

- La pose d'un brise-jet sur les robinets est un moyen simple et très peu coûteux de réduire de moitié, voire davantage, la quantité d'eau que vous utilisez. Si vous devez remplacer un robinet, une pomme de douche ou un cabinet de toilette, choisissez un appareil à faible débit qui vous permettra de réduire votre consommation d'eau. Si vous installez une pomme de douche à faible débit et que vous prenez une douche d'une durée de six minutes, vous pourriez réduire de 108 L (23 gal.) votre consommation d'eau.

- Si vous devez réparer une vieille toilette, il vaut mieux la remplacer par une toilette à débit d'eau restreint munie d'un réservoir isolé. Ces appareils n'utilisent que 6 L (1,3 gal) d'eau par chasse plutôt que 20 L (4,3 gal) ou plus dans le cas d'anciens modèles de toilettes. Le réservoir isolé empêche le « ressuage du réservoir » qui favorise la formation de moisissure sur la plaque de plâtre en arrière du réservoir ou sur les surfaces où l'eau dégoutte.

- L'emploi de produits chimiques de nettoyage des renvois d'eau est dangereux et pollue l'environnement.

Sécurité

- Protégez-vous des dangers pour la santé que pose l'exposition au plomb. Utilisez de la soudure sans plomb pour souder les tuyaux de cuivre.

- Il est recommandé de faire analyser votre eau pour déceler la présence de bactéries si elle provient d'un puits. Dans le cas d'un puits artésien, faites analyser l'eau deux fois par année, au printemps et à l'automne. Dans le cas d'un puits de surface, faites analyser l'eau trois fois par année, au printemps après la fonte des neiges, au milieu de l'été et à l'automne. Communiquez avec votre service de santé local pour savoir où vous procurer des bouteilles d'analyse. Dans bien des villes, l'analyse est gratuite et les bouteilles d'analyse sont disponibles au service de santé.

Tâches

Réparation de robinets qui fuient

On trouve deux principaux types de robinets : les robinets à rondelles (robinets à compression) et les robinets sans rondelles (à bille, à disque de céramique ou à cartouche). Les robinets peuvent sembler différents, mais ils fuient parce que les rondelles, les garnitures, les bagues d'étanchéité ou les cartouches sont usées ou fendues. Vous pouvez obtenir des pièces de rechange dans les quincailleries et les centres de matériaux de construction.

Robinet à rondelle

Niveau de compétence requis : 3 - propriétaire qualifié

Matériel : rondelles, garnitures et feutres variés, graisse hydrofuge

Outils : pinces ou clé à molette, tournevis, couteau tout usage.

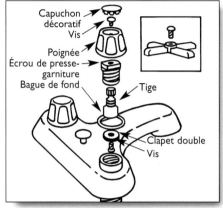

Capuchon décoratif
Vis
Poignée
Écrou de presse-garniture
Bague de fond
Tige
Clapet double
Vis

1. Voyez si l'eau fuit au bec du robinet ou sous les poignées. Coupez d'abord l'arrivée d'eau au robinet d'arrêt le plus près du robinet à réparer. Ouvrez ensuite ce dernier jusqu'à ce que l'eau cesse de couler.

2. Dévissez et enlevez la poignée. La vis se trouve sous le capuchon sur le dessus de la poignée.

3. Si vous pensez que l'eau fuit autour de l'écrou de presse-garniture ou de l'écrou de la cartouche sous la poignée, essayez de resserrer l'écrou à l'aide d'une clé. Rétablissez l'alimentation en eau et ouvrez le robinet. Si la fuite persiste, coupez l'arrivée d'eau de nouveau et desserrez l'écrou.

4. Si la cause de la fuite est autre, desserrez l'écrou de presse-garniture ou l'écrou de la cartouche et retirez la cartouche ou la soupape du robinet.

5. Enlevez la vis de retenue de la vieille rondelle à l'extrémité de la tige et posez une rondelle neuve de même type et de mêmes dimensions. Remplacez la vis de retenue et la bague d'étanchéité si elles sont usées.

Remarque : Les très vieux robinets peuvent comporter des rondelles ou des garnitures en feutre plutôt qu'une rondelle en caoutchouc. Si votre robinet est muni d'une garniture, posez un joint de feutre sur la tige, sous l'écrou de presse-garniture.

6. Reposez la soupape sur le robinet et ouvrez le robinet sans fixer la poignée. Resserrez l'écrou de presse-garniture, refermez le robinet, puis fixez la poignée.

7. Rétablissez l'eau, ouvrez le robinet et assurez-vous qu'il ne fuit pas.

Robinet à bille

Matériel : trousse de réparation de votre robinet particulier

Outils : pinces ou clé à molette, tournevis, couteau tout usage

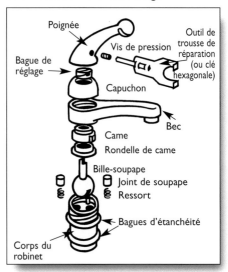

1. Coupez l'arrivée d'eau au robinet d'arrêt le plus près du robinet à réparer. Ouvrez ensuite ce dernier jusqu'à ce que l'eau cesse de couler. Desserrez la vis de pression retenant la poignée. Enlevez la poignée et voyez si la bague de réglage est sale ou usée. Nettoyez la bague au besoin.

2. Resserrez la bague de réglage et voyez si le problème a été corrigé. Si la fuite persiste, coupez l'eau de nouveau, laissez le robinet ouvert jusqu'à ce que l'eau cesse de couler, puis dévissez le chapeau du robinet. Enlevez la came, la rondelle de la came et la bille.

3. Retirez doucement les sièges et les ressorts à l'intérieur du robinet.

4. Enlevez le bec du robinet en le soulevant doucement. Coupez les bagues d'étanchéité et remplacez-les par des neuves se trouvant dans la trousse de réparation. Reposez le bec.

5. Remplacez les ressorts, les sièges, la bille, la rondelle de came et la came par des pièces neuves se trouvant dans la trousse de réparation.

5. Reposez le capuchon du robinet et la poignée.

7. Rétablissez l'eau, ouvrez le robinet et assurez-vous qu'il ne fuit pas.

Robinet à cartouche

Matériel : cartouche de rechange de votre robinet particulier

Outils : pince ou clé à molette, pince à long bec, tournevis, couteau tout usage, graisse hydrofuge

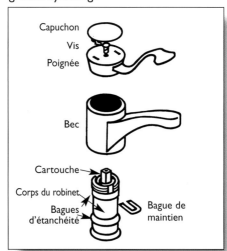

1. Coupez l'arrivée d'eau au robinet d'arrêt le plus près du robinet à réparer. Ouvrez ensuite ce dernier jusqu'à ce que l'eau cesse de couler. Enlevez le capuchon et dévissez la vis de la poignée. Soulevez la poignée pour la dégager de la tige et enlevez-la.

2. Enlevez l'écrou de retenue de la tige du robinet.

3. Retirez la pince de retenue sur le dessus de la cartouche.

4. Retirez la cartouche en la tirant verticalement à l'aide d'une pince.

5. Remplacez la vieille cartouche par une neuve de même type et de mêmes dimensions. Reposez la pince de retenue.

6. Lorsque le robinet est démonté, vous pourriez en profiter pour remplacer les bagues d'étanchéité du bec. Pour ce faire, enlevez le bec en le soulevant de manière à découvrir la tige du robinet. Enlevez les vieilles bagues d'étanchéité et remplacez-les par des neuves de même type et de mêmes dimensions. Reposez le bec.

7. Reposez l'écrou de retenue, la collerette, la poignée, la vis de la poignée et le capuchon.

8. Rétablissez l'eau, ouvrez le robinet et assurez-vous qu'il ne fuit pas.

Robinet à disque de céramique

Matériel : cartouche de rechange de votre robinet particulier

Outils : pince ou clé à molette, pince à long bec, tournevis

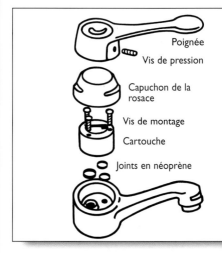

1. Coupez l'arrivée d'eau au robinet d'arrêt le plus près du robinet à réparer. Ouvrez ensuite ce dernier jusqu'à ce que l'eau cesse de couler. Enlevez le capuchon et dévissez la vis de la poignée. Enlevez la poignée.

2. Continuez à démonter les pièces en les disposant soigneusement dans l'ordre de manière à en faciliter le remontage. Enlevez le chapeau, l'écrou de réglage, la plaque de retenue et la cartouche.

3. Remplacez les joints intérieurs usés et la cartouche.

4. Remontez les pièces dans l'ordre inverse de leur dépose ou en suivant les instructions du fabricant.

5. Rétablissez l'eau, ouvrez le robinet et assurez-vous qu'il ne fuit pas.

Débouchage du renvoi d'eau de l'évier ou de la baignoire

Si l'eau ne s'écoule plus, il faut trouver si c'est le siphon du lavabo ou de l'évier qui est bouché ou si c'est la conduite d'égout principale. En faisant couler l'eau ailleurs dans la maison, vous aurez immédiatement la réponse. Ne tirez pas la chasse d'eau de la toilette pour localiser l'obstruction, car elle libère trop d'eau et vous risquez un débordement. Il vaut mieux remplir partiellement un autre lavabo dans la maison. Ouvrez ensuite le bouchon. Si l'eau s'écoule facilement, c'est le premier lavabo qui est bouché. Dans le cas contraire, c'est la conduite d'égout principale qui l'est. Vous ne pouvez éliminer ce genre de problème vous-même et devez appeler un plombier.

Par contre vous pouvez déboucher une simple conduite en :

- nettoyant la crépine;
- nettoyant le bouchon;
- utilisant un débouchoir à ventouse;
- nettoyant le siphon;
- utilisant un dégorgeoir.

Niveau de compétence requis :
2 - propriétaire bricoleur

Niveau de compétence requis :
4 - un ouvrier/entrepreneur (plombier) qualifié devra effectuer le travail si les méthodes mécaniques ne fonctionnent pas.

Matériel : eau

Outils : tournevis, débouchoir à ventouse, clé, pince multiprise, pince à long bec, entonnoir, dégorgeoir, cintre à vêtement, petit récipient pour recueillir l'eau

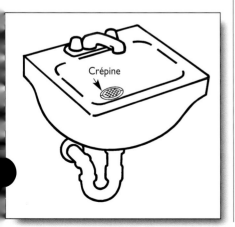

Nettoyage de la crépine de l'évier ou de la baignoire

1. Si l'évier ou la baignoire comporte une crépine amovible, enlevez la vis de retenue de la crépine et placez-la dans un endroit sûr.
2. Retirez la crépine en la soulevant verticalement.
3. Nettoyez la crépine et le renvoi d'eau aussi profondément que possible. Servez-vous d'une pince à long bec pour retirer les cheveux pris dans le renvoi d'eau. Un cintre à vêtement permet aussi d'aller plus profondément.
4. Laissez couler l'eau pour voir si elle s'écoule correctement. Si c'est le cas, reposez la crépine et vissez-la comme il faut.

Nettoyage du bouchon d'évier ou de baignoire

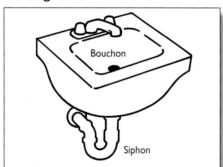

1. Si l'évier ou la baignoire comporte un bouchon, essayez de l'enlever en le tournant dans le sens inverse des aiguilles d'une montre et en le soulevant.
2. Si vous ne pouvez enlever le bouchon en le tournant, vous devrez dévisser la tige de commande en la retenant. Pour ce faire, placez un récipient sous l'évier, desserrez la vis et enlevez l'écrou du tuyau. Vous devriez pouvoir enlever le bouchon en le soulevant.

3. Nettoyez le bouchon et l'ouverture du renvoi aussi profondément que possible. Servez-vous d'une pince à long bec pour retirer les cheveux pris dans le renvoi d'eau. Un cintre à vêtement permet aussi d'aller plus profondément.
4. Remettez le bouchon dans l'ouverture, enfilez la tige, remettez l'écrou et serrez la vis (au besoin). Si le bouchon est seulement vissé, il suffit de le tourner dans le sens des aiguilles d'une montre pour le serrer en place.
5. Enlevez le récipient et ouvrez le robinet. Si le renvoi d'eau est encore bouché, utilisez un débouchoir à ventouse.

Utilisation du débouchoir à ventouse

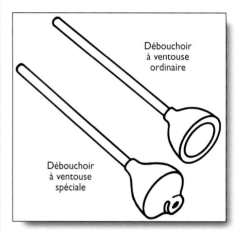

Il en existe deux types : à ventouse ordinaire et à ventouse spéciale. Le débouchoir à ventouse spéciale est plus efficace pour déboucher un renvoi d'eau.

1. Enlevez le bouchon ou la crépine.
2. Placez la ventouse du débouchoir sur l'orifice du renvoi d'eau. Pour un meilleur effet de succion du débouchoir, obturez l'orifice de trop-plein (le trou dans votre lavabo ou votre baignoire qui se trouve juste sous les robinets ou en avant du lavabo) à l'aide d'un chiffon ou de ruban à tuyauterie.
3. Faites coulez l'eau jusqu'à ce qu'il y ait environ 50 mm (2 po) d'eau dans l'évier ou la baignoire.
4. Actionnez le débouchoir plusieurs fois dans un mouvement vertical de va-et-vient. Soyez patient car vous devrez peut-être répéter l'opération plusieurs fois avant de déboucher le renvoi d'eau. Une fois que l'eau

s'écoule bien lorsque vous enlevez le débouchoir, ouvrez le robinet.

5. Si l'eau continue de s'écouler correctement, reposez le bouchon ou la crépine. Si le renvoi est encore bouché, essayez de nettoyer le siphon.

Nettoyage du siphon

Siphon avec bouchon

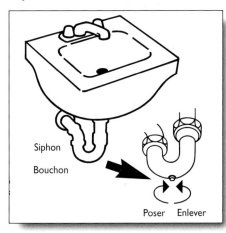

1. Placez un récipient sous le siphon.
2. Enlevez le bouchon à l'aide d'une clé ou d'une pince multiprise en tournant dans le sens inverse des aiguilles d'une montre. Laissez toute l'eau sale s'écouler.
3. Coupez un cintre métallique et formez un petit crochet à l'une des extrémités.
4. Engagez le crochet dans le siphon et déplacez-le dans un mouvement de va-et-vient jusqu'à ce que l'obstruction soit délogée. Nettoyez l'orifice du siphon avec une brosse ou un chiffon.
5. Remettez le bouchon et ouvrez l'eau. Assurez-vous que l'eau s'écoule bien.

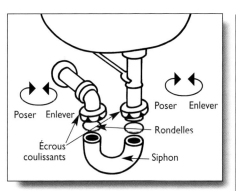

Siphon sans bouchon

1. Desserrez les deux écrous coulissants à l'aide d'une clé ou d'une pince multiprise. Remarque : avant d'utiliser une clé, protégez les tuyaux et les accessoires chromés en les enveloppant de plusieurs épaisseurs de ruban adhésif.
2. Enlevez le siphon et délogez l'obstruction avec un bout de fil métallique. Nettoyez le siphon avec une brosse ou un chiffon.
3. Assurez-vous que les deux rondelles montées entre le siphon et les écrous sont en bon état. Si elles sont abîmées, apportez-les chez le quincaillier et achetez-en des identiques.
4. Remettez le siphon en place en le tenant fermement et resserrez les deux écrous coulissants.
5. Ouvrez le robinet, assurez-vous qu'il n'y a pas de fuites et que l'eau s'écoule correctement.

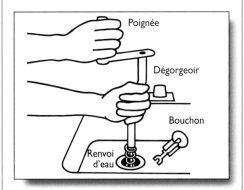

Utilisation du dégorgeoir

Dans l'ouverture du renvoi d'eau

1. Enlevez le bouchon ou la crépine.
2. Enfilez le dégorgeoir dans l'ouverture jusqu'à ce qu'il s'arrête. Lorsque vous sentez une résistance, commencez à tourner la manivelle dans le même sens. Exercez une légère pression mais sans forcer le dégorgeoir dans le renvoi d'eau.
3. Tout en tournant la manivelle, exercez une légère pression pour que le débouchoir pénètre plus en profondeur. Continuez la manœuvre opération jusqu'à ce que le dégorgeoir se déplace librement dans le renvoi d'eau. Cela signifie que l'obstruction a été délogée.
4. Retirez le dégorgeoir et nettoyez-le. Reposez le bouchon ou la crépine et faites couler de l'eau chaude dans le lavabo. Assurez-vous que l'eau s'écoule correctement dans le renvoi d'eau.

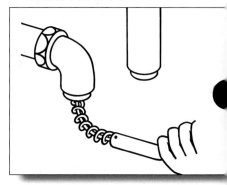

Par le siphon

1. Enlevez le bouchon du siphon ou le siphon lui-même.
2. Enfilez le dégorgeoir dans le tuyau jusqu'à ce qu'il s'arrête. En exerçant une légère pression, tournez la manivelle dans le même sens. Le dégorgeoir devrait pénétrer plus en profondeur dans le renvoi d'eau.
3. Continuez de tourner jusqu'à ce que le dégorgeoir se déplace librement.
4. Retirez le dégorgeoir et nettoyez-le. Reposez le bouchon du siphon ou le siphon et faites couler de l'eau chaude dans le lavabo.
5. Assurez-vous que l'eau s'écoule correctement dans le renvoi d'eau.

Remarque : Le renvoi d'eau devrait être débouché. Toutefois, s'il est encore bouché après que vous ayez utilisé toutes les méthodes décrites, appelez un plombier.

Réparation des toilettes

Diagnostic des problèmes de toilettes

Problème	Solutions
Débordement de la toilette	1. Utilisez un débouchoir à ventouse pour déboucher la toilette. 2. Si le débouchoir ne fonctionne pas, utilisez un dégorgeoir. Si la méthode du dégorgeoir ne fonctionne pas, appelez un plombier.
Toilette qui coule Eau à plus de 25 mm (1 po) en dessous du sommet du tube de trop-plein	1. Réparez le champignon. Ou 2. Nettoyez le siège du clapet. Ou 3. Réglez le guide du flotteur.
L'eau n'arrête pas de couler	1. Réparez ou remplacez le flotteur. 2. Réparez ou remplacez le robinet d'arrivée d'eau.
Chasse d'eau Tube de remplissage décroché du tube de trop-plein	1. Fixez le tube de remplissage pour qu'il qu'il demeure dans le tube de trop-plein.
Poignée desserrée	1. Serrez l'écrou de la poignée.
Chaîne desserrée ou dévissée	1. Serrez le champignon ou remplacez-le. 2. Raccourcissez la chaîne de sorte que le champignon ou que le clapet s'appuie fermement sur le siège.
Condensation sur le réservoir de la toilette	1. Isolez le réservoir. 2. Remplacez le réservoir par un réservoir isolé.
Joint de toilette qui fuit	1. Remplacez le joint de la toilette.

Vous pouvez facilement corriger les petits problèmes des toilettes. La plupart des toilettes à chasse sont semblables. Certaines peuvent comporter des pièces différentes de celles montrées dans les illustrations, mais en fait ces pièces jouent le même rôle et peuvent en général être réparées de la même manière. Les modèles plus récents comportent un clapet plutôt qu'un champignon pour arrêter la chasse d'eau.

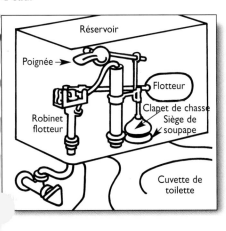

Avant d'entreprendre une réparation, vous devriez comprendre le fonctionnement du système. Le mécanisme intérieur est conçu pour permettre l'écoulement rapide d'une quantité d'eau suffisante pour nettoyer la cuvette. Il fonctionne ainsi :

1. Quand on actionne la poignée, le champignon (ou le clapet) de chasse se relève et permet à l'eau de passer du réservoir dans la cuvette.
2. Le flotteur baisse avec le niveau de l'eau dans le réservoir.
3. À mesure que le réservoir se vide, le clapet (ou le champignon) de chasse redescend lentement à sa place de manière à couper le passage d'eau dans la cuvette.
4. Lorsque le flotteur descend, sa tige ouvre la valve d'arrivée du robinet flotteur qui contrôle le débit d'eau dans le réservoir.
5. Une nouvelle quantité d'eau pénètre dans le réservoir par ce robinet. Le flotteur monte avec le niveau d'eau et il baisse graduellement la valve d'arrivée jusqu'à la fermer complètement lorsque le réservoir est plein.

Débouchage d'une toilette qui déborde

En général, lorsqu'une toilette déborde, c'est qu'un objet est coincé dans le siphon. Vous devez essayer de déloger cet objet avec un débouchoir à ventouse ou avec un dégorgeoir.

Remarque : Seuls les excréments humains et le papier hygiénique doivent être évacués dans les toilettes.

Niveau de compétence requis :
2 - propriétaire bricoleur

Matériel : eau

Outils : tournevis, débouchoir à ventouse, clé, pince multiprise, pince à long bec, entonnoir, dégorgeoir

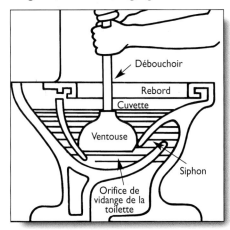

Utilisation d'un débouchoir à ventouse

1. Au besoin, versez de l'eau dans la cuvette pour la remplir à moitié. Ne tirez pas la chasse car cela pourrait faire déborder la cuvette.
2. Placez la ventouse du débouchoir sur l'orifice de vidange de la toilette. À cette fin, le débouchoir à ventouse spéciale (à jupe) est plus efficace.
3. Actionnez la ventouse dans un mouvement vertical de va-et-vient jusqu'à ce que l'eau s'écoule lorsque vous retirez le débouchoir. Nettoyez le tuyau de renvoi en actionnant la chasse d'eau plusieurs fois. Si la cuvette ne se vide pas, servez-vous d'un dégorgeoir.

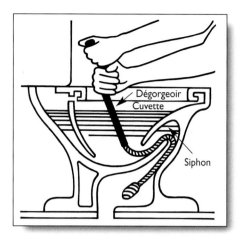

Utilisation d'un dégorgeoir

Les dégorgeoirs (à vrille) pour toilettes sont de plus gros diamètre que les dégorgeoirs pour renvoi d'eau et ils sont munis d'un long manche qui empêche d'égratigner la cuvette.

Enfilez l'extrémité du dégorgeoir dans l'orifice du renvoi de la cuvette.

1. Tournez la manivelle en exerçant une légère pression sur le dégorgeoir jusqu'à ce que celui-ci s'arrête. Cette action devrait suffire à déloger l'obstruction.
2. Retirez le dégorgeoir et verser un seau d'eau dans la cuvette. Si la cuvette se vide correctement, l'obstruction est délogée. Pour vider complètement le tuyau de renvoi, actionnez la chasse d'eau plusieurs fois. Nettoyez le dégorgeoir et rangez-le.

Remarque : Si cette méthode ne suffit pas, c'est que l'obstruction peut se trouver dans la conduite d'égout. Le cas échéant, appelez un plombier.

Réparation d'une toilette qui coule

Pour localiser le problème, enlevez le couvercle du réservoir et posez-le avec précaution dans un endroit où il ne risque rien. Vérifiez le niveau d'eau dans le réservoir. S'il est à plus de 25 mm (1 po) au-dessous de la partie supérieure du tube de trop-plein, c'est le clapet (ou le champignon de chasse) qui est en cause. Vous devrez le réparer, nettoyer le siège du clapet (ou du champignon de chasse) ou régler le guide du flotteur.

Si l'eau passe par-dessus le trop-plein, c'est le flotteur qui est en cause. Vous devrez le réparer ou le remplacer. Si le problème ne vient ni du champignon ni du flotteur, il vient peut-être de la valve d'arrivée d'eau. Une fois les réparations terminées, replacez le couvercle du réservoir.

Niveau de compétence requis :
3 - propriétaire qualifié

Matériel : selon la nature du problème

Outils : cintre à vêtements

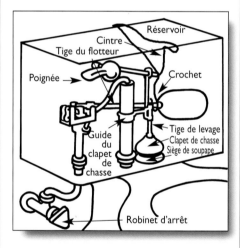

Réparation du champignon de chasse

1. Fermez le robinet d'arrêt. S'il n'y en a pas, pliez un cintre et appuyez-le sur le rebord du réservoir. Placez le crochet autour de la tige du flotteur et pliez le cintre de manière à retenir le flotteur le plus haut possible. Sauf s'il y a un problème avec la valve d'arrivée d'eau, le crochet devrait empêcher le réservoir de se remplir pendant que vous faites la réparation.
2. Remarque : S'il y a un problème avec la valve d'arrivée d'eau, vous devrez peut-être couper l'eau au robinet principal pendant la durée de la réparation du champignon de chasse.
3. Tirez la chasse pour vider le réservoir.
4. Vérifiez que la chaîne du champignon de chasse est bien fixée ou voyez s'il y a des signes de dommages ou d'usure. Si la chaîne est desserrée, endommagée ou usée, remplacez le champignon de chasse.
5. Si le champignon de chasse semble en bon état, il faut peut-être nettoyer son siège ou réparer son guide.
6. Pour enlever le champignon de chasse, tirez la chaîne vers le haut et tournez le champignon dans le sens des aiguilles d'une montre.
7. Posez un champignon de chasse neuf de même dimensions et de même type sur la chaîne en le tournant dans le sens inverse des aiguilles d'une montre. En variante, vous pouvez remplacer le champignon de chasse par un clapet.
8. Pour remplacer un champignon de chasse par un clapet, enlevez le champignon de chasse et soulevez la chaîne et la tige guide. Insérez la collerette du clapet en la faisant glisser jusqu'à la base du tube de trop-plein. Positionnez le nouveau clapet au-dessus de son siège.

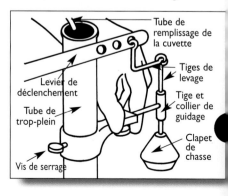

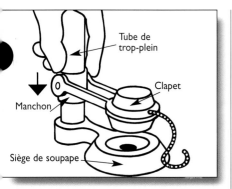

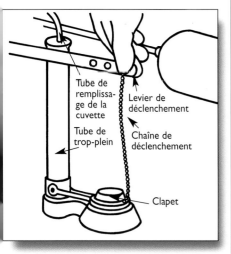

Réglez la chaîne et fixez-la à la tige de commande. Le mou de la chaîne doit être d'environ 12 mm (1/2 po).

10. Appuyez sur la poignée et relâchez-la plusieurs fois. Assurez-vous que le nouveau champignon ou que le nouveau clapet s'appuie correctement sur son siège. Ouvrez le robinet d'arrêt et retirez le cintre.

11. Assurez-vous que la chasse ne coule plus et que le niveau d'eau se trouve à environ 25 mm (1 po) au-dessous de la partie supérieure du trop-plein.

Nettoyage du siège du champignon de chasse ou du clapet

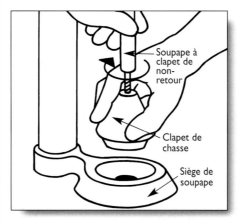

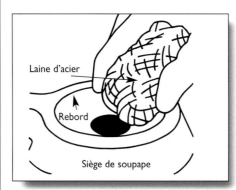

1. Coupez l'eau et actionnez la chasse pour vider le réservoir.
2. Soulevez le clapet ou le champignon de chasse et nettoyez le pourtour et l'intérieur du siège à l'aide d'une laine d'acier.
3. Ouvrez le robinet d'arrêt.

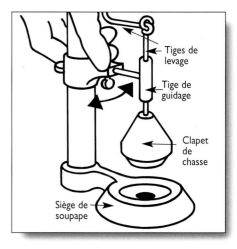

Réglage du guide du champignon

1. Fermez le robinet d'arrêt d'eau de la toilette.
2. Desserrez la vis du guide.
3. Déplacez le guide verticalement et latéralement jusqu'à ce que le champignon repose bien sur son siège. Tenez le guide dans cette position et resserrez la vis.
4. Ouvrez le robinet d'arrêt de la toilette.
5. Actionnez la chasse et vérifiez qu'elle fonctionne bien. Certaines toilettes sont dotées d'un clapet actionné au moyen d'une chaîne plutôt que d'un champignon et d'un guide. Pour régler le clapet, modifiez la longueur de la chaîne jusqu'à ce que le clapet repose bien sur son siège.

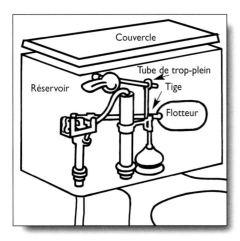

Couvercle

Tube de trop-plein

Réservoir

Tige

Flotteur

Réparation ou remplacement du flotteur

1. Levez doucement la tige du flotteur. Si l'eau ne s'arrête pas, c'est la valve d'arrivée d'eau qui est en cause et doit être réparée. Si l'eau s'arrête, c'est la tige du flotteur qui est en cause ou le flotteur lui-même.
2. Observez le déplacement du flotteur et de la tige pendant la chasse. Si l'un des éléments touche les parois du réservoir, pliez un peu la tige pour corriger le problème.
3. Si le problème persiste, enlevez le flotteur en le tournant dans le sens inverse des aiguilles d'une montre. S'il contient de l'eau, remplacez-le.
4. Posez un flotteur neuf sur la tige.
5. Pliez la tige jusqu'à ce que le nouveau flotteur soit à environ 12 mm (1/2 po) au-dessous du trop-plein. Tirez la chasse et vérifiez que l'eau s'arrête quand le flotteur est à environ 25 mm (1 po) au-dessous du trop-plein.

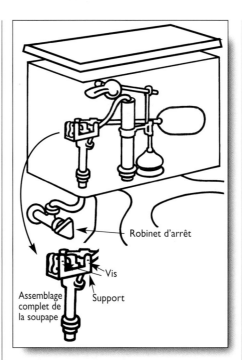

Robinet d'arrêt

Vis

Assemblage complet de la soupape

Support

Réparation de la valve d'arrivée d'eau

1. Fermez le robinet d'arrêt de la toilette.
2. Enlevez la vis de la tige du flotteur et retirez la valve d'arrivée d'eau en la soulevant.
3. Vérifiez que les rondelles sont en bon état.
4. Dans le cas contraire, posez des rondelles neuves identiques et replacez la valve d'arrivée sur la tige du flotteur. Montez l'ensemble dans le support et fixez-le avec les deux vis.
5. Ouvrez le robinet d'arrêt.
6. Tirez la chasse et assurez-vous que la valve d'arrivée d'eau fonctionne bien. Il faut remplacer les valves d'arrivée d'eau scellées.

Si vous éprouvez encore des problèmes, remplacez tout l'ensemble par un ensemble valve d'arrivée et flotteur moderne. Consultez votre quincaillier pour plus de détails ou confiez-en l'installation à un plombier.

Problèmes de débit de chasse

Si l'eau ne s'écoule pas ou s'écoule en quantité insuffisante, il faut d'abord en rechercher la cause. Il pourra être nécessaire de réparer la tige ou la chaîne de levée.

Niveau de compétence requis :
2 - propriétaire bricoleur

Matériel : aucun

Outils : aucun

1. Assurez-vous que le tube de remplissage n'est pas sorti du trop-plein. Dans le cas contraire, replacez le tube de remplissage pour qu'il tienne bien dans le trop-plein.
2. Assurez-vous que la poignée est bien serrée. Dans le cas contraire, tenez la poignée et resserrez l'écrou à l'intérieur du réservoir avec une clé. Toutefois, ne serrez pas trop l'écrou sous peine de fendre le réservoir.
3. Assurez-vous que le fil de levée n'est pas détendu et qu'il ne s'est pas dévissé du champignon de chasse. Si c'est le cas, resserrez le champignon sur le fil ou remplacez-le.
4. Si la toilette est munie d'un clapet attaché à une chaîne, défaites la chaîne et réglez-en la longueur de façon qu'elle ait un mou d'environ 12 mm (1/2 po) lorsqu'elle est fixée au clapet et à la tige de commande. Rattachez la chaîne à la tige de commande.

Isolation ou remplacement d'un réservoir de toilette

Lorsque de l'air chaud et humide entre en contact avec une surface froide, l'air se refroidit et la vapeur d'eau qu'il contient se condense sous forme de gouttelettes d'eau. Cette situation se produit souvent dans les salles de bains où l'air est chaud et humide et que le réservoir de la toilette est froid. Pour réduire la condensation sur un réservoir de toilette non isolé, relevez la température à la surface du réservoir en isolant ce dernier ou abaissez le niveau d'humidité relative dans la salle de bains par une meilleure ventilation ou par déshumidification. Une autre option consiste à remplacer le réservoir de la toilette par un modèle isolé neuf. Si le réservoir est déjà isolé, mais sujet à la condensation, vous devrez abaisser le taux d'humidité dans la salle de bains.

Faites fonctionner souvent le ventilateur de la salle de bains pour évacuer l'air chaud et humide. Par temps chaud et humide, utilisez un déshumidificateur mobile dans la salle de bain, si nécessaire.

Niveau de compétence requis :
2 - propriétaire bricoleur

Matériel : réservoir de toilette, trousse d'isolation ou isolant en polystyrène de 12,5 mm (1/2 po), pâte d'étanchéité à base de silicone

Outils : pistolet à calfeutrer, couteau tout usage, chiffon

1. Fermez le robinet d'arrêt sur la conduite d'arrivée d'eau de la toilette.
2. Tirez la chasse deux fois pour bien vider le réservoir.
3. Essuyez ou épongez le réservoir pour bien l'assécher.
4. Couvrez les parois et le fond du réservoir avec des morceaux polystyrène contenus dans la trousse ou coupez-en des morceaux aux dimensions voulues.
5. Étanchez les morceaux d'isolant en place avec de la pâte d'étanchéité à base de silicone.
6. Laissez sécher la pâte d'étanchéité pendant 24 heures.
   Ouvrez ensuite le robinet d'arrêt pour remplir le réservoir.

Remplacement du joint de cire de la toilette

La présence d'eau autour de la toilette ou une odeur d'égout peuvent être des signes d'une défectuosité du joint au bas de la toilette. Il peut arriver que la toilette bouge légèrement du fait qu'elle repose sur un plancher inégal, que la bride de fixation entre la toilette et la conduite d'égout soit desserrée ou que les boulons de retenue de la toilette soient aussi desserrés. Le déplacement ainsi causé pourrait endommager le joint de cire entre la toilette et la bride de plancher.

Vous pouvez souvent corriger le problème et réinstaller la toilette. Lorsque ce problème survient, vous pourriez profiter de l'occasion pour remplacer une vieille toilette dont le réservoir n'est pas isolé par une nouvelle à débit restreint de 6 L (1,3 gal.) par chasse et munie d'un réservoir isolé. La nouvelle toilette consomme beaucoup moins d'eau et le réservoir isolé est moins sujet à la condensation. Il est bon de mentionner ces points au propriétaire ou au gestionnaire de l'immeuble s'il incombe à ces personnes de prendre la décision :

Niveau de compétence requis :
2 - propriétaire bricoleur (deux personnes pourraient être requises pour soulever la toilette)

Matériel : joint de cire, boulons de toilette, pâte d'étanchéité à la silicone

Outils : clés, niveau, éponge, tournevis, seau, couteau à mastiquer, pistolet à calfeutrer

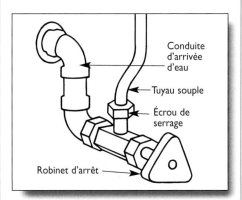

1. Fermez le robinet d'arrêt sur la conduite d'arrivée d'eau de la toilette.
2. Tirez la chasse deux fois.
3. Enlevez le couvercle du réservoir et placez-le à un endroit où il ne risque rien. Remarque : Les toilettes en porcelaine peuvent s'abîmer facilement.
4. Enlevez l'eau résiduelle dans le réservoir et la cuvette avec une éponge. Il est possible qu'il reste un peu d'eau.
5. Débranchez la conduite d'arrivée d'eau au réservoir.

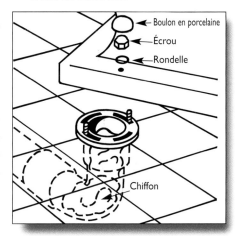

6. Démontez le réservoir de la cuvette en retirant les boulons (au besoin).
7. Retirez les capuchons des boulons au bas de la cuvette en les soulevant avec un tournevis ou en les dévissant.
8. Enlevez les écrous et les rondelles des boulons de la toilette.
9. Balancez doucement la cuvette pour briser le joint entre la cuvette et la bride.
10. Retirez la cuvette en la soulevant verticalement. Essayez de recueillir l'eau résiduelle dans un seau.
11. Avec un chiffon, bouchez temporairement le tuyau d'égout de la toilette dans le plancher pour éviter la chute de débris dans la conduite ou l'arrivée de gaz malodorants.

12. Grattez la bride du plancher pour en retirer les débris et la vieille cire. Assurez-vous que la bride est bien fixée et se trouve à au moins 6 mm (1/4 po) au-dessus du plancher. Si la bride est trop basse, vous pouvez employer un joint spécial muni d'une gaine en plastique qui s'adapte dans la bride. Si la bride est fissurée, vous devrez la remplacer. Vous pourriez avoir à confier ce travail à un professionnel.

13. Enlevez les vieux boulons en les faisant glisser hors des fentes et posez-en des neufs, au besoin. Les boulons doivent être posés aux mêmes endroits qu'auparavant, parallèlement au mur.

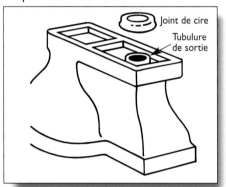

Joint de cire

Tubulure de sortie

14. Renversez la cuvette avec précaution, enlevez le vieux joint de cire, nettoyez l'orifice de refoulement et posez le nouveau joint de cire en le comprimant légèrement en place.

15. Enlevez le chiffon placé temporairement dans le tuyau d'égout de la toilette.

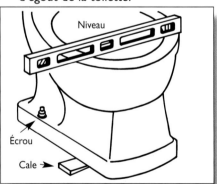

Niveau

Écrou

Cale

16. Remettez la cuvette à l'endroit et déposez-la doucement par-dessus les boulons et la bride. Appuyez légèrement sur la cuvette en la balançant jusqu'à ce qu'elle soit bien immobilisée à sa place. Reposez les écrous et les rondelles en les serrant à la main sur les boulons.

17. Assurez-vous que le réservoir (replacez-le au besoin) est parallèle au mur. Serrez les boulons de la cuvette avec soin en passant de l'un à l'autre, en alternance. Remarque : Ne serrez pas trop les boulons sous peine de fissurer la cuvette de porcelaine. Reposez les capuchons de plastique sur les écrous et les rondelles de retenue de la toilette.

18. Rebranchez la conduite d'arrivée d'eau du réservoir. Ouvrez le robinet d'arrêt. Tirez la chasse plusieurs fois. Reposez le couvercle du réservoir. Au cours des 24 prochaines heures, assurez-vous quelquefois qu'il n'y a pas de fuites à la base du réservoir et au bas de la toilette.

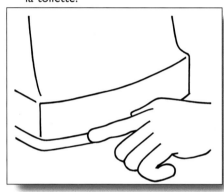

19. Pour éviter que de l'eau sur le plancher de la salle de bains s'écoule sous la toilette et endommage le plancher, posez un joint d'étanchéité résistant à la moisissure et à base de silicone autour de la base de la cuvette.

Réparation de fuites autour des cabines de douche et de la baignoire

Le pourtour des cabines de douche et de la baignoire est peut-être fini (carreaux de céramique, plastique renforcé de verre ou résine acrylique). L'eau s'infiltrant derrière ces surfaces finies peut endommager la surface du mur d'appui, l'ossature de bois ou l'isolant tout en favorisant la formation de moisissure. L'eau peut couler derrière le fini parce que la surface du fini est endommagée, les joints d'étanchéité sont défaits ou la plomberie fuit.

Niveau de compétence requis :
3 - propriétaire qualifié

Matériel : pâte d'étanchéité à base de silicone et résistant à la moisissure

Outils : pistolet à calfeutrer, couteau à mastiquer, chiffons, détergent, eau, gants de caoutchouc, seau, ruban-cache

Détérioration du couvre-plancher

Évaluation et réparation du pourtour d'une baignoire ou d'une cabine de douche

1. Poussez doucement sur la paroi au-dessus de la baignoire. Si la paroi est molle ou flexible, la plaque de plâtre, l'isolant ou l'ossature de bois en dessous peuvent être endommagés ou moisis. Si c'est le cas, les travaux de réparation seront importants et devront être confiés à un spécialiste. Demandez à un spécialiste de faire une inspection plus approfondie.

2. Inspectez en particulier le pourtour de toute fenêtre se trouvant au-dessus de la baignoire. Ces fenêtres sont souvent les surfaces les plus froides d'une salle chaude et humide et de la condensation peut s'y former. Si la condensation est importante, de l'eau peut couler le long du mur derrière le pourtour de la baignoire. Si cette condensation pose un problème, nettoyez toute formation de moisissure (s'il y en a) selon les instructions à la section *Fondations et sous-sols* et envisagez de ventiler la salle de bains (voir la section *Ventilation*).

3. Voyez s'il y a de la moisissure sur des surfaces, en particulier sur le joint d'étanchéité du pourtour de la baignoire. Nettoyez les petites surfaces présentant de la moisissure conformément aux instructions de nettoyage pertinentes décrites à la section *Fondations et sous-sols*.

4. Voyez s'il manque des bouts de joint d'étanchéité sur le pourtour de la baignoire ou autour des pénétrations (par exemple les porte-savon ou les robinets) dans les murs en carreaux de céramique. Au besoin, enlevez le joint d'étanchéité endommagé ou moisi en le grattant doucement avec un couteau à mastiquer. Lorsque vous refaites le joint, posez deux bandes de ruban-cache pour délimiter la largeur du cordon d'étanchéité que vous désirez obtenir. Coupez ensuite en biseau (angle de 45 degrés) l'embout du tube de pâte de sorte que l'ouverture corresponde à la largeur du joint à sceller. Posez de la pâte d'étanchéité à base de silicone pour cuisine et salle de bains. Lissez la surface en mouillant votre index (vous portez des gants de caoutchouc) et en le passant le long du joint. Enlevez le ruban-cache; les bords du joint d'étanchéité seront uniformes.

5. Voyez si des surfaces sont endommagées, par exemple des carreaux de céramique endommagés ou des panneaux de résine acrylique décollés. Avant de fixer le panneau à l'aide d'une colle compatible, assurez-vous que l'endos des panneaux de résine acrylique est bien sec et que le mur derrière le panneau est en bon état. (Consultez les instructions d'installation ou l'étiquette du produit pour voir si la colle peut être employée sur le type de panneau que vous réparez.) Posez un joint d'étanchéité comme indiqué ci-dessus.

6. Si vous avez l'impression que de l'eau s'écoule derrière les accessoires de plomberie, enlevez les rosaces de la pomme de douche et des robinets. Dévissez le robinet de la baignoire. Derrière la plaque de chacun de ces éléments doit se trouver un joint d'étanchéité en forme de fer à cheval inversé empêchant l'eau de s'infiltrer par le haut ou par les côtés, mais lui permettant de s'écouler vers le bas. Au besoin, enlevez le vieux joint d'étanchéité en le grattant. Posez un nouveau joint de pâte d'étanchéité à la silicone pour cuisine et salle de bains avant de reposer les rosaces.

Réparation de fuites dans les tuyaux de vidange en plastique ABS

Les fuites, aussi petites soient-elles, qui passent inaperçues peuvent causer de graves problèmes de moisissure et de pourriture. Il faut rapidement réparer toutes les fuites. Vérifiez la source de toutes les taches d'eau ou de dégouttures suspectes avant qu'elles causent des dommages. Des raccords métalliques de renvoi d'eau d'éviers sont branchés à des tuyaux de vidange en plastique ABS à l'aide de raccords munis de rondelles de compression en plastique biseautées. À mesure que le raccord est serré (à la main), la rondelle forme un joint étanche autour du tuyau métallique. En dessous se trouvent des siphons qui doivent toujours retenir suffisamment d'eau pour empêcher le refoulement de gaz malodorants provenant des renvois d'eau. De nombreux siphons sont munis d'un petit orifice de nettoyage fermé au moyen d'un bouchon vissé et d'une rondelle. Toutes les conduites de vidange des accessoires de plomberie autres que les siphons doivent avoir une pente suffisante et être bien soutenues pour en empêcher l'affaissement. Toute l'eau doit s'écouler librement et toutes les matières solides doivent être évacuées.

À l'occasion, les joints de tuyaux en plastique ABS peuvent présenter des fuites si les pièces raccordées n'ont jamais été collées correctement.

Niveau de compétence requis :
3 - propriétaire qualifié, ou

Niveau de compétence requis :
4 - ouvrier/entrepreneur qualifié. Vérifiez les exigences locales.

Matériel : tuyau en ABS, raccords et manchons requis, colle pour tuyaux en ABS, rondelles à compression, sangles à tuyaux, vis à bois

Outils : scie à métaux, boîte à onglets, ruban à mesurer, crayon à mine ou marqueur, couteau tout usage, pinceau à colle.

1. Inspectez tous les raccords à compression et les bouchons de siphons. S'il y a une petite fuite, serrez légèrement les éléments. Si la fuite persiste, démontez le raccord, nettoyez bien les pièces, posez une rondelle à compression neuve; remontez le raccord et serrez-le légèrement. Assurez-vous qu'il n'y a plus de fuite.

2. Inspectez les tuyaux accessibles (normalement dans le sous-sol ou le vide sanitaire) pour déceler des fuites ou un affaissement.

3. Si un raccord fuit, il vaut mieux l'enlever en le coupant et le remplacer.

4. Assurez-vous que le tuyau de vidange ne sert pas pendant la réparation.

5. Coupez le tuyau à quelques pouces de chaque côté du raccord.

6. Servez-vous de deux manchons, deux courts tronçons de tuyau et d'un raccord neuf pour remplacer le vieux.

7. Faites bien attention de couper les deux courts tronçons de tuyau aux longueurs voulues.

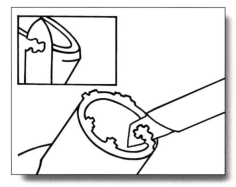

8. À l'aide d'un couteau tout usage, limez l'intérieur de la coupe et taillez en biseau le bord extérieur.

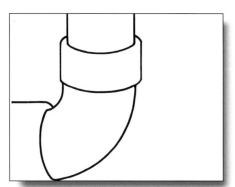

9. Vérifiez que les pièces s'adaptent bien ensemble avant de les coller.

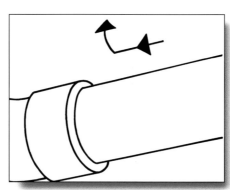

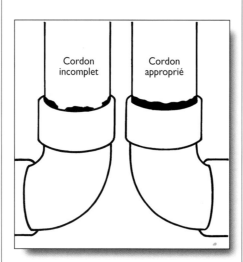

Cordon incomplet   Cordon approprié

10. Exécutez les raccords dans un ordre donné pour vous permettre d'effectuer correctement le dernier. Enduisez les surfaces à assembler d'une bonne couche de colle à solvant. Insérez complètement le bout de tuyau dans le raccord en l'y faisant glisser et tournez-le pour bien le centrer. Souvenez-vous que la colle durcit en moins d'une minute et procédez rapidement. Assurez-vous que le cordon de colle est continu sur le pourtour du joint de sorte qu'il soit bien étanche. Tenez les deux pièces bien alignées pendant au moins 30 secondes.

11. Attendez quelques minutes et répétez l'opération sur le raccord suivant. Procédez ainsi jusqu'à ce que toute la conduite de vidange ait été assemblée correctement.

12. Ajoutez des sangles à tuyaux pour bien soutenir les tronçons horizontaux et en éviter l'affaissement.

13. Attendez 12 heures avant de faire couler de l'eau dans le tuyau.

14. Assurez-vous qu'il n'y a pas de fuites.

Bruits dans la tuyauterie

Des bruits se produisent dans la tuyauterie d'alimentation ou de vidange. Les coups de bélier produisent un martèlement à la fermeture d'un robinet. C'est que l'eau circule sous pression dans le tuyau lorsque le robinet est ouvert et lorsque le robinet se ferme, la circulation d'eau s'arrête brusquement. Cet arrêt brusque de la circulation d'eau « secoue » le tuyau. Le fait de bien immobiliser le tuyau peut arrêter le bruit, mais vous devrez peut-être poser un dispositif d'arrêt des coups de bélier ou une chambre d'air en amont de l'accessoire. La chambre d'air forme un coussin d'air qui amortit la pression de l'eau. Les tuyaux de renvoi peuvent aussi « cogner » s'ils ne sont pas solidement retenus.

Les bruits de gargouillement ou une évacuation insuffisante peuvent indiquer la présence d'une obstruction, une mauvaise installation de la colonne de ventilation secondaire ou son absence. Vérifiez s'il y a une obstruction à la sortie de la colonne sur le toit. S'il n'y en a pas, demandez à un plombier d'inspecter l'installation.

Niveau de compétence requis :
2 - propriétaire bricoleur

Matériel : brides pour tuyaux de cuivre et clous (pour tuyaux de cuivre); sangles en acier et vis à bois (pour tuyaux en plastique); bandes coussinées en caoutchouc

Outils : marteau, tournevis

1. Assurez-vous que les supports de tuyaux ne sont ni trop lâches ni trop serrés. Si vous avez accès aux tuyaux (normalement au sous-sol ou dans le vide sanitaire), essayez de les secouer doucement. S'ils font un bruit de cliquetis, ils doivent être mieux soutenus à cet endroit.
2. Ouvrez un robinet d'eau chaude. La chaleur fait se dilater les tuyaux froids. Si vous entendez un bruit de « tic-tac » le long de la conduite d'eau chaude, le support de la conduite est trop serré et empêche celle-ci de se dilater.

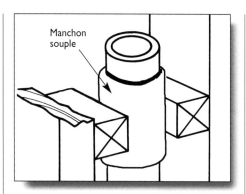

Manchon souple

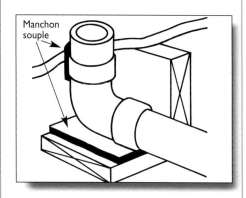

Manchon souple

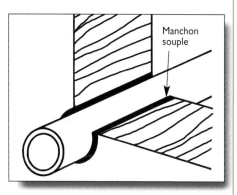

Manchon souple

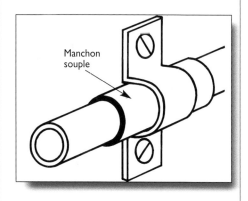

Manchon souple

3. Réglez les sangles de retenue des tuyaux de cuivre et assurez-vous qu'elles ne sont ni trop lâches ni trop serrées. Ajoutez une bande de caoutchouc entre le tuyau et la sangle pour assurer un amortissement. Utilisez uniquement des sangles en cuivre et des clous pour tuyau de cuivre pour éviter la corrosion attribuable à la réaction chimique de deux métaux différents. Ajoutez d'autres sangles au besoin.
4. Réglez ou ajoutez des sangles en acier et des bandes coussinées en caoutchouc sur les tuyaux de vidange au besoin. Assurez-vous que les longs tronçons horizontaux sont bien soutenus et ne s'affaissent pas.

Dégel des tuyaux

Si les conduites d'eau extérieures sont gelées, appelez le service de la voirie de votre municipalité. N'essayez pas de faire vous-même les réparations! Par contre, si elles sont gelées à l'intérieur, vous pouvez essayer de résoudre le problème vous-même ou appeler un plombier.

Conseil

• S'il arrive que vos tuyaux gèlent de temps en temps à l'intérieur, isolez-les ou installez un câble chauffant. Votre quincaillier ou votre centre de matériaux de construction vend des isolants spéciaux et des câbles chauffants pour tuyaux.

Niveau de compétence requis :
2 - propriétaire bricoleur

Matériel : colle époxy, matelas en caoutchouc, colliers de serrage, ruban à joints, chiffons

Outils : câble chauffant ou coussinet ou aspirateur ou sèche-cheveux ou pistolet chauffant, gants de caoutchouc

Dégel des conduites d'eau intérieures

1. Coupez l'eau et essayez de trouver l'endroit exact où elles sont gelées, c'est-à-dire où il y a le plus de risque, par exemple un vide sanitaire, un cellier non chauffé ou en dessous d'une maison mobile (derrière la jupe de vide sanitaire).

2. Inspectez les parties apparentes de la tuyauterie gelée pour voir si elle n'est pas fissurée ou fendue. Si vous décelez des fissures ou des fentes, vous pouvez les réparer temporairement jusqu'à l'arrivée du plombier. Sur une petite fissure, mettez du ruban adhésif. Mettez de la colle époxy sur les joints qui fuient. Assurez-vous avant tout que les tuyaux sont secs. En variante vous pouvez poser un coussinet de caoutchouc que vous fixerez à l'aide d'un collier de serrage. Pour réparer temporairement des fissures plus grosses, utilisez un emplâtre de caoutchouc ou de vinyle que vous fixerez à l'aide d'une bride boulonnée pour tuyau.

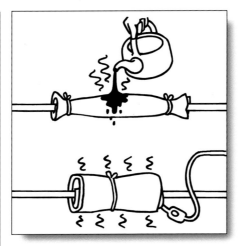

En partant d'un robinet ouvert chauffez en direction de la partie gelée

3. Si aucune fissure ou fente n'est visible, dégelez la surface en la chauffant doucement.
Pour ce faire, vous pouvez utiliser l'une des méthodes suivantes :
   a. enveloppez la partie gelée de chiffons et saturez ces derniers d'eau chaude; OU
   b. enveloppez la partie gelée d'un fil électrique chauffant ou d'un coussin chauffant; OU
   c. soufflez de l'air sur la section gelée à l'aide du tube-rallonge de votre aspirateur branché à la sortie de celui-ci; OU
   d. soufflez de l'air chaud sur la section gelée à l'aide d'un sèche-cheveux ou d'un pistolet à air chaud, mais ne le tenez pas trop près. Portez des gants de caoutchouc pour éviter les chocs électriques.

4. Ouvrez tous les robinets alimentés par les conduites gelées de façon que l'eau de fonte de la glace puisse s'écouler. Faites toujours attention quand vous faites ce travail. Ne chauffez jamais les tuyaux à une température supérieure à celle que votre main peut supporter. N'utilisez jamais une torche car la

chaleur qu'elle produit est trop intense. Chauffez en partant d'un robinet ouvert, car si la vapeur est bloquée par la glace, elle peut faire éclater le tuyau. Dès que le dégel commence, l'eau se met à dégoutter par le robinet.

Réparations des pompes à eau et des réservoirs sous pression

Un réservoir rempli d'eau ou un pressostat défectueux peuvent causer des problèmes de pompe à eau. Celle-ci peut refuser de se mettre en marche ou elle peut se mettre en marche et s'arrêter trop fréquemment. Un réservoir sous pression doit être rempli partiellement d'air et partiellement d'eau. Certains réservoirs comportent une soupape de mise sous pression qui permet de mettre le réservoir légèrement sous pression (normalement 15 lb/po^2 ou moins) à l'aide d'une petite pompe à air, une fois que le réservoir a été vidé. Les réservoirs d'eau plus récents sont munis d'une membrane qui sépare le coussin d'air de l'eau, ce qui réduit la possibilité de problèmes. Dans les deux cas, cependant, l'air se comprime et met l'eau sous pression dans les conduites d'alimentation sans que la pompe fonctionne jusqu'à ce que la pression diminue à la valeur de consigne du pressostat.

En Alberta, on fait face au problème particulier du gaz naturel qui s'infiltre dans les puits artésiens et qui peut causer un coup de charge, auquel cas un dégazeur peut être nécessaire. Dans certains cas, le problème est si grave que si on allume un briquet à proximité du robinet immédiatement après le coup de charge, la flamme peut demeurer allumée au robinet pendant une ou deux secondes. Il faut appeler un plombier pour corriger le problème.

Après avoir suivi les instructions ci-dessous, si le réservoir semble fonctionner correctement mais que la pompe ne fonctionne toujours pas bien, le pressostat peut être défectueux. Consultez un plombier.

Niveau de compétence requis :
3 - propriétaire qualifié

Matériel : aucun

Outils : tuyau ou seau

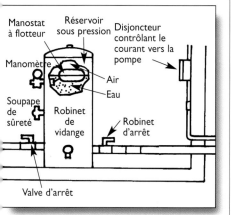

Manostat à flotteur
Réservoir sous pression
Disjoncteur contrôlant le courant vers la pompe
Manomètre
Air
Eau
Soupape de sûreté
Robinet de vidange
Robinet d'arrêt
Valve d'arrêt

Réparation d'un réservoir rempli d'eau

Lorsqu'il n'y a pas de pression d'air dans le réservoir, on dit que le réservoir est « noyé » et la pompe se mettra en marche puis s'arrêtera chaque fois que vous utiliserez de l'eau.

1. Coupez le courant à la pompe.
2. Branchez un tuyau sur le purgeur au bas du réservoir.
3. Ouvrez le purgeur et un robinet quelque part dans la maison. Videz complètement le réservoir.
4. Fermez le robinet, puis le purgeur et débranchez le tuyau.
5. Rétablissez le courant à la pompe.

Réparation d'un bouchon d'air

S'il se produit occasionnellement un jet d'air aux robinets, il peut y avoir un bouchon d'air dans le réservoir sous pression.

1. Coupez le courant à la pompe.
2. Branchez un tuyau sur le purgeur au bas du réservoir.
3. Ouvrez le purgeur. Laissez-le ouvert jusqu'à ce qu'il n'y ait plus de pression dans le réservoir.
4. Fermez le purgeur et enlevez le tuyau.
5. Rétablissez le courant à la pompe.
6. Si le réservoir est muni d'une membrane, le bouchon d'air peut être attribuable à une fuite dans la conduite entre le puits et le réservoir. Inspectez tous les raccords. Consultez un plombier si d'autres problèmes se produisent.
7. Assurez-vous qu'il n'y a pas de fuites.

Entretien des chauffe-eau

Le chauffage de l'eau représente 20 % de l'énergie totale consommée dans la maison. Il est donc payant de maintenir votre chauffe-eau en bon état. Vous pouvez vous procurer un chauffe-eau chez votre quincaillier, chez un marchand de matériaux de construction ou bien chez votre fournisseur de services publics. Normalement, votre fournisseur d'électricité ou de gaz offre aussi un programme de location de chauffe-eau.

Confiez toujours l'installation et l'entretien de votre chauffe-eau à une personne qualifiée. Son expertise est particulièrement importante si vous avez un chauffe-eau au gaz ou au mazout doté d'un brûleur et d'une veilleuse. Les chauffe-eau au gaz et au mazout consomment du combustible lorsqu'ils chauffent l'eau. Dans un système fonctionnant par combustion, il est important que le combustible brûle complètement pour assurer un fonctionnement sûr et efficace de l'installation. Si la combustion est incomplète, des gaz dangereux pour la santé sont libérés. Un entrepreneur ou un installateur compétent de votre fournisseur verra à ce que votre chauffe-eau au gaz fonctionne de manière sûre.

Les chauffe-eau électriques sont munis d'éléments chauffants qui peuvent parfois griller et qui doivent être remplacés. Cela se produit le plus souvent dans des endroits où l'eau est « dure ». Les éléments se couvrent alors d'une pellicule calcaire, ils surchauffent et grillent. Si votre chauffe-eau ne fonctionne pas correctement, appelez

votre fournisseur d'électricité ou un plombier.

Réglage de la température

Niveau de compétence requis :
2 - propriétaire bricoleur

Matériel : aucun

Outils : aucun

1. Réglez la température de l'eau à la valeur la plus basse possible en fonction de vos besoins. Les chauffe-eau électriques comportent normalement deux éléments, un en haut du réservoir et l'autre en bas. Les deux éléments sont munis d'un thermostat réglable. Remarque : Réglez la température de consigne du thermostat à 60 °C (140 °F). Une température inférieure peut favoriser la croissance de la bactérie *Legionella* susceptible de causer de graves problèmes de santé.
2. Pour régler la température aux thermostats, enlevez les plaques en haut et en bas du réservoir.
3. Tournez la petite vis de réglage à une valeur plus basse. Les thermostats sont normalement réglés en usine à une température de 65 °C (environ 145 °F). Votre fournisseur d'électricité peut vous conseiller au sujet des réglages ou des réparations.

Les chauffe-eau au gaz ou au mazout comportent une commande de réglage se trouvant à l'extérieur et au bas du réservoir. Votre fournisseur de gaz ou de mazout peut vous conseiller au sujet des réglages ou des réparations.

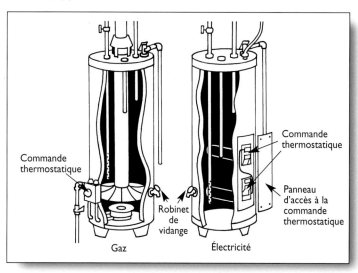

Commande thermostatique
Robinet de vidange
Commande thermostatique
Panneau d'accès à la commande thermostatique
Gaz
Électricité

Prévention de l'accumulation de dépôts

Des dépôts calcaires peuvent se former dans un chauffe-eau, surtout si l'eau de la maison à une forte teneur en minéraux. Pour aider à prévenir l'accumulation de dépôts et à prolonger la durée utile du chauffe-eau, vidangez une partie de l'eau du réservoir à tous les six mois.

ATTENTION : L'eau dans le réservoir est très chaude. Faites extrêmement attention de ne pas vous brûler.

Niveau de compétence requis :
2 - propriétaire bricoleur

Matériel : aucun

Outils : boyau de jardin, seau

1. Branchez le tuyau sur le purgeur du chauffe-eau au bas du réservoir.
2. Acheminez l'autre extrémité du tuyau dans un drain de plancher, dans un évier ou à l'extérieur de la maison.
3. Ouvrez le purgeur et laissez l'eau s'écouler.
4. Laissez le réservoir se vider jusqu'à ce que l'eau soit claire.
5. Fermez le purgeur et enlevez le tuyau.
   Remarque : Si l'eau n'est pas claire, vous devrez peut-être remplir le réservoir de nouveau et répéter l'opération de vidange.

Vérification de la température et de la soupape de sûreté

Une fois par année, vérifiez la température et la soupape de sûreté de votre chauffe-eau. La soupape de sûreté empêche toute surpression dans le réservoir. Si vous ne procédez pas à une vérification périodique de cette soupape, les minéraux contenus dans l'eau peuvent en empêcher le bon fonctionnement.

Niveau de compétence requis :
2 - propriétaire bricoleur

Niveau de compétence requis :
4 - ouvrier (plombier)/entrepreneur qualifié (s'il faut remplacer la soupape de sûreté).

Matériel : aucun

Outils : seau

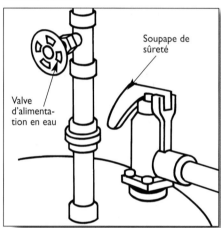

Soupape de sûreté

Valve d'alimentation en eau

La soupape de sûreté se trouve normalement sur le dessus ou sur le côté du chauffe-eau et elle doit être raccordée à un tube de trop-plein.

ATTENTION : La vérification de la soupape de sûreté peut libérer un jet de vapeur ou d'eau chaude pouvant causer des brûlures.

1. Coupez le courant au chauffe-eau. Dans le cas d'un chauffe-eau au gaz ou au mazout, abaissez la température au thermostat pour empêcher la mise en marche du chauffe-eau.
2. Placez un seau sous le tube de trop-plein.
3. Soulevez ou abaissez le levier de la soupape de sûreté. De l'eau doit s'écouler par le tube de trop-plein.
4. Rétablissez le courant (chauffe-eau électrique) ou remettez le thermostat à sa température de

consigne initiale (dans le cas du chauffe-eau au mazout ou au gaz).

Après la vérification, si l'eau coule la soupape ne fonctionne pas correctement. Ouvrez et fermez la soupape quelques fois pour qu'elle se scelle bien. Si l'écoulement persiste, appelez un plombier pour faire remplacer la soupape.

Remplacement de l'anode sacrificielle

L'anode sacrificielle est une tige vissée dans la partie supérieure du réservoir et qui empêche le réservoir de se corroder. La tige est en magnésium ou en aluminium et elle est enroulée autour d'une armature en fil d'acier. Il faut normalement remplacer la tige aux cinq ans afin de prolonger la durée utile du chauffe-eau. Il faut la remplacer plus tôt si une section de 150 mm (6 po) de fil d'acier est à nu ou si la tige est enduite d'un dépôt dur de calcium.

Niveau de compétence requis :
3 - propriétaire qualifié

Matériel : anode de rechange adaptée à la marque et au modèle de votre chauffe-eau. Si l'espace est insuffisant au-dessus du réservoir, vous devrez peut-être employer une tige en sections pour pouvoir l'introduire dans le réservoir.

Outils : clés correspondant à la vis de l'anode

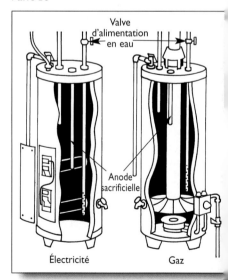

Valve d'alimentation en eau

Anode sacrificielle

Électricité   Gaz

1. Coupez le courant au chauffe-eau. Dans le cas d'un chauffe-eau au gaz ou au mazout, abaissez la

température au thermostat pour empêcher la mise en marche du chauffe-eau.
Dévissez la tige (anode) et enlevez-la.

3. Insérez la tige de rechange par le dessus du réservoir et fixez-la en place.

4. Rétablissez le courant (chauffe-eau électrique) ou remettez le thermostat à sa température de consigne initiale (dans le cas du chauffe-eau au mazout ou au gaz).

Entretien de la fosse septique

Un bon entretien de votre fosse septique vous garantira un meilleur fonctionnement et vous évitera des réparations ou un remplacement coûteux.

Niveau de compétence requis :
2 - propriétaire bricoleur

Niveau de compétence requis :
5 - spécialiste/expert (pour la vidange de la fosse septique)

Matériel : aucun

Outils : règle jaugée

1. Faites inspecter la fosse chaque année pour mesurer la quantité de boues (matières solides décantées) et d'écume (eaux usées flottantes). La fosse doit être vidée lorsque le niveau d'écume se trouve à moins de 75 mm (3 po) de la partie inférieure du tuyau de sortie ou si l'épaisseur des boues au fond de la fosse est supérieure à 600 mm (24 po). Les réservoirs doivent normalement être vidés à tous les deux ou trois ans. Consultez les pages jaunes de votre annuaire téléphonique pour trouver un service de nettoyage de fosses septiques. La durée utile d'une fosse septique bien installée et bien entretenue est d'environ 25 ans.

2. Les fosses septiques font appel à une action bactérienne pour assurer la décomposition des matières. Utilisez des produits de nettoyage biodégradables et qui ne sont pas dommageables pour les bactéries dans la fosse. N'utilisez pas de grandes quantités de javellisant ou de lessive, ni de produits acides ou désinfectants car ils tueront les bactéries et empêcheront le bon fonctionnement de votre fosse septique.

3. Essayez de maintenir une consommation d'eau constante. Une augmentation soudaine de votre consommation d'eau surchargera la fosse septique.

4. Une bonne « ventilation » est nécessaire au bon fonctionnement des fosses septiques. Évitez de planter des arbres, d'asphalter et de circuler en voiture par-dessus la fosse septique ou à proximité.

Les fosses septiques à refoulement ouvert sont encore répandues en Alberta et satisfont aux exigences des codes **P**rivate **S**ewage **D**isposal **S**ystems (PSDS) de cette province. Des pierres doivent être empilées autour de la conduite d'évacuation. Une clôture doit ceinturer la conduite d'évacuation et le bassin d'épuration pour empêcher les animaux domestiques et les enfants de circuler à proximité. Les bassins d'épuration se sont révélés être une « attraction » mortelle pour les enfants. Il importe d'éduquer les enfants sur leurs dangers.

1. Empêchez l'eau des gouttières, de pluie, de ruissellement, d'égout et de drainage de s'infiltrer dans le champ d'épandage.

2. Jetez les serviettes de papier, le papier journal, les couches jetables et les serviettes hygiéniques dans les ordures et non dans les toilettes car ces produits peuvent boucher la tuyauterie du système.

3. Si vous pensez que votre fosse septique fuit, faites-la vérifier immédiatement car les fuites peuvent contaminer les eaux souterraines et être dangereuses pour la santé humaine.

Entretien des épurateurs d'eau

Les adoucisseurs d'eau et les filtres à particules sont les types d'appareils d'épuration d'eau les plus courants. Il faut remplacer périodiquement les produits chimiques contenus dans les adoucisseurs d'eau. Suivez les instructions des fabricants.

De simples filtres à particules sont montés sur une section horizontale de la conduite d'alimentation en eau. Il faut remplacer ces filtres périodiquement.

Niveau de compétence requis :
2 - propriétaire bricoleur

Matériel : cartouche filtrante de rechange

Outils : chiffon

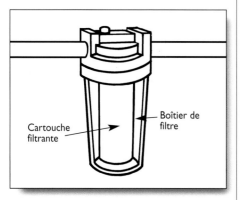

Cartouche filtrante

Boîtier de filtre

Remplacement de la cartouche filtrante

1. La plupart des filtres sont munis d'un robinet d'arrêt avec un interrupteur marche-arrêt. Normalement, il suffit de tourner le bouton sur le dessus du filtre de 1/8 tour pour le placer à la position d'arrêt (OFF).
2. Saisissez le boîtier de la cartouche avec les deux mains et tournez-le d'environ 1/8 de tour dans le sens inverse des aiguilles d'une montre pour séparer le boîtier et la cartouche du filtre.
3. Déposez le boîtier de la cartouche. Faites attention car il est rempli d'eau.
4. Videz l'eau contenue dans le boîtier. Prenez note de l'extrémité de la cartouche qui se trouve vers le haut. Jetez la vieille cartouche. Essuyez le boîtier avec un chiffon propre.

5. Insérez la nouvelle cartouche dans le boîtier en la plaçant dans le bon sens.
6. Remettez le boîtier de la cartouche en place et bloquez-le en position en le tournant dans le sens des aiguilles d'une montre (normalement de 1/8 de tour ou moins).
7. Remettez le bouton sur le dessus du filtre à la position de marche (ON).

Entretien des pompes de puisard

Lorsque le tuyau de drainage en argile autour de la maison ne peut évacuer toute l'eau accumulée près de la fondation, l'emploi de pompes de puisard permet l'évacuation de l'eau avant que son niveau s'élève plus haut que le plancher du sous-sol. Il arrive parfois que le tuyau de drainage en argile ne puisse pas évacuer l'eau ailleurs et il est donc orienté vers le puisard où l'eau peut être pompée. Dans d'autres cas, le puisard reçoit uniquement l'eau provenant du tuyau d'eau de ruissellement ou d'une couche de gravier de drainage posée sous le niveau du plancher du sous-sol et l'évacue vers le système d'égout ou vers un puits sec.

Les pompes de puisard peuvent être de type immergé ou de type sur pied. Lorsque l'eau dans le puisard atteint un certain niveau, un interrupteur à flotteur met la pompe en marche. Lorsque le flotteur redescend après l'évacuation de l'eau, la pompe s'arrête. L'eau est évacuée par un tuyau de refoulement vers l'extérieur et loin de la maison.

Il est peu probable qu'une pompe de puisard inspectée et entretenue régulièrement tombera en panne dans une situation d'urgence. Les pompes de puisard peuvent tomber en panne pour différentes raisons. Les tuyaux d'arrivée d'eau provenant de la conduite de drainage en argile ou sous le plancher sont bouchés. Le moteur de la pompe est grillé. L'interrupteur de la pompe ne met pas la pompe en marche. Une panne d'électricité empêche le fonctionnement de la pompe. Les conduites de refoulement sont débranchées, elles peuvent être gelées à l'extérieur ou elles peuvent refouler l'eau trop près de la maison de sorte que celle-ci revient à l'intérieur. Un couvercle non scellé ou l'absence de couvercle par-dessus la pompe peut permettre l'infiltration d'humidité, de moisissure ou de gaz souterrains dans la maison.

Niveau de compétence requis :
3 - propriétaire qualifié

Matériel : ruban à revêtement goudronné pour entrepreneur, seau ou tuyau, eau

Outils : tuyau, masque antipoussières, lunettes de protection

1. Ouvrez le couvercle du puisard. Le puisard peut contenir de la moisissure. Portez des lunettes de protection et un masque antipoussières.

2. Inspectez le puisard et les conduites d'arrivée. Enlevez les débris et les obstructions. Assurez-vous que la crépine d'aspiration au bas de la pompe n'est pas obstruée.

3. Vérifiez le disjoncteur et le branchement électrique pour vous assurer que la pompe devrait fonctionner.

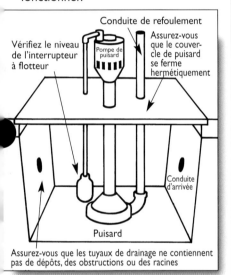

Vérifiez le niveau de l'interrupteur à flotteur

Conduite de refoulement

Assurez-vous que le couvercle de puisard se ferme hermétiquement

Pompe de puisard

Conduite d'arrivée

Puisard

Assurez-vous que les tuyaux de drainage ne contiennent pas de dépôts, des obstructions ou des racines

4. À l'aide d'un tuyau ou d'un seau, versez de l'eau dans le puisard. Assurez-vous que l'interrupteur met en marche et arrête la pompe lorsque l'eau est au niveau approprié. Si le niveau d'eau auquel la pompe doit se mettre en marche ou s'arrêter n'est pas approprié, réglez la hauteur du flotteur et faites un nouvel essai.

5. Si la pompe ne fonctionne pas, vérifiez de nouveau le branchement électrique. Si le branchement semble correct, il est possible que la pompe ou que l'interrupteur soit défectueux ; remplacez la pièce défectueuse au besoin. Assurez-vous que la conduite de refoulement ne fuit pas. Les colliers de serrage et les raccords doivent être bien serrés.

7. Assurez-vous que l'extrémité de la conduite de refoulement évacue l'eau à l'extérieur de la maison. Si la pente de la conduite est insuffisante pour assurer une évacuation rapide, la conduite peut geler et n'être d'aucun secours au moment voulu. Réglez la pente de la conduite au besoin. Si la conduite se termine tout juste à l'extérieur du mur de la maison, assurez-vous que des blocs parapluie redirigent l'eau loin de la fondation.

8. Remettez en place le couvercle sur le puisard. Assurez-vous que le couvercle se ferme hermétiquement pour empêcher l'infiltration d'humidité, de moisissure et de gaz souterrains à l'intérieur de la maison. Rubanez les fentes ou les trous dans le couvercle, au besoin. Si cela est nécessaire, fabriquez un nouveau couvercle avec un panneau de contreplaqué scellé à l'aide d'une épaisse toile de polyéthylène.

9. Si vous craignez une interruption de courant pendant une situation d'urgence, envisagez l'achat d'une pompe de puisard munie d'une batterie de relève.

ÉLECTRICITÉ

C'est la compagnie d'électricité qui vous fournit le courant que vous utilisez dans la maison. Il passe d'abord dans le compteur qui enregistre la consommation, puis il va au commutateur général situé à côté de la boîte de fusibles ou de disjoncteurs. De là, il est acheminé aux appareils électriques et aux prises partout dans la maison.

Les problèmes d'électricité les plus courants sont les suivants :

- fusibles grillés et disjoncteurs déclenchés;
- prises murales brisées;
- interrupteurs muraux brisés;
- fiches de cordons endommagées;
- ampoules brûlées;
- appareils d'éclairage brisés.

Les travaux d'entretien comprennent :

- La vérification des interrupteurs, des prises, des cordons et des fiches pour déceler des dommages.

Conseils de prévention

ATTENTION : N'oubliez pas que le courant électrique peut vous blesser grièvement, voire vous tuer.

- Suivez toujours les instructions accompagnant les appareils électriques et n'essayez jamais de faire des réparations difficiles.
- Avant de remplacer des fusibles, des interrupteurs ou des prises, assurez-vous toujours que le courant est coupé au commutateur général. Si possible, verrouillez également le commutateur dans cette position pour éviter tout rétablissement accidentel du courant. Une façon simple de verrouiller le commutateur général à la position hors tension (OFF) et éviter la remise sous tension accidentelle consiste à introduire un tournevis dans le trou de verrouillage de la poignée du commutateur. Si le sol est humide sous la boîte, placez-y des planches sur lesquelles vous monterez. Portez des chaussures à semelles de caoutchouc pour vous protéger des décharges électriques.
- Faites preuve de jugement et pensez toujours à la possibilité d'une décharge électrique avant d'effectuer vos travaux. N'utilisez pas d'appareils électriques si vous êtes mouillés ou si la surface sur laquelle vous vous tenez l'est.
- Sachez où se trouvent le commutateur principal et la boîte de distribution de sorte que vous puissiez intervenir rapidement en cas d'urgence. Normalement ces éléments se trouvent à **l'intérieur** de la maison, près de l'endroit où se trouve le compteur (qui est normalement à **l'extérieur**).
- Si possible, évitez d'utiliser des cordons prolongateurs. Dans une maison neuve, les cordons prolongateurs sont superflus. Des prises sont disposées partout à des endroits commodes et ne doivent pas se trouver à plus de deux mètres (six pieds) des endroits où vous souhaitez placer vos appareils. Ne branchez pas plus de deux fiches dans chaque prise. Les prises sont justement conçues pour ce nombres de fiches. Ne prenez aucun risque.
- Ne surchargez pas les prises électriques. Les appareils de chauffage, les bouilloires, les grille-pain et les vieux réfrigérateurs consomment beaucoup d'électricité. Des prises spéciales sont prévues pour les cuisinières et les sécheuses à linge. Dans une maison neuve, des prises spécialement conçues pour des charges élevées sont normalement installées dans la cuisine, juste au-dessus du comptoir.
- L'installation de prises supplémentaires doit être confiée uniquement à un électricien qualifié. Cela est très important. Remarque : Votre installation électrique a été inspectée lors de la construction de votre maison. Si des modifications ou des ajouts incorrects ont été faits à l'installation électrique et qu'un incendie attribuable à une défectuosité électrique se déclare, votre compagnie d'assurance pourrait refuser de vous indemniser. De plus, dans certaines municipalités, il peut vous être interdit de réparer des installations électriques. Consultez votre compagnie d'électricité à ce sujet.
- Un vérificateur de circuit est un outil pratique qui vous permet de vérifier si les prises sont mises à la terre et si le courant circule. Vous pouvez vous procurer des vérificateurs chez votre quincaillier; ces dispositifs vous éviteront des erreurs.
- Branchez des fiches à la terre (trois broches) dans des prises à la terre (à trois trous). Ne modifiez pas la fiche pour qu'elle s'adapte dans la prise.
- Avant de remplacer un appareil d'éclairage, vérifiez que l'ampoule est bien vissée et qu'elle n'est pas brûlée.

Conseils de réparation

- Si vous avez une boîte à fusibles ou une cuisinière électrique, il est bon d'avoir en réserve des fusibles de rechange de divers calibres en cas de problème lorsque les magasins sont fermés. Si les fusibles à cartouche dans la boîte d'interrupteur grillent constamment, il est temps d'appeler un électricien.
- Choisissez un nouvel appareil de même intensité que l'ancien.

Considérations particulières

Maison saine^{MC}

- Utilisez des dispositifs d'éclairage à faible consommation d'énergie tels que des tubes fluorescents compacts.
- Si vous devez réparer un appareil, voyez d'abord si l'achat d'un nouvel appareil peut constituer une solution meilleure et moins coûteuse. Les nouveaux appareils consomment moins d'électricité que les appareils plus vieux ou remis à neuf. Ils peuvent être plus chers à l'achat, mais ils vous permettront de réaliser des économies appréciables sur votre facture d'électricité. Au moment de choisir un appareil neuf, comparez les cotes des étiquettes *ÉnerGuide* pour vous aider à évaluer les économies d'énergie réalisables. Choisissez le modèle offrant les meilleures cotes pour vous permettre de réduire votre consommation domestique d'électricité.

Sécurité

- Vérifiez les vignettes ou les étiquettes de vos appareils pour voir s'ils sont approuvés par l'Association canadienne de normalisation (CSA) ou par les Laboratoires des assureurs du Canada (ULC). N'utilisez pas des appareils non approuvés.

Gardez les appareils électriques en bon état. Assurez-vous que les cordons ne sont pas effilochés, que le guipage des fils est intact et que les raccords des fiches et les prises sont bien serrés. Réparez rapidement les défectuosités.

- N'utilisez pas d'ampoules de calibre supérieur à celui prévu pour l'appareil d'éclairage.
- Protégez les enfants en posant des plaques de sécurité sur les prises murales.
- Assurez-vous d'installer des prises munies d'un disjoncteur de fuite à la terre aux endroits où la présence d'humidité accroît le risque de décharge électrique, notamment dans les salles de bains et à l'extérieur. Lorsque vous essayez de brancher un appareil dans la prise et que les conditions d'humidité sont excessives, le disjoncteur de fuite à la terre coupe le courant. Vous devrez appuyer sur le bouton de réarmement pour que la prise fonctionne. Vérifiez le disjoncteur de fuite à la terre tous les mois en appuyant sur le bouton-test. Le bouton de réarmement devrait alors ressortir. Enfoncez le bouton de réarmement pour que la prise fonctionne.

Tâches

Remplacement de fusibles et réenclenchement de disjoncteurs

Si une lumière ne s'allume pas ou qu'une prise n'est pas alimentée, un fusible peut être grillé ou un disjoncteur peut être déclenché. Vous devez alors remplacer le fusible ou réenclencher le disjoncteur. Pour ce faire, suivez l'une des méthodes décrites ci-après.

Niveau de compétence requis :
1 - entretien simple

Matériel : fusibles neufs de mêmes type et calibre

Outils : tournevis, chaussures à semelles de caoutchouc, planches sèches, lampe de poche

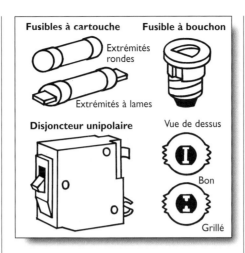

Fusibles à cartouche · Fusible à bouchon · Extrémités rondes · Extrémités à lames · Disjoncteur unipolaire · Vue de dessus · Bon · Grillé

Remplacement de fusibles à bouchon

1. Coupez le courant au commutateur général et insérez la lame d'un tournevis dans le trou de verrouillage de la poignée pour empêcher la remise sous tension accidentelle du commutateur.
2. Ouvrez le couvercle de la boîte de fusibles. Voyez si le verre d'un des fusibles est noirci. Si c'est le cas, un court-circuit a probablement fait griller le fusible. Si le verre n'est pas noirci, voyez si le fil métallique a fondu ou si le ressort est détaché à l'intérieur du verre du fusible. Cet indice d'un fusible grillé signifie normalement que le circuit a été surchargé ou court-circuité.
3. Regardez le schéma de circuit ou l'étiquette à l'intérieur de la boîte de fusibles pour savoir laquelle des prises est protégée par le fusible en question. Si le verre du fusible est noirci, branchez un ou plusieurs appareils de forte intensité sur la prise d'un autre circuit. Trop d'appareils consommant beaucoup d'énergie, tels que les grille-pain, les climatiseurs et les réfrigérateurs, ont probablement causé une surcharge.
4. Si le fusible est noirci, il y a fort à parier que l'un des dispositifs branchés sur le circuit ou que le circuit lui-même est court-circuité. Le cas échéant, coupez toutes les prises murales de ce circuit et débranchez tous les appareils de ces prises. Inspectez les cordons et les fiches de tous les appareils qui étaient branchés sur le circuit pour déceler des fils effilochés, des fils nus ou des fiches noircies. Les

appareils dans cet état ne doivent être réutilisés qu'après avoir été réparés. Si les appareils sont en bon état, il y a peut-être un court-circuit dans le circuit même.

5. Enlevez le fusible grillé en le tournant dans le sens inverse des aiguilles d'une montre. Le nombre à l'extrémité du fusible indique l'intensité du courant (en ampères). **ATTENTION :** Au moment de remplacer un fusible grillé, le nouveau fusible doit être d'intensité appropriée pour le circuit. L'utilisation d'un fusible de trop grande intensité peut provoquer un incendie.
6. Posez le nouveau fusible en le vissant dans le sens des aiguilles d'une montre.
7. Fermez le couvercle de la boîte de fusibles et rétablissez le courant au commutateur général. Si le fusible grille encore immédiatement, laissez-le en place dans la boîte de fusibles et appelez un électricien. En variante, branchez chaque appareil qui semble en bon état dans la prise d'un autre circuit et mettez-le en marche quelques instants. Si le nouveau fusible grille lorsque vous mettez l'appareil en marche, débranchez l'appareil et faites-le réparer.
8. Mettez sous tension chaque interrupteur mural de la même façon. Si le fusible grille lorsque vous actionnez un interrupteur donné, la lumière ou un autre appareil que commande l'interrupteur en est probablement la cause. Posez un morceau de ruban adhésif sur l'interrupteur hors tension (sur OFF) de manière à ne pas l'actionner accidentellement avant d'avoir remplacer de nouveau le fusible. Appelez un électricien pour rechercher le problème et le corriger.

Réenclenchement de disjoncteurs

1. Les disjoncteurs se déclenchent latéralement ou se relèvent pour couper le circuit. Voyez les étiquettes dans la boîte de circuit pour voir les prises que protègent les disjoncteurs déclenchés. Il n'est pas nécessaire de couper le courant au commutateur général.
2. Si vous pensez que le circuit a été surchargé, branchez un ou plusieurs

appareils de forte intensité dans un autre circuit. Réenclenchez le disjoncteur déclenché.

3. Si le disjoncteur se déclenche de nouveau, coupez le courant à toutes les prises murales de ce circuit et débranchez tous les appareils de ces prises. Réenclenchez le disjoncteur et rebranchez les appareils dans les prises.

4. Mettez chaque appareil en marche pendant quelques instants, un à la fois, et vérifiez le disjoncteur chaque fois que vous mettez en marche un appareil additionnel. Actionnez ensuite les interrupteurs muraux, un à la fois, en vérifiant le disjoncteur. Si le disjoncteur se déclenche, l'appareil que vous venez de mettre en marche ou le dispositif commandé par l'interrupteur que vous venez d'actionner est défectueux et doit être réparé ou remplacé. Si un interrupteur est défectueux, posez un morceau de ruban adhésif sur l'interrupteur hors tension (sur OFF) de manière à ne pas l'actionner accidentellement. Réenclenchez le disjoncteur et appelez un électricien pour rechercher le problème et le corriger.

Remplacement de fusibles à cartouche

Niveau de compétence requis :
4 - ouvrier/entrepreneur qualifié

Des fusibles à cartouche sont installés dans la boîte du commutateur général et commandent tout le courant électrique arrivant dans la maison. Leurs extrémités peuvent être rondes ou à lames.

Si des fusibles à cartouche grillent souvent dans la maison, vous devrez utiliser moins d'appareils électriques ou appeler un électricien pour améliorer ou corriger votre installation électrique. Le remplacement de fusibles à cartouche peut être très dangereux et doit être confié à un spécialiste qualifié.

Remplacement d'une prise murale

Remplacez une prise lorsqu'elle ne retient plus une fiche de façon sûre, lorsqu'elle ne fonctionne pas correctement ou lorsque vous désirez installer une prise de sécurité.

Niveau de compétence requis :
3 - propriétaire qualifié

Matériel : prise neuve, plaque murale neuve, au besoin, ruban-cache

Outils : tournevis, pince à long bec, lampe de poche

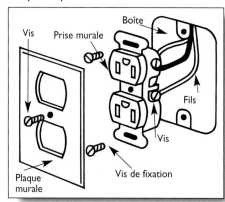

1. Avant d'effectuer le travail, déclenchez le disjoncteur ou enlevez le fusible qui protège la prise à réparer. Il est même préférable de couper le commutateur général et de le verrouiller en position hors tension (sur OFF) jusqu'à la fin du travail.

2. Enlevez les vis de la plaque murale et la plaque.

3. Enlevez les vis de fixation de la prise.

4. Sortez doucement la prise de la boîte. Posez un bout de ruban-cache sur chaque fil et notez-en la position pour en faciliter le rebranchement.

5. Desserrez les vis des bornes et débranchez les fils.
Remarque : Certaines prises sont munies de bornes encastrées plutôt que de vis. Ces bornes sont munies d'une manette sur laquelle il faut appuyer (à l'aide d'un tournevis) pour débrancher les fils.

6. Enlevez la vieille prise. Rebranchez chaque fil sur sa borne correspondante de la nouvelle prise. Le fil noir est branché sur la borne laitonnée. Le fil blanc est branché sur la borne argentée.

L'extrémité du fil doit être orientée dans le sens de serrage de la vis. Serrez les vis.
Remarque : Si la prise est munie de bornes encastrées, il suffit de pousser les fils fermement dans les bornes. Enlevez les morceaux de ruban-cache.

7. Remettez la prise dans sa boîte en la poussant doucement. Fixez la prise à l'aide des vis fournies et posez le joint isolant. Les prises modernes sont munies d'un fil de mise à la terre ou nu raccordé entre la boîte et la prise. Ces fils doivent être fixés à la borne appropriée (verte). Les prises plus anciennes n'ont pas de fil de mise à la terre.

8. Reposez la plaque murale ou installez-en une neuve.

9. Rétablissez le courant et branchez un appareil ou une lampe dans la prise neuve pour en vérifier le fonctionnement.

Remplacement d'un interrupteur mural

Si un interrupteur mural ne fonctionne pas, il faut le remplacer. Au besoin, remplacez aussi la plaque murale.

Niveau de compétence requis :
3 - propriétaire qualifié

Matériel : interrupteur neuf, plaque murale neuve, au besoin, ruban-cache

Outils : tournevis, pince à long bec, lampe de poche.

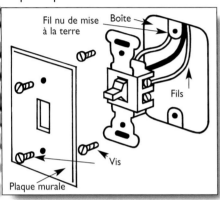

1. Avant d'effectuer le travail, déclenchez le disjoncteur ou enlevez le fusible qui protège l'interrupteur à réparer. Il est même préférable de couper le commutateur général et de le verrouiller en position hors tension (sur OFF) jusqu'à la fin du travail.
2. Enlevez les vis de la plaque murale et la plaque.
3. Enlevez les vis de fixation de l'interrupteur.
4. Sortez doucement l'interrupteur de la boîte. Posez un bout de ruban-cache sur chaque fil et notez-en la position pour en faciliter le rebranchement.
5. Desserrez les vis des bornes, débranchez les fils et enlevez l'interrupteur.
6. Rebranchez chaque fil sur sa borne correspondante du nouvel interrupteur. L'extrémité du fil doit être orientée dans le sens de serrage de la vis. Serrez les vis fermement et enlevez les morceaux de ruban-cache.
7. Remettez l'interrupteur dans sa boîte en le poussant doucement. Fixez l'interrupteur à l'aide des vis fournies. Reposez la plaque murale ou installez-en une neuve.
8. Rétablissez le courant et actionnez l'interrupteur neuf quelques fois (position ON et position OFF) pour en vérifier le fonctionnement.

Remplacement de la fiche d'un cordon

Les fiches de cordons doivent être réparées lorsque les fils sont desserrés ou endommagés. N'utilisez pas un appareil dont la fiche est endommagée.

Niveau de compétence requis :
3 - propriétaire qualifié

Matériel : fiche neuve de même type

Outils : tournevis, couteau, ciseaux ou pince

Les fiches des cordons d'appareils domestiques sont de deux types : fiches à fils plats et fiches à fils ronds. Les fiches à fils plats comportent deux broches, elles sont employées avec les petits appareils et sont les plus courantes. Les fiches à fils ronds comportent deux broches et souvent trois, et elles sont employées avec les appareils plus gros qui doivent être mis à la terre.

Conseil : Remplacez toujours une fiche par une autre de même type et de même calibre.

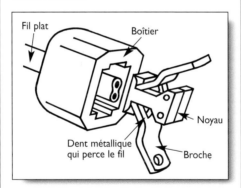

Remplacement d'une fiche à fils plats — à pince

1. Enlevez la vieille fiche en coupant le cordon.
2. Retirez le noyau de la nouvelle fiche. Écartez les broches.
3. Faites passer le cordon dans le trou de la fiche et dans le noyau. Si la fiche est polarisée, le fil neutre du cordon doit être branché sur la grosse broche. Le fil neutre est rainuré.
4. Comprimez les broches pour que la fiche entre dans le cordon de manière à établir le contact.
5. Insérez la fiche dans sa gaine en l'y glissant.

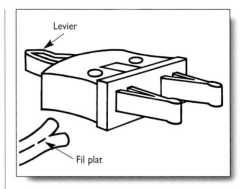

Remplacement d'une fiche à fils plats — enfichable

1. Enlevez la vieille fiche en coupant le cordon. Séparez légèrement les deux fils du cordon.
2. Soulevez le levier de la fiche.
3. Insérez le cordon dans le boîtier de la fiche.
4. Rabaissez le levier pour établir le contact

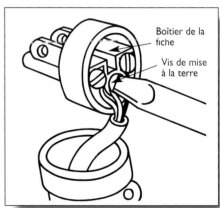

Remplacement d'une fiche à fils ronds

1. Enlevez la fiche en coupant le cordon.
2. Retirez le noyau de la nouvelle fiche du boîtier.
3. Faites passer le cordon dans le trou au centre du boîtier de la nouvelle

fiche. Enlevez avec soin une longueur de 30 mm (environ 1 1/4 po) de la gaine extérieure à l'extrémité du cordon.

4. Dénudez ensuite l'extrémité de chaque fil du cordon sur une longueur de 20 mm (environ 3/4 po). Torsadez l'extrémité dénudée de chaque fil avec le pouce et l'index pour bien maintenir les brins ensemble.

5. Faites un nœud d'électricien dans les fils de sorte qu'ils ne tirent pas. Ramenez le cordon dans la fiche en le tirant jusqu'à ce qu'il bloque. Si la fiche comporte trois broches, le fil nu ou vert (fil de mise à la terre) doit être fixé à la vis verte.

6. Enroulez l'extrémité de chaque fil sur la vis de la borne appropriée (fil blanc sur vis argentée et fil noir sur vis laitonnée). L'extrémité des fils doit être orientée dans le sens de serrage des vis.

7. Serrez les vis et réinsérez le noyau de la fiche dans le boîtier.

Remplacement d'un luminaire suspendu simple

Niveau de compétence requis :
3 - propriétaire qualifié

Matériel : nouveau luminaire, connecteurs

Outils : tournevis, couteau tout usage, pince à dénuder, pince à long bec, lampe de poche

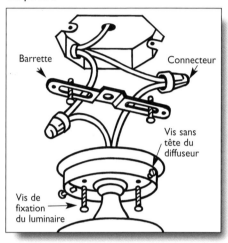

Barrette   Connecteur

Vis sans tête du diffuseur

Vis de fixation du luminaire

1. Avant de commencer le travail, déclenchez le disjoncteur ou enlevez le fusible alimentant le luminaire suspendu que vous allez réparer. Il est même préférable de couper le commutateur général et de le verrouiller en position hors tension (sur OFF) jusqu'à la fin du travail.

2. Desserrez la vis retenant le globe et enlevez ce dernier. Dévissez l'ampoule. Desserrer le luminaire en retirant les vis de fixation ou en libérant le raccord à baïonnette.

3. Dévissez les connecteurs retenant les fils ensemble.

4. Détordez les fils et retirez complètement le luminaire.

5. Posez le nouveau luminaire. Suivez bien les instructions spéciales d'installation accompagnant l'appareil. S'il n'y a pas d'instructions spéciales d'installation, faites passer les fils dans le luminaire et rebranchez-les à l'aide des connecteurs.

6. Fixez le luminaire à l'aide des vis ou du support spécial.

7. Reposez l'ampoule et le globe et resserrez la vis retenant ce dernier en place.

8. Rétablissez le courant.

INSTALLATION DE CHAUFFAGE ET DE CLIMATISATION

L'entretien de votre installation de chauffage et de climatisation peut vous faire économiser sur vos coûts en énergie, améliorer votre confort, aider à maintenir l'efficacité énergétique et prolonger la durée utile de votre maison, tout en assurant la sécurité de votre famille.

Les problèmes de l'installation de chauffage et de climatisation les plus courants sont les suivants :

- mauvaise circulation d'air dans les conduites de l'installation centrale de chauffage et climatisation;
- bruits ou mauvaise circulation dans les installations de chauffage à eau chaude;
- mauvais fonctionnement du thermostat;
- odeurs de poussières brûlées provenant des plinthes chauffantes électriques;
- émanations de gaz de combustion;
- cheminée obstruée; incendies; avertisseurs de fumée ou détecteurs de CO (monoxyde de carbone) inopérants;
- filtres de l'appareil de chauffage bouchés;
- humidificateurs de l'appareil de chauffage central encrassés ou présentant de la moisissure;
- bacs d'égouttement et serpentins de climatisation encrassés ou présentant de la moisissure;
- état dangereux du poêle à bois ou du foyer.

Les travaux d'entretien comprennent :

- Installations à air pulsé — nettoyage des registres et des parties accessibles des conduits et vérification que toutes les conduites sont bien fixées.
- Installations à eau chaude — vérification qu'il n'y a pas de fuites.
- Installations électriques (plinthes chauffantes) — nettoyage et vérification de l'installation (bien fixée). Entretien et sécurité de l'appareil de chauffage — remplacement du filtre, nettoyage des humidificateurs et des serpentins de climatisation.

- Sécurité incendie — vérification périodique de la sécurité de la combustion, contrôle des incendies, vérification et entretien des avertisseurs de fumée et des détecteurs de CO.
- Poêles à bois et foyers — ramonage régulier de la cheminée, rangement des matières combustibles à l'écart des installations de chauffage.

Vous pouvez exécuter de nombreuses tâches d'entretien périodique de votre installation de chauffage et de climatisation. Il est essentiel, toutefois, de faire entretenir les appareils de chauffage (au gaz, au mazout ou au bois) par un spécialiste compétent au moins une fois par année.

Conseils de prévention

- Commencez par confier les travaux annuels d'entretien de tous vos appareils de chauffage à un spécialiste compétent. Celui-ci doit vérifier s'il y a des fuites à l'échangeur de chaleur, s'il y a des déversements à la mise en marche, ainsi que l'état de la cheminée. L'entretien annuel doit comprendre une mise au point. Si l'appareil de chauffage est bien réglé, il produit rarement du monoxyde de carbone.

- Le test de débit d'air de la SCHL à l'aide d'un sac à ordures est une méthode simple que peut utiliser le propriétaire pour évaluer le débit d'air à la sortie des registres ou des ventilateurs d'extraction.

Test de débit d'air de la SCHL à l'aide d'un sac à ordures

Niveau de compétence requis :
1 - entretien simple

Matériel : 1 cintre à vêtements métallique, un gros sac à ordures, un gros sac à feuilles de 1,2 m (4 pi) de longueur, ruban adhésif

Préparation d'un dispositif d'essai à l'aide d'un sac à ordures

1. Avec les deux mains, saisissez le cintre par le crochet et par la base.
2. Écartez le cintre de manière à lui donner une forme rectangulaire.
3. Rubanez le cintre sur l'ouverture du sac à ordures ou du sac à feuilles pour que celui-ci reste ouvert.

Cintre en métal

Sac à ordures en plastique

Vérifier le débit d'un ventilateur de salle de bains à l'aide du gros sac à ordures.

1. Mettez le ventilateur en marche.
2. Balancez le sac pour le remplir d'air puis tenez-le fermement sur l'ouverture du ventilateur. La sortie d'air du ventilateur dégonflera le sac.
3. Chronométrez le temps de dégonflage du sac.

Temps de dégonflage	Débit d'air
3 secondes	bon
5 à 6 secondes	passable
10 à 12 secondes	insuffisant

Vérifier le débit d'un ventilateur-récupérateur de chaleur à l'aide du sac à feuilles

1. Mettez le ventilateur-récupérateur de chaleur (VRC) en marche, sortez à l'extérieur et rendez-vous à l'endroit où le conduit du ventilateur-récupérateur sort de la maison.

2. Enlevez tout l'air contenu dans le sac, puis placez l'ouverture du sac fermement contre la sortie du ventilateur. L'air évacué gonflera le sac.

3. Chronométrez le temps de gonflage. Si le sac se gonfle en moins de huit secondes, faites tourner le ventilateur-récupérateur plus lentement et répétez le test. Consignez le temps chronométré.

4. Ensuite, balancez le sac pour le gonfler et tenez-en l'ouverture contre la prise d'air murale du ventilateur-récupérateur de chaleur. L'air entrant dans le ventilateur-récupérateur dégonflera le sac.

5. Chronométrez le temps de dégonflage. Si le ventilateur-récupérateur de chaleur est bien équilibré, le temps de gonflage et le temps de dégonflage devraient être à peu près identiques. Or, le ventilateur-récupérateur de chaleur est déséquilibré si, par exemple, un des temps est deux fois plus élevé que l'autre. Le cas échéant, vérifiez chacune des étapes d'entretien ci-dessous et répétez le test. Si le ventilateur-récupérateur de chaleur semble encore déséquilibré, appelez un spécialiste pour le faire vérifier et régler.

Conseils de réparation

- Si votre appareil de chauffage au mazout se met en marche puis s'arrête quelques instants plus tard, assurez-vous qu'il y a du mazout dans le réservoir avant d'appeler le réparateur.

Considérations particulières

Maison saine[MC]

- Les appareils de chauffage ont normalement une durée de vie de 15 à 20 ans alors que les chaudières peuvent durer jusqu'à 40 ans si elles sont bien entretenues. Les nouveaux appareils de chauffage et de climatisation consomment beaucoup moins d'énergie que les appareils plus anciens dont peut être dotée votre maison.

- Une meilleure isolation de votre maison et une meilleure protection contre les courants d'air pourraient réduire vos besoins en chauffage et en climatisation.

Sécurité

- Les filtres et les conduits bouchés posent un danger d'incendie.

- Une combustion incomplète du combustible, le retour des gaz de combustion (inversion du débit d'air dans les conduits ou les appareils de chauffage), ou des fissures dans les échangeurs de chaleur peuvent laisser infiltrer des gaz de combustion dans l'air de la maison. **ATTENTION :** Ces situations doivent être corrigées immédiatement car elles constituent un grave danger pour la santé et la sécurité des occupants.

- Assurez-vous que les rideaux ou d'autres objets ne touchent pas aux plinthes chauffantes électriques, sous peine de causer un incendie.

Tâches

Nettoyage des conduits et des registres

Les installations de chauffage à air pulsé sont munies de conduits qui font circuler l'air dans les pièces de la maison. Les personnes se demandent souvent comment enlever la poussière et les débris à l'intérieur des conduits. Une étude sur le nettoyage des gaines a indiqué qu'à la suite d'un nettoyage effectué par des spécialistes, il n'y avait que peu de différence, voire aucune,

dans les concentrations de particules en suspension dans l'air de la maison ou dans l'air débité par les conduits. Un nettoyage professionnel périodique des conduits n'est pas nécessaire. Dans certains cas toutefois, il est bon d'y avoir recours.

- S'il y a un problème d'humidité ou d'eau dans les gaines, il y a aussi probablement un problème de moisissure. Il est alors essentiel de nettoyer les conduits et d'empêcher toute nouvelle infiltration d'humidité ou d'eau. Il peut même être nécessaire de remplacer la section de conduit touchée.
- Si vous emménagez dans une maison neuve ou une maison rénovée récemment.
- Si vous faites installer un nouvel appareil de chauffage dont le ventilateur est plus puissant que celui que vous avez présentement.

Il importe de garder les conduits et les registres exempts d'obstructions de sorte que l'air puisse circuler aisément dans les pièces de votre maison.

Niveau de compétence requis :
2 - propriétaire bricoleur

Matériel : éventuellement vis à métal en feuilles pour l'installation de sections de gaine, ruban en aluminium pour conduits ou composé d'étanchéité à base d'eau pour conduits

Outils : tournevis, aspirateur, lampe de poche, petit miroir, gros sac à ordures rubané sur un cintre à vêtements, éventuellement une perceuse portative et une petite brosse

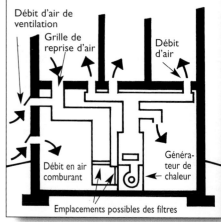

1. Repérez tous les registres de refoulement et de retour d'air. Déplacez les meubles ou les tapis qui pourraient obstruer l'écoulement d'air aux registres.

2. Enlevez tous les registres.

3. Jetez les filtres des registres. Ces filtres n'empêchent pas la circulation des particules de poussière respirables et peuvent gêner l'écoulement d'air.

4. Inspectez la section du conduit facilement visible dans l'ouverture du registre. Servez-vous d'une lampe de poche et d'un miroir pour mieux voir.

5. Retirez les gros débris avec la main.

6. Utilisez un aspirateur pour enlever tous les petits débris.

7. Assurez-vous que les sections de conduit sont bien fixées à l'ossature du plancher sous le registre. Si possible, vérifiez que les joints sont bien fixés entre les sections de conduit. Au besoin et si les sections sont accessibles, vissez ces dernières ensemble.

8. Assurez l'étanchéité de tous les joints accessibles des conduits à l'aide de ruban ou de composé d'étanchéité pour conduits.

9. Remettez les registres en place. Assurez-vous que les ailettes mobiles des registres sont complètement ouvertes.

10. Faites le test de débit d'air de la SCHL à l'aide d'un sac à ordures pour évaluer le débit d'air dans chaque pièce (faites le test lorsque les portes des pièces sont ouvertes et fermées). Si le débit d'air est faible mais uniforme, il faut peut-être régler les registres à l'intérieur des conduits ou il faut peut-être faire appel à un spécialiste pour évaluer la capacité de l'installation et pour équilibrer le débit d'air dans toutes les pièces. Si le débit d'air est beaucoup plus faible lorsque les portes sont fermées, il peut être nécessaire de couper une partie du bas des portes pour assurer la circulation de l'air.

Élimination des bruits et amélioration de la circulation dans les installations de chauffage à eau chaude

Les installations de chauffage à eau chaude renferment de l'air sous forme d'air dissous, d'air entraîné (sous forme de minuscules bulles) ou de grosses bulles. L'air dans l'installation peut parfois causer des bruits de gargouillement ou gêner la circulation de l'eau et réduire la capacité de chauffage.

Les convecteurs-plinthes et les convecteurs autonomes sont munis d'un purgeur automatique qui sert à corriger ce problème. Les convecteurs sont les « radiateurs modernes ». Les deux types de convecteurs sont munis de tubes en cuivre ou en acier enveloppés d'ailettes métalliques. Ce montage est beaucoup plus efficace que le bon vieux radiateur en fonte.

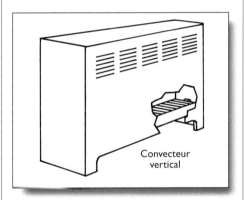

Convecteur vertical

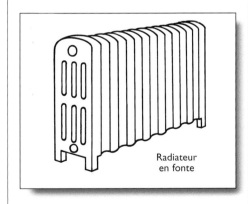

Radiateur en fonte

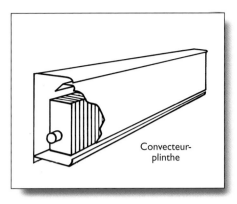

Convecteur-plinthe

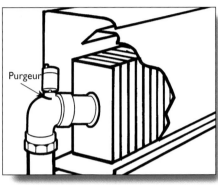

Purgeur

Gardez les purgeurs automatiques propres. S'ils commencent à laisser fuir de l'eau, il est temps de les remplacer. Toutefois, certains convecteurs, ainsi que de nombreux radiateurs en fonte plus anciens, doivent être purgés manuellement, surtout s'ils sont mis en marche pour la première fois après une longue période d'inactivité.

Niveau de compétence requis :
2 - propriétaire bricoleur

Matériel : aucun requis

Outils : un tournevis à lame plate, une tasse ou un autre petit contenant

Si un ou plusieurs radiateurs ou convecteurs semblent froids, commencez avec un des appareils se trouvant au niveau le plus bas de la maison.

1. Repérez le purgeur. Sur un radiateur, celui-ci se trouve près de la partie supérieure, du côté opposé du robinet d'arrivée d'eau. Sur un convecteur, il faut enlever le couvercle pour le trouver.
2. Tournez la vis sur le dessus du purgeur dans le sens contraire des aiguilles d'une montre pour l'ouvrir.
3. Laissez le purgeur ouvert jusqu'à ce que de l'eau gicle. Soyez prêt à recueillir l'eau chaude (!) dans la tasse.
4. Fermez le purgeur.

Remplacement d'un thermostat

Un thermostat met en marche et arrête votre installation de chauffage et de climatisation en fonction des températures de réglage. Il doit être installé sur un mur intérieur à l'abri des courants d'air. Si votre thermostat est vieux et qu'il fonctionne mal, vous devrez peut-être le remplacer. En variante, vous souhaitez peut-être le remplacer par un modèle plus récent offrant plus de caractéristiques.

Niveau de compétence requis :
3 - propriétaire qualifié

Matériel : thermostat de rechange compatible avec votre installation de chauffage

Outils : tournevis, niveau, crayon à mine, pince à dénuder les fils

1. Coupez le courant à l'installation de chauffage et au thermostat.

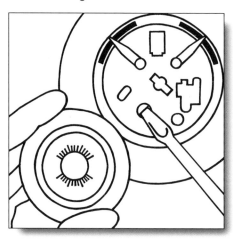

2. Enlevez le couvercle du vieux thermostat. Enlevez le thermostat en enlevant les vis, puis débranchez les fils.

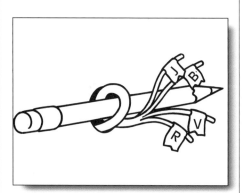

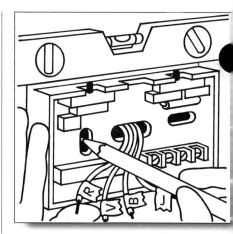

3. Faites passer les fils dans le nouveau thermostat. Placez le dispositif bien d'équerre sur le mur et marquez la position des trous de fixation à l'aide d'un crayon. Vous pouvez vérifier la position du thermostat à l'aide d'une équerre pour vous assurer qu'il est bien droit avant de le fixer au mur. Fixez le dispositif au mur en vous servant des trous de vis que vous avez marqués préalablement.

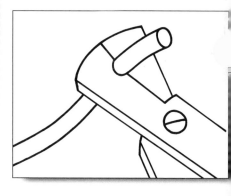

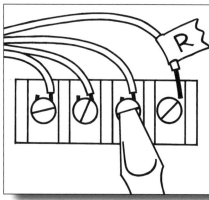

4. Dénudez l'extrémité des fils sur une longueur de 10 mm (3/8 po). Branchez les fils au thermostat en suivant les instructions du fabricant. Repoussez l'excédent de fil dans le trou et dans le mur.

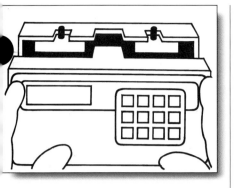

5. Reposez le couvercle.

6. Rétablissez le courant. Programmez le thermostat selon les réglages de température voulus.

Fixation des plinthes chauffantes électriques desserrées

Il arrive parfois que les plinthes chauffantes électriques se détachent accidentellement du mur.

Niveau de compétence requis :
2 - propriétaire bricoleur

Matériel : vis à bois à tête plate de 1 1/2 po

Outils : tournevis

1. Assurez-vous que le thermostat est fermé.
ATTENTION : Il est conseillé de couper le courant de la plinthe chauffante au panneau de distribution.

2. Enlevez la plaque frontale de la plinthe chauffante pour découvrir les ailettes métalliques. Ne touchez pas aux couvercles ni aux raccords électriques aux extrémités de la plinthe chauffante.

3. La plupart des plinthes chauffantes sont munies de divers trous de fixation traversant le dos du boîtier. Resserrez les vis existantes posées dans ces trous, si possible.

4. Au besoin, posez de nouvelles vis dans les trous de fixation et dans les montants du mur. Fixez la plinthe chauffante à au moins un pouce au-dessus du plancher. Sur la plupart des murs, des montants à l'arrière devraient normalement se trouver à environ 400 mm (16 po) de l'endroit où sont posées les vis d'origine. Assurez-vous que la plinthe chauffante est solidement fixée.

6. Reposez la plaque frontale en l'accrochant sur les crochets à la partie supérieure et en poussant doucement le bas pour enclencher les crochets inférieurs.

7. Rétablissez le courant de la plinthe chauffante au panneau de distribution. Réglez le thermostat aux températures voulues.

Nettoyage des plinthes chauffantes électriques

Lorsque vous mettez en marche des plinthes chauffantes électriques la première fois après une période prolongée, il peut s'en dégager une odeur de « poussières brûlées ».

Niveau de compétence requis :
1 - entretien simple

Matériel : aucun

Outils : aspirateur ordinaire muni d'un accessoire à embout plat.

1. Avant de mettre le chauffage électrique en marche chaque année, nettoyer les plinthes chauffantes. Assurez-vous que les thermostats sont fermés.

2. Enlevez la plaque frontale de la plinthe chauffante pour découvrir les ailettes métalliques. Ne touchez pas aux couvercles ni aux raccords électriques aux extrémités de la plinthe chauffante.

3. Passez doucement l'aspirateur sur les ailettes métalliques.

4. Reposez la plaque frontale en l'accrochant sur les crochets à la partie supérieure et en poussant doucement le bas pour enclencher les crochets inférieurs.

Inspection de l'appareil de chauffage pour déceler des signes de combustion incomplète

Assurez-vous d'avoir un guide d'emploi pour chaque appareil de chauffage se trouvant dans votre maison. Lisez les instructions d'entretien et de sécurité du fabricant et observez-les. La plupart des guides devraient contenir un calendrier d'entretien recommandé.

De nombreux fabricants recommandent de faire une inspection mensuelle à vue du brûleur et du circuit de ventilation pour déceler des accumulations de suies sur le conduit ou les registres de fumées, des signes d'humidité inhabituelle, de la corrosion ou une décoloration de la peinture. La présence de l'un ou plusieurs de ces signes peut indiquer que les produits de la combustion (y compris du monoxyde de carbone toxique) reviennent dans la maison plutôt que d'être évacués par la cheminée ou l'évent. Si la situation vous pose des inquiétudes, communiquez avec votre service d'entretien.

Les fabricants proposent souvent une inspection mensuelle de la flamme du brûleur principal d'un appareil de chauffage au gaz naturel. Pour effectuer cette inspection, vous pourriez être obligé d'ouvrir une lumière d'inspection. Vérifiez la flamme (la veilleuse) et assurez-vous qu'elle est de couleur bleue avec des stries orangées. Si la flamme est jaune brillante, la combustion est incomplète. Si c'est le cas, appelez votre service d'entretien.

Niveau de compétence requis :
1 - entretien simple

Matériel : aucun

Outils : liste de vérifications d'entretien du fabricant

Identification et prévention des émanations de gaz de combustion

Tout appareil conçu pour brûler du combustible produit des gaz de combustion pouvant contenir des éléments toxiques comme du monoxyde de carbone. La plupart des appareils au gaz naturel, au mazout et au propane produisent très peu de monoxyde de carbone s'ils sont bien installés et entretenus. La combustion du bois, du kérosène, du charbon ou du charbon de bois libère du monoxyde de carbone. Même à des concentrations très faibles, le monoxyde de carbone peut poser de graves risques pour la santé. Normalement, les gaz de combustion sont évacués à l'extérieur par la cheminée ou par un conduit. Toutefois, des problèmes de cheminée, de matériel ou de pression d'air peuvent faire en sorte de libérer des gaz de combustion à l'intérieur. On parle d'émanations de gaz de combustion pour décrire la circulation non désirée de gaz de combustion à l'intérieur de la maison.

- Faites appel à un service d'entretien compétent pour inspecter et nettoyer chaque année les appareils de chauffage à combustible et les conduits d'évacuation. Le spécialiste doit vérifier qu'il n'y a pas de fuites dans l'échangeur de chaleur ni d'émanations à la mise en marche de l'appareil. Il doit aussi vérifier la cheminée. Installez des détecteurs pour vous prévenir en cas d'émanations. Il est nécessaire d'installer un avertisseur de fumée au plafond près d'un foyer ou au plafond au-dessus du registre d'un appareil de chauffage au mazout. Il devrait aussi y avoir un détecteur de CO près de tout brûleur dont les gaz sont évacués par une cheminée.
- Évitez de faire fonctionner plusieurs dispositifs d'extraction puissants en même temps car cela pourrait faire en sorte qu'un refoulement se produise aux appareils de chauffage.
- Si vous installez une nouvelle cuisinière munie d'un gril et d'une puissante hotte, demandez à un expert comment assurer une bonne alimentation en air dans la maison pendant le fonctionnement du gril et de la hotte.
- Si votre appareil de chauffage ou votre chauffe-eau est installé dans une petite pièce distincte, assurez-vous que l'air circule librement entre cette pièce et le reste de la maison (par l'entremise de portes à persiennes par exemple).
- Si votre installation de chauffage est à air pulsé, assurez-vous de ne pas soutirer d'air de retour à proximité immédiate des appareils de chauffage. La porte de la soufflante de votre appareil de chauffage doit être en place.
- Si vous avez une cuisinière au gaz, assurez-vous que la hotte évacue l'air à l'extérieur lorsque la cuisinière fonctionne.
- Surveillez de près les signes avertisseurs d'émanations de gaz de combustion :
  - maux de tête répétés, irritations de la peau et de la gorge et autres petits malaises;
  - odeurs de combustion un peu partout dans la maison;
  - air chaud et humide autour de l'appareil de chauffage;
  - taches de suies autour de l'appareil de chauffage ou bruits sourds inhabituels lorsque l'appareil fonctionne.

Que faire en cas d'émanations de gaz?

Sécurité

Des appareils au gaz mal installés et mal entretenus peuvent provoquer une explosion ou un incendie. Il importe de ne pas entreposer d'essence ni d'autres liquides à vapeurs inflammables à proximité d'un appareil de chauffage.

Si vous décelez des odeurs de gaz :
- N'allumez pas d'appareils.
- Ne touchez pas aux interrupteurs électriques; n'utilisez aucun téléphone dans la maison.
- Demandez à tous les occupants de quitter la maison.
- Rendez-vous immédiatement chez un voisin et appelez votre fournisseur de gaz. Suivez les consignes qu'il vous donnera.
- Si vous ne pouvez communiquer avec votre fournisseur de gaz, appelez le service des incendies.

Installation et entretien des détecteurs de monoxyde de carbone

La meilleure façon de vous protéger des dangers du monoxyde de carbone (CO) dans votre maison est d'en éliminer les sources. Les appareils de chauffage ne sont pas l'unique source de CO dans votre maison. Des recherches au sujet des garages attenants ont révélé que des infiltrations ou des fuites d'air aussi importantes que dans le reste de la maison pouvaient se produire dans les murs séparant le garage et la maison. L'échange d'air entre le garage et la maison est important et peut constituer un point d'entrée de matières polluantes comme le CO provenant du garage et des véhicules.

Sécurité en matière de monoxyde de carbone dans les garages

- Ne mettez jamais un véhicule en marche dans un garage fermé; ouvrez d'abord la porte du garage. Sortez immédiatement le véhicule du garage et refermez la porte pour empêcher l'infiltration des gaz d'échappement dans la maison.
- N'utilisez pas de démarreur à distance si le véhicule est dans le garage. Même si la porte du garage est ouverte, du CO peut s'infiltrer dans la maison.
- N'utilisez pas de barbecue au propane, au gaz naturel ou au charbon de bois à l'intérieur de la maison ou dans un garage attenant.
- Évitez d'utiliser un appareil de chauffage d'appoint au kérosène dans la maison ou dans le garage.

Niveau de compétence requis :
2 - propriétaire bricoleur

Matériel : détecteur de CO avec vis et instructions d'installation

Outils : tournevis

Installez un détecteur de CO à un endroit où vous pouvez l'entendre lorsque vous dormez. Un détecteur peut être placé à n'importe quelle hauteur, presque n'importe où, pour autant que vous puissiez entendre l'avertisseur sonore. Pour éviter d'endommager le détecteur et réduire le nombre de fausses alarmes, évitez de l'installer dans des pièces non chauffées, dans des pièces très humides, aux endroits où il est exposé aux solvants chimiques, près des aérateurs, des conduits d'évacuation ou des cheminées ou à moins de deux mètres (six pieds) d'appareils de chauffage ou de cuisson.

La plupart des détecteurs de CO sont conçus pour déclencher une alarme lorsque les concentrations de CO atteignent un niveau élevé en peu de temps. Toutefois, une exposition prolongée à un niveau faible de CO pose aussi des problèmes, en particulier pour les fœtus, les jeunes enfants, les personnes âgées et celles ayant des problèmes cardiaques ou respiratoires. Choisissez un détecteur de CO approuvé par les ULC (Laboratoires des assureurs du Canada), par l'ACG (Association Canadienne du Gaz) ou par la CSA (Association canadienne de normalisation). Si vous désirez surveiller l'exposition prolongée à faible niveau de CO ou l'exposition de courte durée à un niveau élevé de CO, optez pour un détecteur muni d'un affichage programmable et d'une mémoire. Des détecteurs à pile peuvent être montés à des endroits commodes, mais le propriétaire doit remplacer les piles épuisées au moment opportun. Les détecteurs enfichables ne doivent pas être branchés sur une prise de courant commandée par un interrupteur. Remplacez les détecteurs au plus tard aux cinq ans.

Incendies

Naturellement, il vaut mieux prévenir les incendies. Réduisez le nombre d'articles rangés dans la maison ou le garage, en particulier les liquides inflammables comme l'essence et les solvants. Évitez l'amoncellement d'objets de manière à limiter le nombre de foyers d'incendie possibles. Vérifiez régulièrement les avertisseurs de fumée et les détecteurs de CO pour vous assurer qu'ils fonctionnent bien et que les piles sont en bon état. Assurez-vous que tous les membres de la famille connaissent le plan d'évacuation en cas d'urgence si un incendie se déclare à divers endroits dans la maison. Assurez-vous que toutes les rénovations exécutées pour l'aménagement de chambres, en particulier au sous-sol, sont conformes aux codes de bâtiment locaux pour ce qui touche les voies d'évacuation en cas d'incendie. Gardez des extincteurs ABC polyvalents en bon état de marche à portée de la main.

Si un grave incendie se déclare, assurez-vous que le feu n'empêche personne d'accéder à une sortie. Quittez la maison rapidement et fermez les portes en quittant pour éviter la propagation rapide des flammes. Avant d'ouvrir les portes intérieures, placez-y les mains pour voir si elles sont chaudes. Si c'est le cas et au besoin, trouvez une autre sortie. Comme la fumée monte, rampez au sol.

Extinction d'un petit feu

Niveau de compétence requis :
1 - entretien simple

Matériel : aucun

Outils : extincteur ABC polyvalent, eau, bicarbonate de soude ou sel

1. Enlevez la goupille de l'extincteur.
2. Orientez la buse à la base des flammes.
3. Actionnez la détente de l'extincteur.
4. Déplacez le jet dans un mouvement de va-et-vient jusqu'à l'extinction du feu.
5. Si vous n'avez pas d'extincteur, utilisez de l'eau pour éteindre la plupart des feux d'articles ménagers tels que du tissu, du papier ou du bois.
6. Étouffez les flammes ou saupoudrez du bicarbonate de soude ou du sel sur les feux de graisse.
7. Dans le cas d'un feu d'électricité, coupez le courant et utilisez un extincteur portant la cote C.

Feux de cheminée

Niveau de compétence requis :
1 - entretien simple

Matériel : aucun

Outils : aucun

1. Appelez le service des incendies.
2. Coupez l'alimentation en air à l'appareil de chauffage.
3. Si le conduit de la cheminée comporte un registre barométrique, assurez-vous que le registre reste fermé.
4. N'essayez pas de jeter de l'eau dans la cheminée. La vapeur produite peut être très dangereuse et le choc thermique de l'eau froide sur le feu chaud peut faire éclater la cheminée.
5. Après un feu de cheminée, faites inspecter la cheminée à fond.

Inspection des cheminées pour déceler des dommages ou des dangers

Les cheminées endommagées peuvent contribuer aux émanations de gaz de combustion. Des obstructions telles que des nids d'oiseaux, des briques ou des chemisages de conduit brisés ou bien de la glace, peuvent empêcher la circulation d'air dans la cheminée. Les cheminées endommagées ou dangereuses, en particulier celles faites en briques ou en blocs de béton, peuvent s'écrouler, causant ainsi un grave danger pour les personnes circulant à proximité.

Niveau de compétence requis :
2 - propriétaire bricoleur

Matériel : aucun

Outils : liste de vérifications, miroir, lampe de poche ou lampe de secours, corde, jumelles, échelle, équipement de protection individuelle

1. En plus de l'inspection saisonnière, vérifiez l'état général de la cheminée. En cas de doute quant à l'état de votre cheminée, faites-la inspecter par un spécialiste (cette inspection devrait toujours avoir lieu dans le cadre de l'entretien annuel de votre appareil de chauffage). Inspectez l'intérieur et l'extérieur de la cheminée si possible.
2. Pour en inspecter l'extérieur, voyez si des briques sont inclinées, fissurées, si du mortier s'est détaché ou si des briques sont défaites (dans le cas des cheminées de maçonnerie) et vérifiez si la mitre de la cheminée est en place, ainsi que son état. Des jumelles peuvent être utiles à cette fin.
3. Attendez une journée claire et ensoleillée pour vérifier l'intérieur de la cheminée. Votre travail sera facilité. Assurez-vous qu'aucun appareil fonctionne jusqu'à ce que vous ayez terminé l'inspection. Enlevez l'obturateur au bas des cheminées préfabriquées ou la trappe de nettoyage des cheminées en maçonnerie. À l'aide d'un appareil d'éclairage et d'un miroir, essayez d'évaluer l'état de l'intérieur de la cheminée. Voyez s'il y a des obstructions ou une accumulation de créosote. La présence de nombreux débris au point de nettoyage signifie qu'une cheminée de maçonnerie se détériore.
4. S'il est impossible de vérifier la cheminée de l'intérieur, vous devrez peut-être y accéder par l'extérieur en utilisant un appareil d'éclairage que vous laisserez descendre dans la cheminée. Soyez prudent! Prenez les mesures de protection appropriées et portez un harnais de sécurité si vous travaillez sur le toit.

Ramonage des cheminées

Les composantes imbrûlées de la fumée évacuées par la cheminée peuvent se condenser sur la paroi du chemisage et déclencher un incendie. Si l'inspection de votre cheminée révèle la présence d'une épaisseur de 6 mm (1/4 po) ou plus de résidus poussiéreux ou floconneux noirs, votre cheminée doit être ramonée. Si les résidus sont très durs et ont un aspect lustré, le ramonage par un spécialiste peut s'imposer.

Le ramonage de la cheminée est un travail sale, alors soyez prêt. Les cheminées de maçonnerie, en particulier, doivent être nettoyées complètement de haut en bas.

ATTENTION : Tous les travaux exécutés sur les toits et nécessitant l'emploi d'échelles sont dangereux. Soyez prudent!

Niveau de compétence requis :
2 - propriétaire bricoleur ou

Niveau de compétence requis :
4 - ouvrier/entrepreneur qualifié (spécialiste accrédité du programme de formation WETT)

Matériel : aucun

Outils : brosse de ramonage de type et de diamètre adaptés à la cheminée; rallonge de brosse de ramonage; lunettes de protection; masque antipoussières; vieux vêtements ou salopette jetable; gants, toile de plastique pour protéger la surface autour de la cheminée; éventuellement une échelle; équipement de protection, miroir et lampe pour l'inspection; petites brosses, pelle et seau; aspirateur d'atelier

Que le travail se fasse de l'extérieur ou de l'intérieur, il faut enlever et bien nettoyer (de préférence à l'extérieur) tous les tuyaux raccordés entre l'appareil de chauffage et la cheminée. Assurez-vous que les tuyaux sont en bon état avant de le remonter solidement après le ramonage de la cheminée.

Travail de l'intérieur

1. La méthode conseillée consiste à travailler de bas en haut, si possible. Scellez toutes les ouvertures dans la maison, telles que les foyers, les tuyaux en T ou les trappes de nettoyage de la cheminée.

2. Dans le cas d'un foyer en maçonnerie : ouvrez le registre, insérez la brosse de ramonage et le premier tronçon de la rallonge de brosse. Passez l'extrémité de la rallonge dans un trou pratiqué dans une toile de plastique. Rubanez la toile de plastique sur le devant du foyer pour retenir les suies. Dans le cas d'une cheminée métallique munie d'un support de mitre : enlevez la mitre et insérez la brosse fixée au premier tronçon de la rallonge. Étendez une toile de plastique pour protéger les surfaces adjacentes.

3. Servez-vous de la brosse pour récurer le conduit de fumée et ajoutez des tronçons à la rallonge au besoin.

4. Enlevez la toile de plastique et descellez les ouvertures.

5. Recueillez soigneusement les suies à l'aide d'une brosse, d'une pelle et d'un seau.

6. Ramassez le reste de suie à l'aide d'un aspirateur.

7. Inspectez la cheminée. Elle doit être propre et en bon état.

Harnais de sécurité · Rallonge · Brosse de ramonage

Travail de l'extérieur :

1. Scellez toutes les ouvertures dans la maison, telles que les foyers, les tuyaux en T ou les trappes de nettoyage de la cheminée.

2. Prenez les mesures de sécurité appropriées et revêtez de l'équipement de sécurité. Montez ensuite sur le toit pour accéder à la cheminée.

3. Enlevez la mitre de la cheminée, s'il y a lieu.

4. Servez-vous de la brosse pour récurer le conduit de fumée vers le bas et ajoutez des tronçons à la rallonge au besoin.

5. Lorsque vous avez terminé, enlevez les toiles à l'intérieur, ramassez les suies et passez l'aspirateur au besoin.

Nettoyage ou remplacement des filtres de l'appareil de chauffage

Il existe de nombreux types de filtres. Certains sont permanents et doivent être nettoyés. Pour ce faire, il faut les enlever, les nettoyer à l'aspirateur ou les laver dans une solution d'eau chaude et de détergent, puis les remettre en place. D'autres filtres sont jetables et doivent être remplacés régulièrement.

Certains filtres sont électroniques et se trouvent dans le même compartiment que les soufflantes.

ATTENTION : Afin d'éviter les chocs électriques ou d'autres risques, suivez bien les instructions du fabricant avant d'ouvrir un boîtier ou un compartiment contenant des filtres.

Maison saine^MC

À l'origine, les filtres des appareils de chauffage visaient à protéger l'appareil de chauffage et les ventilateurs. Aujourd'hui, certains filtres servent à diminuer l'exposition aux particules nocives pour la santé. La recherche a montré que l'exposition des occupants aux particules en suspension semble être directement liée aux activités auxquelles ils se livrent à l'intérieur de la maison. Le filtre du générateur de chaleur semble n'avoir qu'un effet modéré sur l'exposition d'une personne aux particules respirables d'une maison. Toutefois, il est efficace pour maintenir la propreté de l'air dans les conduits.

Pour améliorer le filtre d'appareil de chauffage type en fibre de verre de 25 mm (1 po), plusieurs options vous sont offertes, notamment :

- un filtre plissé en papier de 25 mm (1 po);
- un filtre plissé haut de gamme de 25 mm (1 po.) avec charge électrostatique;

- un filtre électronique à média chargé;
- un filtre de papier plissé de 100 mm (4 po) à média;
- un filtre à haute efficacité placé en dérivation, de type HEPA (haute efficacité pour les particules de l'air);
- un filtre électrostatique à plaques et à fils (à précipitation électrostatique).

À terme, votre décision de passer à un filtre différent dépendra de la possibilité d'adapter le nouveau filtre dans le logement de votre installation de conduits ou de votre souhait de faire modifier la boîte de retour d'air par un spécialiste de sorte que le type de filtre que vous désirez puisse y être monté.

Comparativement à l'utilisation d'autres filtres de même diamètre, la recherche a montré que le recours à un filtre plissé de 25 mm (1 po) de qualité supérieure permettait d'assurer une bonne filtration à un bon rapport qualité-prix en fonction de la quantité d'air propre débité. De façon globale, les filtres à précipitation électrostatique semblent les plus efficaces en termes d'air propre débité et de coût par quantité d'air filtré. Toutefois, ils produisent de petites quantités d'ozone et d'autres irritants des voies respiratoires.

Nettoyage ou remplacement du filtre de 25 mm (1 po) dans le conduit de reprise d'air de l'appareil de chauffage

Niveau de compétence requis :
1 - entretien simple

Matériel : détergent à vaisselle non parfumé et eau tiède pour le filtre lavable; filtre de rechange dans le cas des filtres jetables

Outils : aucun

1. Fermez le thermostat pour éviter que l'appareil de chauffage se mette en marche.
2. Localisez le filtre de l'appareil de chauffage. Il se trouve souvent dans une fente dans le conduit de reprise d'air juste avant que l'air n'entre dans l'appareil de chauffage.
3. Saisissez le bord du filtre et retirez-le en le glissant.
4. S'il s'agit d'un filtre à treillis métallique ou en polypropylène, une vignette indiquera normalement s'il est lavable. Le cas échéant, lavez le filtre à l'eau tiède savonneuse, rincez-le et laissez-le sécher.
5. S'il s'agit d'un filtre jetable, jetez-le et remplacez-le par un filtre de mêmes dimensions selon les types offerts.
6. Replacez le thermostat à la température voulue.

Nettoyage ou remplacement d'un filtre lavable dans le boîtier de la soufflante

1. Coupez le courant alimentant l'appareil de chauffage.
2. Ouvrez le boîtier de la soufflante en suivant les instructions du fabricant. De nombreux appareils de chauffage comportent au bas un panneau frontal qui coulisse vers le haut ou qui est fixé à l'aide de quelques vis.
3. Localisez le filtre. Enlevez-le, nettoyez-le et reposez-le. Si le filtre ne peut être nettoyé, remplacez-le par un neuf.
4. Refermez le boîtier de la soufflante.
5. Rétablissez le courant à l'appareil de chauffage.

Humidité dans les maisons

Dans les maisons neuves plus étanches, les activités quotidiennes assurent normalement un taux d'humidité suffisant pour garantir le confort des occupants. Un taux d'humidité trop élevé entraîne souvent des problèmes de condensation sur les surfaces froides ou de moisissure à l'intérieur de la maison. Dans les maisons plus vieilles, les maisons habitées par un nombre réduit de personnes ou les maisons dans des régions au climat plus sec, le taux d'humidité est parfois insuffisant pour garantir le confort des occupants. Avant d'augmenter le taux d'humidité dans l'air, il est conseillé de mesurer l'humidité relative en utilisant un simple hygromètre que vous pouvez vous procurer dans une quincaillerie. La sensation d'air sec peut être attribuable non pas à un faible taux d'humidité relative, mais plutôt à la mauvaise qualité de l'air.

Maîtrisez l'humidité et éliminez les problèmes de moisissure : vous respirerez mieux. Avant d'humidifier la maison, mesurez d'abord le niveau d'humidité relative afin de savoir si l'ambiance est trop sèche ou trop humide. De nombreuses maisons n'ont pas besoin d'un surcroît d'humidité. Un taux d'humidité relative de 30 % en hiver devrait suffire à éviter les problèmes respiratoires ou de moisissure. Si l'humidité relative est supérieure à 50 % à proximité de surfaces froides, cela pourrait causer des problèmes de moisissure. (Remarque : l'humidité relative près de surfaces froides est plus élevée qu'au milieu d'une pièce.)

Nettoyage des humidificateurs installés sur l'appareil de chauffage central

Les humidificateurs permettent d'accroître le taux d'humidité dans l'air. Cependant, il importe de les maintenir propres pour éviter que des dépôts les obstruent et que de la moisissure s'y forme. Les humidificateurs à évaporation sont courants. En règle générale, une certaine partie de l'air circulant dans les conduits passe dans un humidificateur installé sur le côté de l'appareil de chauffage. L'humidificateur se compose souvent d'un matériau absorbant ou d'une éponge rotative qui absorbe l'eau contenue dans un bac ou provenant d'un diffuseur. La présente section traite des humidificateurs montés sur les appareils de chauffage, mais vous devriez aussi nettoyer les humidificateurs autonomes chaque fois que vous les remplissez, si possible, et en suivant les instructions du fabricant.

Niveau de compétence requis :
1 - entretien simple

Matériel : éponge ou matériau absorbant de rechange

Outils : tournevis, petite brosse à récurer, nettoyeur ménager non parfumé

1. Coupez l'alimentation en eau de l'humidificateur. Un petit robinet d'arrêt se trouve normalement sur la conduite d'arrivée d'eau de l'appareil.
2. Suivez les instructions du fabricant si elles sont fournies.
3. La plupart des humidificateurs montés sur les appareils de chauffage sont munis d'un panneau fixé à l'aide de vis à serrage manuel. Enlevez le panneau en le soulevant.
4. Retirez le bac à eau en le faisant glisser. Nettoyez le bac avec de l'eau et du détergent.
5. Pour remplacer le matériau absorbant ou l'éponge du tambour, enlevez le vieux matériau ou la vieille éponge en la/le faisant glisser et posez le nouveau matériau ou la nouvelle éponge de la même façon.
6. Remettez le bac en place.
7. Reposez le panneau.
8. Ouvrez le robinet d'arrivée d'eau.

Nettoyage et entretien du climatiseur

Faites appel à un spécialiste pour entretenir le compresseur du climatiseur, vérifier le frigorigène et nettoyer les serpentins et le purgeur du climatiseur.

Entretien des poêles à bois et des foyers

Des appareils de chauffage au bois peuvent servir à chauffer la maison. Les foyers et les poêles à bois peuvent être de belle apparence. Les modèles plus récents peuvent brûler le bois de manière plus efficace. Les nouvelles normes et les nouveaux programmes de formation des installations vous garantissent maintenant une installation plus sûre et une plus grande fiabilité de fonctionnement.

Les nouveaux appareils doivent porter une vignette avec la mention CSA, ULC ou Warnock Hersey certifiant qu'ils ont fait l'objet d'essais et qu'ils sont conformes aux normes de sécurité en vigueur. La vignette vous précisera aussi la distance de l'appareil à laquelle vous devez garder les matières combustibles. Les spécialistes en installation et entretien doivent être certifiés en vertu du Programme de formation technique en énergie du bois (WETT).

La sécurité de tout appareil de chauffage est primordiale. Confiez l'inspection annuelle et l'entretien de votre appareil à un spécialiste. La combustion de bois vert ou la diminution de l'apport en air pour favoriser une combustion lente peuvent causer une accumulation de créosote dans le conduit de cheminée et par le fait même un incendie. Un apport en air ou en combustible excédentaire dans la chambre de combustion (ou le foyer) peut faire surchauffer l'appareil et la cheminée et ainsi causer une situation dangereuse. De bonnes méthodes de chauffe, du bois sec, une installation de chauffage au bois propre et l'absence de matières combustibles à proximité de l'appareil sont le secret d'un fonctionnement sûr et efficace.

Entretien du poêle à bois

Niveau de compétence requis :
1 - entretien simple

Matériel : briques réfractaires de rechange

Outils : pelle à cendres, seau en métal, nettoyeur à vitres

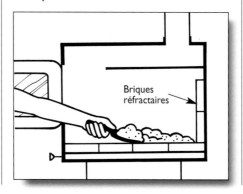

Briques réfractaires

1. Assurez-vous que le feu est bien éteint et que l'appareil est froid.
2. Enlevez régulièrement les cendres et placez-les dans un seau métallique. Sortez le seau de la maison et gardez-le dans un endroit sûr à l'écart de la maison et de la terrasse.
3. Vérifiez l'état des briques réfractaires dans l'appareil. Elles doivent être à leur place et en parfait état. Remplacez les briques endommagées ou manquantes.
4. Nettoyez la vitre de la porte à l'aide d'un nettoyeur à vitres et d'un chiffon ou d'un essuie-tout en papier. N'utilisez jamais de nettoyeur à vitres ou de l'eau sur les surfaces chaudes.

Entreposage du bois

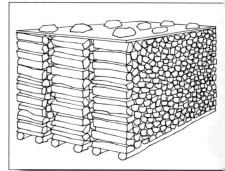

1. Empilez le bois de sorte qu'il ne repose pas directement sur le sol et couvrez-le avec un abri ou une bâche. Laissez les côtés découverts pour assurer une meilleure circulation d'air.
2. Ne rangez jamais de grandes quantités de bois à l'intérieur de la maison. Le séchage du bois peut contribuer à un excès d'humidité et favoriser la formation de moisissure.

MATÉRIEL DE VENTILATION

Il est nécessaire d'assurer un apport d'air frais dans nos maisons et l'élimination de l'air vicié, des odeurs et de l'excès d'humidité. À certaines périodes de l'année, l'ouverture des fenêtres constitue un moyen économique d'y parvenir. Au Canada, toutefois, cette méthode n'est pas toujours pratique. Par conséquent, l'emploi d'une installation mécanique de ventilation peut se révéler efficace et commode.

Plusieurs options sont offertes. Les ventilateurs d'extraction de cuisine et de salle de bains permettent d'évacuer l'air des endroits où les odeurs et l'humidité sont les plus marquées, mais ils n'apportent pas d'air frais dans la maison. Les ventilateurs d'alimentation et d'extraction montés sur une installation centrale et reliés aux différentes pièces par des conduits secondaires constituent un autre choix.

La meilleure solution est normalement de disposer d'un système de ventilation à récupération de chaleur pour l'ensemble de la maison. Dans cette installation, l'air vicié et humide est évacué directement de la cuisine et des salles de bains par le biais d'un ventilateur-récupérateur de chaleur (VRC). Le ventilateur-récupérateur de chaleur admet un même volume d'air frais, il récupère la chaleur de l'air évacué, mais sans mélanger l'air vicié évacué au nouvel apport d'air. L'air frais réchauffé est ensuite distribué dans toute la maison soit par des conduits dédiés, soit par les conduits existants de l'installation de chauffage. Une ventilation continue réduite peut favoriser la dilution des matières polluantes et le contrôle de l'humidité.

Un taux d'humidité insuffisant peut créer un inconfort. Cela peut parfois se produire pendant la saison de chauffage dans des maisons plus vieilles et mal isolées ou dans des régions au climat plus sec du pays. Par contre, il est plus courant que le taux d'humidité soit excessif, surtout dans les salles de bains. Cela peut causer une condensation sur les fenêtres et les surfaces froides, favoriser la formation de moisissure et la prolifération d'acariens. Des signes courants d'une mauvaise qualité de l'air, la moisissure et les acariens peuvent causer des problèmes respiratoires et d'autres problèmes de santé.

Idéalement, le taux d'humidité relative doit être maintenu entre 30 % et 45 %. Lorsque la température extérieure est inférieure à moins 10 °C, les surfaces sont plus froides et plus sujettes à la condensation. Par conséquent, en hiver, il vaut mieux maintenir un taux d'humidité de 30 % (ou moins, si nécessaire). En été, il est parfois difficile de maintenir le taux d'humidité inférieur à 45 %. Si l'air extérieur est chaud et humide, la meilleure méthode consiste à assurer une certaine ventilation pour garantir un apport en air frais, au besoin; de garder les fenêtres du sous-sol fermées pour empêcher l'air extérieur humide d'entrer et de se condenser sur les surfaces plus froides; et d'utiliser un déshumidificateur.

Une ventilation mécanique insuffisante est une autre source de mauvaise qualité de l'air intérieur. Une ventilation mécanique suffisante est une caractéristique d'une maison saine pour ses occupants et elle favorise une durée utile prolongée de la maison.

Le mouvement d'air insuffisant est le problème de ventilation mécanique le plus courant et il est attribuable à :

- des filtres et des crépines encrassés;
- des conduits d'air inefficaces.

Les travaux d'entretien comprennent :

Ventilateurs d'extraction de cuisine et de salles de bains

- nettoyage des ventilateurs d'extraction;
- nettoyage des filtres des hottes de cuisinières.

Ventilateur-récupérateur de chaleur

- nettoyage de l'échangeur de chaleur, du filtre et du tamis d'admission d'air;
- nettoyage de la boucle de purge et du refoulement de condensat;
- étanchéité des pare-vapeur/pare-air.

Conseils de prévention

- Vérifiez le débit d'air aux registres et aux conduits d'évacuation en effectuant le test de débit d'air de la SCHL à l'aide d'un sac à ordures (voir à la page 67). Si vous avez des ventilateurs d'extraction dans la cuisine et la salle de bains ou un VRC et que l'air dans votre maison semble encore vicié ou humide, il se peut que le débit d'air soit insuffisant. Certains ventilateurs d'extraction de salle de bains sont très bruyants mais n'évacuent pas beaucoup d'air. Les VRC doivent être équilibrés, le volume d'air admis étant égal au volume d'air évacué.
- Mesurez le taux d'humidité relative dans votre maison pour confirmer si l'air est trop humide ou pas assez. Employez un hygromètre mécanique ou électronique. Ces petits instruments sont peu coûteux et faciles à utiliser. Les magasins d'appareils électroniques et les quincailleries offrent normalement des hygromètres mécaniques à moins de 20 $ et des modèles électroniques à un prix entre 35 $ et 65 $ environ.

Mesure de l'humidité avec un hygromètre

Niveau de compétence requis :
1 - entretien simple

Matériel : aucun

Outils : hygromètre mécanique ou électronique

1. Suivez le mode d'emploi du fabricant. Placez l'hygromètre à un endroit où l'humidité est plus évidente, normalement dans la pièce posant le plus de problème ou dans une pièce où les occupants passent le plus clair de leur temps.
2. Placez l'hygromètre à un endroit loin de la chaleur directe, des lampes chaudes, des radiateurs, des registres de sortie de chaleur ou des cheminées.
3. Laissez fonctionner l'hygromètre assez longtemps pour qu'il donne une lecture stable, conformément aux indications du mode d'emploi du fabricant.
4. Mesurez l'humidité dans différentes pièces et à différents étages de la maison pour avoir une bonne idée des secteurs touchés.
5. Servez-vous des renseignements recueillis pour décider si vous devez augmenter ou abaisser le taux d'humidité.

Maintien de la précision de l'hygromètre

Il faut vérifier la précision (étalonnage) des hygromètres une fois l'an et parfois régler les instruments pour qu'ils fournissent une lecture exacte. Vous ne pouvez pas régler un hygromètre électronique, mais vous pouvez l'étalonner.

Niveau de compétence requis :
1 - entretien simple

Matériel : 125 ml (environ 1/2 tasse) de sel de table, 50 ml (environ 1/4 tasse) d'eau du robinet

Outils : hygromètre mécanique ou électronique, tasse à café, un grand sac *Ziplock*MC ou un autocuiseur qui ferme hermétiquement.

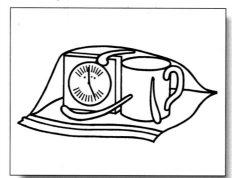

1. Versez l'eau du robinet et le sel dans la tasse à café et remuez pendant environ une minute.
2. Mettez la tasse et votre hygromètre dans le sac de plastique ou l'autocuiseur et fermez hermétiquement. Remarque : Prenez garde de ne pas renverser d'eau salée sur votre hygromètre, car vous pourriez l'endommager.
3. Placez le sac ou l'autocuiseur à l'abri des courants d'air et de la lumière directe du soleil, donc dans un endroit où la température pourra vraisemblablement demeurer stable.
4. Au bout de 8 à 12 heures, inscrivez l'humidité relative indiquée par votre hygromètre. Elle devrait correspondre à 75 %, c'est-à-dire la valeur de l'étalon. Si c'est le cas, vous n'avez pas besoin de régler votre instrument. Si toutefois vous obtenez une lecture qui ne s'approche pas de 75 %, notez la différence.
5. Si votre hygromètre est réglable, réglez-le immédiatement à 75 % à l'aide de la vis ou du bouton de réglage. Si votre hygromètre n'est pas réglable, conservez la différence que vous avez obtenue. À l'avenir, chaque fois que vous lirez ce qu'indique votre hygromètre, vous devrez y ajouter ou en soustraire cette différence.

Conseils de réparation

- Étalonnez votre hygromètre une fois l'an pour en garantir l'exactitude des lectures.

Considérations particulières

Maison saineMC

- L'air de la maison peut contenir des polluants tels que poussière, gaz de combustion, fumée de cigarette, émanations de produits chimiques dégagées par des matériaux de construction, des meubles, des produits de nettoyage ou des produits de soins d'hygiène personnelle, ainsi qu'un excès d'humidité. La meilleure façon d'améliorer la qualité de l'air est de réduire ces polluants à la source. Interdisez l'usage du tabac à l'intérieur, nettoyez les taches de moisissure, répertoriez les produits chimiques dans la maison et limitez le nombre de ces produits rangés et utilisés à l'intérieur. Ces méthodes, parmi bien d'autres, vous aideront à réduire les polluants à la source. Une ventilation efficace permettra également de diluer les polluants en suspension dans l'air.
- Même si la ventilation favorise une réduction du taux d'humidité à l'intérieur pendant une bonne partie de l'année, elle peut parfois aggraver les problèmes d'humidité. Lorsque l'air extérieur est chaud et humide, il peut se saturer de vapeur d'eau. Comme l'air humide peut conserver davantage d'humidité en suspension que s'il est froid, l'admission d'air chaud et humide dans un sous-sol plus frais peut causer de la condensation sur les surfaces froides telles que les murs et les planchers des sous-sols. Lorsque le temps est chaud et humide, il vaut mieux garder les fenêtres du sous-sol fermées, de ventiler uniquement pour fournir au besoin de l'air frais aux occupants et d'employer un déshumidificateur portatif.

Sécurité

Au moment d'effectuer des travaux sur du matériel de ventilation électrique, assurez-vous au préalable de couper le courant au matériel.

Tâches

Nettoyage des ventilateurs d'extraction de cuisine et de salle de bains

Un système de ventilation idéal comprend un VRC qui fournit continuellement de l'air frais tout en évacuant l'air vicié. Les ventilateurs d'extraction de cuisine et de salle de bains peuvent toutefois constituer une solution de rechange efficace. Pour certains propriétaires, surtout dans des régions isolées, la simplicité des ventilateurs d'extraction de cuisine et de salle de bains peut être un atout. Ces ventilateurs produisent cependant de l'électricité statique qui attirent la poussière sur le ventilateur et son boîtier. Pour assurer un bon débit d'air, vous devez garder les ventilateurs d'extraction de salle de bains propres.

Niveau de compétence requis :
1 - entretien simple

Matériel : aucun

Outils : aspirateur, chiffon, petite brosse

1. Abaissez la grille de protection. Elle est normalement fixée à l'aide de deux pinces à fils métalliques courbés qu'il suffit de tirer pour les sortir de leurs trous.
2. Débranchez le module du ventilateur et enlevez-le si possible.
3. Nettoyez soigneusement les pales du ventilateur et le boîtier à l'aide d'une brosse, d'un chiffon ou d'un aspirateur.
4. Essuyez ou lavez la grille de plastique. Laissez-la bien sécher.
5. Remontez le ventilateur et la grille.

Nettoyage du filtre de la hotte de la cuisinière

Il existe deux types de hottes de cuisinières : la hotte ventilée qui refoule directement à l'extérieur et la hotte non ventilée qui fait recirculer l'air dans la maison. Pour assurer la ventilation de la maison, les hottes de cuisinières doivent évacuer l'air, l'humidité et les odeurs directement à l'extérieur. Les hottes à recirculation emprisonnent les odeurs et la graisse à l'aide de filtres. Il s'agit normalement de filtres au charbon qui doivent être remplacés fréquemment en raison de l'accumulation de graisse. Habituellement, les deux types de hottes sont munis de filtres à graisse lavables à tamis d'aluminium.

Niveau de compétence requis :
1 - entretien simple

Matériel : aucun

Outils : détergent à vaisselle, eau, chiffon, aspirateur

1. Suivez les instructions du fabricant si elles sont fournies. Enlevez le filtre à tamis.
2. Lavez le filtre à tamis dans un évier contenant une solution savonneuse. Rincez le filtre et laissez-le sécher. (Remarque : Certains filtres sont lavables au lave-vaisselle; consultez les instructions du fabricant.)
3. Essuyez le boîtier de la hotte à l'aide d'un chiffon humide.
4. Reposez le filtre.

Nettoyage des orifices d'admission et d'évacuation pour assurer un bon débit d'air

Les maisons peuvent être munies d'un conduit d'alimentation en air frais raccordé au conduit de retour d'air de l'appareil de chauffage ou d'un conduit d'alimentation en air frais raccordé au VRC. Les ventilateurs d'extraction et la sortie de la sécheuse doivent être munis d'une bouche d'évacuation d'air extérieure. La prise d'admission d'air et la bouche d'évacuation d'air vicié des hottes doivent être munies d'un pare-vermine à mailles de 6 mm (1/4 po) et non d'un grillage à mailles fines. La sortie de la sécheuse doit comporter un clapet de fermeture sans tamis (la charpie pourrait boucher rapidement ce dernier). De la poussière et des insectes pourraient rapidement obstruer des grillages posés sur la prise d'air, rendant ainsi cette dernière inutile. De la poussière ou de la charpie pourrait obstruer les tamis posés sur la bouche d'évacuation d'air vicié. Les pare-vermine ne s'obstruent pas aussi rapidement, mais ils doivent tout de même être nettoyés dans le cadre de l'entretien saisonnier.

Si vous n'arrivez pas à repérer la bouche d'évacuation d'air d'un ventilateur-extracteur de salle de bains, essayez de suivre le parcourt du conduit d'évacuation. Les conduits qui aboutissent à des ouvertures dans le plafond ou dans le grenier peuvent contribuer à la formation de moisissure et à la détérioration du bâtiment.

Niveau de compétence requis :
1 - entretien simple

Matériel : aucun

Outils : chiffon ou brosse

1. Repérez les prises d'admission d'air et les bouches d'évacuation des hottes d'extraction à l'extérieur de la maison.
2. Enlevez les feuilles ou tous autres débris susceptibles d'obstruer les bouches d'évacuation d'air. En hiver, enlevez la neige et la glace accumulée.
3. Enlevez la grille (si nécessaire) et retirez le pare-vermine en le glissant.
4. Nettoyer le pare-vermine avec une brosse ou un chiffon. La bouche d'évacuation d'air peut comporter un registre que vous devez aussi nettoyer pour qu'il s'ouvre et se ferme correctement.
5. Reposez le registre (si nécessaire) et le pare-vermine.
6. Mettez en marche le VRC, le ventilateur d'extraction de la salle de bains ou le ventilateur de l'appareil de chauffage et faites le test de débit d'air de la SCHL à l'aide d'un sac à ordures (voir la page 67) pour vous assurer que l'air circule. Il n'y a pas d'exigence de réglage de l'alimentation en air raccordée au conduit de retour d'air, mais vous voudrez probablement savoir si l'air circule.
7. Au moins une fois par année, enlevez les grilles et passez l'aspirateur à l'intérieur des conduits, le plus loin possible.

Remplacement des tuyaux de sécheuse et des ventilateurs d'extraction de salle de bains inefficaces

Il est important que l'air circule bien et facilement dans les conduits. L'air s'écoulera beaucoup plus facilement s'il y a peu de tronçons, de coudes, de replis ou d'autres obstructions. De nombreux ventilateurs d'extraction de salle de bains et de sécheuses, en particulier, sont munis de longs conduits souples en plastique portant des cannelures assurant une rigidité, mais qui sont aussi coudés et repliés à leurs points d'attaches et de suspension. Ce montage gêne l'écoulement d'air. La ventilation de nombreuses sécheuses se fait aussi dans les sous-sols. Cela produit un excès d'humidité dans des endroits déjà considérés comme humides. Des particules de produits chimiques contenus dans les détergents et les adoucisseurs de tissus sont aussi libérés dans l'air.

L'évacuation d'air des ventilateurs d'extraction de salle de bains se fait souvent dans le grenier. Encore une fois, cela ajoute de l'humidité qui peut souvent causer de la condensation dans ces espaces plus frais. L'excès d'humidité dans les espaces cachés du plafond, des murs ou du grenier peut causer de graves dommages au bâtiment.

Les consignes suivantes visent les conduits aboutissant à une bouche d'évacuation d'air à l'extérieur de la maison. Dans le cas des conduits aboutissant dans un grenier ou un sous-sol, il convient de pratiquer une ouverture de diamètre suffisant pour que le conduit aboutisse à l'extérieur. Ce travail peut nécessiter l'aide d'un spécialiste.

Niveau de compétence requis :
2 - propriétaire bricoleur

Matériel : sections de conduit en métal et raccords, vis à métaux autotaraudeuses, ruban en aluminium pour conduits, sangles de fixation en plastique ou en métal

Outils : perceuse sans fil, tournevis

1. Inspectez le tuyau de la sécheuse et le conduit du ventilateur-extracteur de salle de bains pour déceler les replis et les coudes et vérifier l'état du tuyau et du conduit.

2. S'il est possible de raccourcir le parcours du conduit entre l'appareil et l'extérieur de la maison (en ligne droite, si possible), arrêtez l'appareil et débranchez-le. De nombreux ventilateurs d'extraction de salle de bains sont munis d'une fiche branchée dans le boîtier de l'appareil.

3. Enlevez le conduit existant.

4. Planifiez le trajet du nouveau conduit. Installez le nouveau conduit en limitant le plus possible le nombre de coudes. Un court tronçon de tuyau souple peut être nécessaire pour la sécheuse pour qu'on puisse la déplacer.

5. Assurez-vous que le conduit est bien fixé et que toutes les sections du conduit sont retenues à l'aide de trois vis.

6. Rubanez les joints entre les sections de conduit et aux points où le conduit est fixé à l'appareil et à la bouche d'évacuation d'air extérieure.

7. Assurez-vous que la bouche d'évacuation extérieure est en bon état et que le clapet s'ouvre et se ferme correctement. Remplacez les bouches d'évacuation en mauvais état.

8. Assurez-vous que les conduits d'évacuation sont isolés s'ils passent dans des espaces non chauffés comme le grenier. La vapeur d'eau évacuée par la sécheuse ou le conduit d'évacuation de la salle de bains peut se condenser sous forme de gouttelettes d'eau lorsqu'elle circule dans des conduits non isolés passant dans un espace froid. L'eau dans le conduit peut gêner la circulation d'air ou peut revenir dans la maison si le conduit n'a pas une pente suffisante vers l'extérieur. L'isolation minimale des conduits d'évacuation doit être de RSI 0.5 (R3).

9. Rétablissez le courant et mettez l'appareil en marche.

10. Effectuez le test de débit d'air de la SCHL à l'aide d'un sac à ordures (voir la page 67), soit à la sortie du ventilateur-extracteur de la salle de bains, soit à la sortie du tuyau de la sécheuse, afin de vérifier que l'air circule correctement.

Inspection et nettoyage des ventilateurs-récupérateurs de chaleur

Nettoyage du filtre, de l'échangeur de chaleur et des lames du VRC

La plupart des VRC comportent deux filtres à air et un échangeur de chaleur. Les filtres à air sont normalement en mailles d'aluminium tandis que l'échangeur de chaleur est d'ordinaire en polypropylène. Vous pouvez normalement suivre les consignes générales suivantes, mais il vaut toujours mieux suivre celles du fabricant.

Niveau de compétence requis :
1 - entretien simple

Matériel : eau et savon

Outils : aspirateur, tuyau d'arrosage, petite brosse

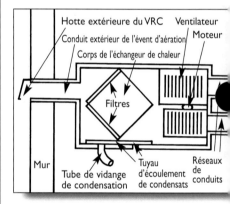

Hotte extérieure du VRC — Ventilateur
Conduit extérieur de l'évent d'aération — Moteur
Corps de l'échangeur de chaleur
Filtres
Mur — Tube de vidange de condensation — Tuyau d'écoulement de condensats — Réseaux de conduits

1. Arrêtez et débranchez le VRC.

2. Enlevez les filtres et l'échangeur de chaleur.

3. Nettoyez les filtres à l'aide d'un aspirateur, puis lavez-les avec de l'eau et un savon doux.

4. Nettoyez l'échangeur de chaleur à l'aide d'un aspirateur. Vous pouvez ensuite le laver avec de l'eau et un savon doux ou en y pulvérisant de l'eau avec un tuyau d'arrosage.

5. Alors que l'échangeur de chaleur et les filtres sont enlevés, nettoyez avec soin les lames du ventilateur avec une brosse pour enlever l'accumulation de poussière. Servez-vous d'un aspirateur pour aspirer toute la saleté délogée.

6. Remontez l'appareil.

Nettoyage du conduit d'évacuation de l'eau de condensation du VRC

En hiver, l'air chaud et humide évacué de la maison par le VRC contourne l'air frais froid qui entre. À mesure que l'air évacué se refroidit, il retient moins la vapeur d'eau en suspension. Une partie de cette vapeur d'eau se condense dans le VRC. L'eau doit pouvoir être évacuée par le petit tube ou tuyau de plastique au bas du VRC. Comme il s'agit en réalité d'une forme de purgeur de plomberie, il doit comporter un siphon, normalement un coude dans le tube. Il est plus facile d'inspecter le conduit d'évacuation lorsque les filtres et l'échangeur de chaleur sont démontés pour fins de nettoyage.

Niveau de compétence requis :
1 - entretien simple

Matériel : 2 litres d'eau chaude propre

Outils : aucun

1. Arrêtez et débranchez le VRC.
2. Versez lentement environ deux litres (2 pintes) d'eau chaude propre dans le conduit d'évacuation à l'intérieur du VRC.
3. S'il y a refoulement, nettoyez le conduit en retirant les insectes ou d'autres débris.
4. Assurez-vous que le tube est coudé mais qu'il n'est ni pincé ni obstrué.
5. Répétez l'étape 2 pour vérifier que l'écoulement se fait librement.

Étanchéité des pare-vapeur des conduits du VRC

Le conduit d'admission d'air et le conduit d'évacuation d'air vicié raccordés entre le VRC et l'extérieur acheminent de l'air froid dans la maison chaude. La vapeur d'eau dans l'air de la maison peut se condenser sur des surfaces froides. C'est pourquoi il est nécessaire d'isoler les deux conduits. L'isolant doit être installé derrière un pare-vapeur scellé au VRC et au mur par où sortent les conduits. Si la vapeur d'eau traverse le pare-vapeur, elle peut mouiller l'isolant et, en hiver, des glaçons peuvent se former autour des bouches d'évacuation. Aux orifices de fixation des conduits, la plupart des VRC sont munis d'un anneau intérieur pour le conduit et d'un anneau extérieur pour le pare-vapeur.

Niveau de compétence requis :
2 - propriétaire bricoleur

Matériel : ruban en aluminium pour conduits

Outils : couteau tout usage

1. Inspectez les conduits acheminés entre le VRC et l'extérieur de la maison. Assurez-vous de l'étanchéité du rattachement au VRC et au mur. Assurez-vous que le pare-vapeur n'est ni déchiré ni percé sur la longueur du conduit. Assurez-vous qu'il n'y a pas de taches laissées par des gouttes d'eau. En hiver, assurez-vous qu'il n'y a pas de glace sur l'isolant à l'intérieur du pare-vapeur.
2. Scellez les petits trous ou les petites déchirures à l'aide de ruban en aluminium pour conduits.
3. Si l'isolant est déplacé à chaque extrémité, détachez le pare-vapeur et insérez de l'isolant pour qu'il y en ait partout.
4. Scellez le pare-vapeur à chaque extrémité (à l'anneau extérieur, le cas échéant) à l'aide de ruban en aluminium pour conduits.
5. S'il y a des gros trous dans le pare-vapeur ou des endroits non isolés, vous devrez peut-être enlever le conduit et le remettre en place. Vous pouvez opter pour faire ce travail vous-même ou recourir aux services d'un spécialiste.

FENÊTRES ET PORTES

Les fenêtres et les portes assurent la ventilation, l'éclairage, l'accès et la sécurité de votre maison. Les réparations sont surtout regroupées en deux catégories : mauvais fonctionnement et bris. Une fenêtre ou une porte qui fonctionne mal ou qui est brisée peut constituer un danger dans une situation d'urgence, une invitation à l'intrusion et une cause de déperdition calorifique qui augmentera vos coûts d'énergie.

Les problèmes les plus courants des fenêtres et des portes sont les suivants :

- infiltrations d'eau autour des fenêtres, des portes, des puits de lumière ou d'autres pénétrations;
- calfeutrage de porte et de fenêtre endommagé;
- condensation dans les fenêtres;
- vitres brisées;
- moustiquaires endommagées;
- serrures complètes ou serrures de passage défectueuses;
- portes qui coincent (intérieures et extérieures);
- dispositifs à fermeture automatique;
- portes de garage défectueuses.

Les travaux d'entretien comprennent :

- une inspection régulière des petits problèmes avant qu'ils s'aggravent.

Conseils de prévention

- Gardez les rails des fenêtres propres et lubrifiés pour que les fenêtres y coulissent facilement.
- Corrigez les petits problèmes rapidement pour éviter les gros problèmes plus tard. Par exemple, fixez immédiatement les butées de portes desserrées ou manquantes pour éviter que la poignée de porte endommage le mur et nécessite un travail plus important de réparation.

Conseils de réparation

- Au moment de réparer un carreau brisé d'une contre-porte ou d'une contre-fenêtre, le travail est plus simple si vous enlevez la porte ou la fenêtre et la placez sur une surface plane pour travailler.
- Pour remplacer une moustiquaire, travaillez à partir d'un plan de travail ou sur une surface de plancher assez grande pour que vous puissiez vous déplacer tout autour.
- Il est plus simple d'employer un pistolet agrafeur pour fixer la moustiquaire sur le cadre, mais vous pouvez tout aussi bien employer un marteau et des agrafes.
- Achetez les carreaux de verre, la moustiquaire et les trousses de remplacement de moustiquaire chez votre quincaillier ou à votre centre de matériaux de construction.
- Une roulette pose-languettes est le meilleur outil à employer pour reposer la languette de retenue de la moustiquaire dans un cadre métallique ou en vinyle. Vous pouvez aussi utiliser un tournevis, mais vous aurez besoin de l'aide d'une autre personne pour maintenir la moustiquaire bien tendue dans le cadre.

Considérations particulières

Maison saine^MC

- Un entretien périodique du calfeutrage des portes et des fenêtres aide à contrôler l'efficacité du chauffage et de la climatisation de votre maison. Le calfeutrage améliore le confort de votre maison tout en réduisant vos factures de chauffage et de climatisation.
- Si possible, choisissez un calfeutrage sans solvant et peu toxique dont les effets sont moins dommageables sur la qualité de l'air intérieur et sur la santé.

Sécurité

- Protégez-vous les yeux et les mains lorsque vous enlevez les morceaux d'une vitre brisée ou que vous installez une nouvelle vitre dans un cadre. Portez donc des lunettes de sécurité ainsi que des gants.
- Remplacez immédiatement des carreaux brisés pour éviter que des personnes se blessent.

Tâches

Réparation en cas d'infiltrations d'eau autour des fenêtres, des portes, des puits de lumière et d'autres pénétrations

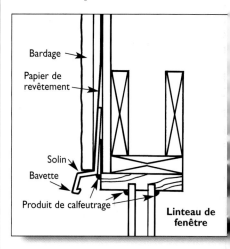

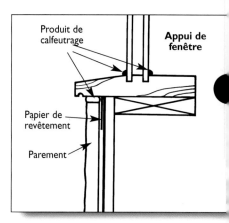

Des solins défectueux ou du calfeutrage endommagé peuvent laisser l'eau s'infiltrer autour des cadres de fenêtres et de portes. Idéalement, il faudrait installer des rejeteaux au-dessus des portes et des fenêtres qui ne sont pas bien protégées par un avant-toit. Des trousses de solin à poser autour des puits de lumière empêchent l'eau de s'infiltrer et font appel à un calfeutrage minimal. Les produits d'étanchéité ne sont pas éternels et doivent être remplacés.

De nombreux produits d'étanchéité conviennent à la réparation des joints extérieurs pour empêcher les infiltrations d'eau. Le produit d'étanchéité à l'acrylique et à la silicone combine la durabilité de silicone et la facilité d'emploi et la peignabilité de l'acrylique. Lisez bien l'étiquette pour vérifier que le produit de calfeutrage est compatible avec les surfaces sur lesquelles vous désirez appliquer et qu'il peut être employé à l'intérieur. Assurez une bonne aération de l'endroit où vous posez le calfeutrage car de nombreux produits libèrent des composés organiques volatils dangereux pendant leur durcissement. N'utilisez pas de produits conçus pour l'extérieur à l'intérieur, car les fortes odeurs peuvent durer des jours, voire des semaines et peuvent affecter votre santé.

Niveau de compétence requis :
2 - propriétaire bricoleur

Matériel : solin en métal ou en vinyle, produit d'étanchéité à l'acrylique et à la silicone, ruban à revêtement pour entrepreneur

Outils : pistolet à calfeutrer, eau, marteau

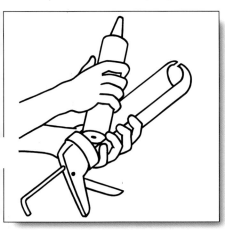

1. À l'aide d'un chiffon et d'un couteau tout usage, enlevez doucement le vieux calfeutrage ou la saleté du joint que vous désirez calfeutrer.

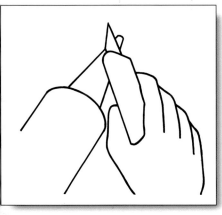

2. Coupez en angle l'embout du tube de produit de calfeutrage. Le diamètre de l'ouverture pratiquée à l'embout, la pression exercée sur la poignée du pistolet à calfeutrer et

la vitesse de pose du cordon d'étanchéité détermineront la largeur et l'épaisseur du cordon.

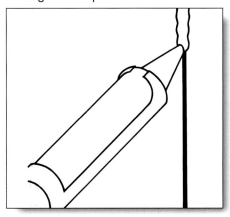

3. Pour poser le produit de calfeutrage, serrez la poignée du pistolet tout en déplaçant l'embout du tube doucement et uniformément le long du joint.
4. Avant que le produit forme une pellicule, lissez rapidement le cordon d'étanchéité avec un doigt que vous aurez mouillé.

Remplacement du coupe-bise des fenêtres et des portes

Les coupe-bise sont des éléments importants de votre maison : ils permettent de garder la chaleur en dedans et le vent et l'eau en dehors. Les infiltrations d'eau peuvent former de la moisissure sur la structure et le fini intérieur de la maison et les endommager. Les infiltrations d'air peuvent causer un gaspillage d'énergie et des courants d'air inconfortables. En marge de l'inspection et de l'entretien saisonniers de votre maison, vérifiez l'état des coupe-bise de toutes les portes et fenêtres. L'ouverture et la fermeture fréquentes des portes et des fenêtres entraînent une détérioration des coupe-bise.

Il existe plusieurs types de coupe-bise pour portes et fenêtres. Certains sont comprimés dans une ouverture pour assurer l'étanchéité. Dans certaines portes et fenêtres, des bandes à compression sont conçues pour se bloquer dans une rainure, ce qui élimine le besoin d'une fixation en surface. Les coupe-bise en mousse ou à bandes métalliques à ressort ne sont pas très durables. Les portes métalliques peuvent aussi comporter un coupe-bise magnétique qui s'appuie hermétiquement

contre la surface métallique de la porte. Les portes et les fenêtres modernes sont souvent garnies de deux rangées de coupe-bise de types légèrement différents.

Niveau de compétence requis :
2 - propriétaire bricoleur

Matériel : trousse de coupe-bise (de préférence identique au coupe-bise d'origine)

Outils : ruban à mesurer, couteau tout usage, scie à métaux, tournevis, marteau

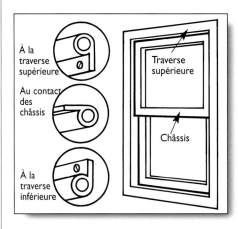

À la traverse supérieure
Au contact des châssis
À la traverse inférieure
Traverse supérieure
Châssis

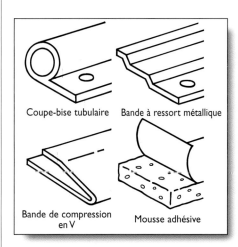

Coupe-bise tubulaire   Bande à ressort métallique

Bande de compression en V   Mousse adhésive

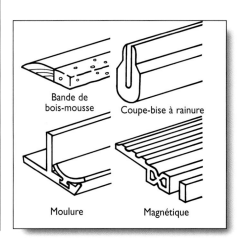

Bande de bois-mousse   Coupe-bise à rainure

Moulure   Magnétique

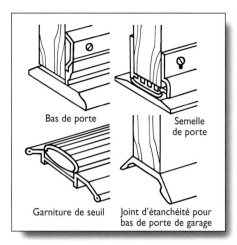

Bas de porte

Semelle de porte

Garniture de seuil

Joint d'étanchéité pour bas de porte de garage

1. Enlevez le vieux coupe-bise.
2. Mesurez la longueur du vieux coupe-bise ou le pourtour de l'ouverture.
3. Coupez le nouveau coupe-bise à la longueur voulue.
4. Posez le nouveau coupe-bise (selon le type approprié).
5. Vérifiez le fonctionnement de la porte ou de la fenêtre ainsi que l'étanchéité du joint. Ajustez le coupe-bise au besoin (selon le type, il peut être nécessaire de l'enlever et de le reposer un peu plus loin sur la porte ou la fenêtre).
6. Suivez les mêmes étapes dans le cas d'un coupe-bise de porte à balai.

Réparation des fenêtres défectueuses

Si des fenêtres sont desserrées, leur mécanisme d'ouverture et de fermeture est normalement brisé ou mal réglé. Le mécanisme des vieilles fenêtres est muni de contrepoids attachés à des cordons ou à des chaînes. Les fenêtres plus récentes sont munies de ressorts qui peuvent être réglés au moyen d'un tournevis. Si les fenêtres se coincent, elles ont été peintes fermées ou leurs rails sont normalement sales ou non lubrifiés.

Niveau de compétence requis :
3 - propriétaire qualifié

Matériel : cordon de châssis (selon le type de fenêtre), lubrifiant à base de graphite ou de silicone

Outils : couteau tout usage, tournevis, marteau, petit levier (facultatif), brosse à dents ou petite brosse, chiffon

Fenêtre coincée

1. Voyez si la fenêtre a été peinte fermée. Le cas échéant, coupez le joint de peinture à l'aide d'un couteau tout usage ou appuyez un petit bloc contre le châssis de la fenêtre et frappez-le doucement avec un marteau afin de décoller la fenêtre.
2. Enlevez les débris et la saleté dans les rails de la fenêtre à l'aide d'une brosse ou d'un chiffon.
3. Lubrifiez les rails à l'aide d'un produit lubrifiant à base de graphite ou de silicone.

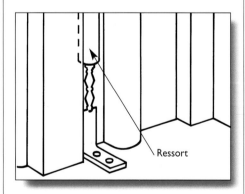

Ressort

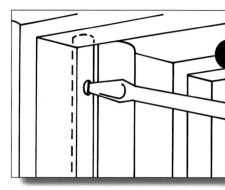

Réglage des fenêtres à ressort

1. Repérez la vis de réglage sur le montant de la fenêtre.
2. Tournez la vis pour équilibrer la fenêtre. Assurez-vous que la fenêtre fonctionne en douceur.
3. Continuez de tourner la vis et vérifiez la fenêtre jusqu'à ce qu'elle fonctionne bien.

Remplacement de câbles à contrepoids ou de chaînes brisés

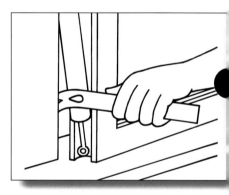

1. À l'aide d'un tournevis ou d'un levier, retirez les butées du cadre de la fenêtre. Enlevez les vis des moulures, s'il y a lieu.
2. Enlevez le coupe-bise ou la moulure s'il y en a.
3. Retirez doucement la fenêtre inférieure. Enlevez les câbles ou les chaînes du châssis en les tirant.

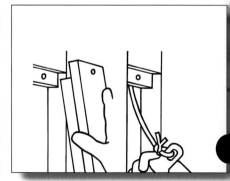

4. Retirez le couvercle du contrepoids en exerçant un effet de levier et enlevez le contrepoids par l'intérieur du cadre de la fenêtre. Détachez le vieux câble du contrepoids.

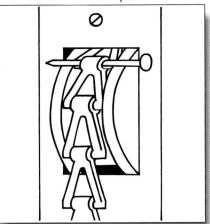

5. Posez un nouveau câble ou une nouvelle chaîne. Faites passer le câble ou la chaîne dans la poulie dans le cadre de la fenêtre supérieure et laissez-le (la) redescendre dans la rainure logeant le contrepoids. Tirez sur le câble ou la chaîne en haut et en bas pour vous assurer qu'il (ou elle) glisse bien dans la poulie. Remarque : Pour faciliter le passage du nouveau câble ou de la nouvelle chaîne dans la poulie et la rainure du contrepoids, attachez un fil muni d'un clou à l'extrémité du câble ou de la chaîne. Passez le clou et le fil sur la poulie et laissez-les descendre dans la rainure avec le câble (ou la chaîne). Saisissez le bout du câble ou de la chaîne, enlevez le clou et le fil et continuez l'opération.

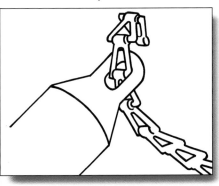

6. Attachez le nouveau câble ou la nouvelle chaîne au contrepoids et placez le contrepoids dans sa rainure. Tirez le câble ou la chaîne au-dessus de la poulie jusqu'à ce que le contrepoids s'appuie sur la poulie.

7. Appuyez la fenêtre contre son appui. En tenant le câble ou la chaîne contre la fenêtre, coupez le câble ou la chaîne de sorte qu'il (ou elle) se prolonge de 75 mm (3 po) au-delà du trou dans le châssis de la fenêtre.

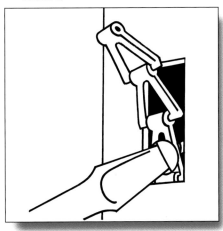

8. Nouez le nouveau câble et insérez-le dans la rainure du châssis. Si vous utilisez une chaîne, attachez-la au contrepoids à l'aide d'un fil métallique. Coupez l'excédent de chaîne. Fixez la chaîne au châssis avec une vis.

9. Reposez le couvercle du contrepoids. Faites glisser la fenêtre dans le cadre. Reposez les butées, la moulure ou le coupe-bise que vous avez enlevés précédemment.

Remplacement d'un carreau de fenêtre brisé

Remplacez immédiatement un carreau de verre brisé, sans quoi quelqu'un pourrait se blesser, la pluie ou la neige pourrait s'infiltrer à l'intérieur, de la condensation pourrait se former et la chaleur pourrait s'échapper en hiver. L'humidité peut rapidement endommager l'appui de la fenêtre, le plancher, les moulures et le mur. Les courants d'air et les déperditions de chaleur rendront rapidement la pièce inconfortable. Un carreau brisé est une invitation pour les vandales et les voleurs qui recherchent une voie d'accès facile.

Vous ne pouvez réparer les fenêtres à vitres scellées. Commandez une fenêtre de rechange chez un fabricant. Si votre fenêtre est assujettie à une garantie, voyez si les réparations sont couvertes. Suivez les recommandations du fabricant pour remplacer une fenêtre à vitres scellées.

Vous pouvez réparer les fenêtres plus vieilles montées dans des cadres de bois ou de métal.

Niveau de compétence requis :
2 - propriétaire bricoleur

Matériel : mastic, pointe de vitrier, ruban-cache

Outils : gants, lunettes de protection, pince, vitre de rechange, couteau à mastiquer, petit ciseau à froid, tournevis, pinceau

Fenêtres et contre-portes à cadre de bois

ATTENTION : Portez des gants et des lunettes de protection.

1. Revêtez des gants et des lunettes de protection, puis enlevez doucement les morceaux de la vitre brisée.

2. Enlevez les morceaux restants encastrés dans le cadre en les faisant osciller d'un côté à l'autre et en les tenant à l'aide d'une pince.

3. Avec une pince, retirez les vieilles pointes de vitrier (ou les clous, le cas échéant).

4. Mesurez la hauteur et la largeur du cadre bien nettoyé. De chacune des mesures, soustrayez 5 mm (3/16 po) et faites couper une nouvelle vitre à ces dimensions chez votre quincaillier, chez le marchand de matériaux de construction ou chez un vitrier.

5. Pétrissez le sac de mastic pour qu'il forme une pâte molle et uniforme et appliquez un mince cordon de mastic sur le pourtour intérieur du cadre.

6. Posez la nouvelle vitre dans le cadre et appuyez-la fermement et uniformément sur le cordon de mastic.

7. Fixez la vitre avec des pointes de vitrier disposées dans tous les coins ainsi qu'à tous les 100 à 150 mm (4 à 6 po) sur le pourtour du cadre. Pour éviter de briser la vitre, poussez doucement les pointes dans le cadre à l'aide d'un ciseau ou d'un tournevis. Ne vous servez pas d'un marteau!

8. Remplissez les joints de mastic en appuyant fermement et doucement avec les doigts. Servez-vous d'un couteau à mastiquer pour enlever l'excédent de mastic.

9. Lorsque le mastic a durci pendant quelques jours, peignez-le de la même couleur que le reste de la fenêtre. Nettoyez la fenêtre une fois la peinture sèche.

Fenêtres et contre-portes à cadre en métal ou en vinyle

De nombreuses fenêtres et contre-portes modernes sont munies d'un cadre en métal ou en vinyle. Même s'il peut s'agir d'une fenêtre coulissante extérieure ou d'une contre-fenêtre, elle est souvent conçue pour être enlevée et réparée de l'intérieur.

Les réparations dépendent du type de cadre et du mode de fixation de la vitre. Les cadres les plus utilisés dans la construction résidentielle sont les suivants :

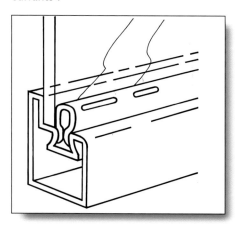

• Les fenêtres à vitrage scellé où la vitre s'adapte dans le châssis de vinyle ou de bois à la façon d'un tableau dans un cadre et est fixée à l'intérieur au moyen de languettes de bois ou de vinyle. Un joint de caoutchouc maintient la vitre en place.

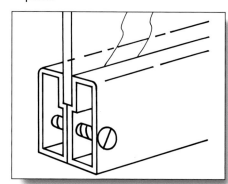

• Dans le cas de contre-fenêtres ou de contre-portes, la vitre repose dans une rainure dans le cadre. Des vis ou des pinces métalliques tiennent le cadre ensemble. Du mastic ou une autre forme de joint en caoutchouc maintient la vitre en place.

• En variante, dans le cas de contre-fenêtres ou de contre-portes, la vitre est prise entre les deux demi-châssis qui sont rivés ou vissés l'un à l'autre. Un joint de caoutchouc ou de vinyle fixé à l'intérieur de chaque demi-châssis assure l'étanchéité de l'ensemble.

Matériel : SOIT du ruban-cache, du mastic, une vitre coupée pour s'adapter dans l'ouverture du cadre, un joint de caoutchouc ou de vinyle, de la peinture de même couleur que la fenêtre, SOIT un cadre et une vitre de rechange

Outils : ruban à mesurer, tournevis, marteau, ciseau à bois, pince, couteau à mastiquer, pinceau

Remplacement d'une vitre scellée

1. Recherchez le nom du fabricant en regardant le long des bords de la fenêtre.

2. Mesurez les dimensions de la vitre et du cadre (ou du châssis) dans lequel la vitre est montée. Communiquez avec un centre de matériaux de construction ou un distributeur de cette marque de fenêtre pour savoir comment procéder à son remplacement.

3. Dans le cas des fenêtres qui s'ouvrent, les fabricants offrent souvent une fenêtre complète (vitre et cadre) de sorte que pour remplacer la fenêtre, il suffit de défaire les pièces de fixation existantes et de mettre en place la nouvelle fenêtre.

4. Suivez les instructions du fabricant.

5. Pour remplacer des fenêtres fixes plus grandes, il vaut mieux confier ce travail à un professionnel.

Remplacement d'une vitre dans un cadre en deux pièces

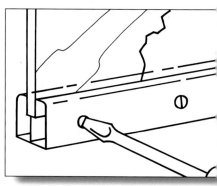

1. Retirez les vis qui maintiennent les deux demi-châssis ensemble, enlevez-en un et sortez la vitre cassée avec précaution.

2. Mesurez la hauteur et la largeur de l'ouverture du châssis et soustrayez 3 mm (1/8 po) de chacune des valeurs mesurées pour tenir compte des irrégularités du châssis. Commandez la vitre aux dimensions voulues chez votre quincaillier ou votre centre de matériaux de construction.

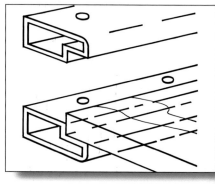

3. Posez la vitre neuve dans le châssis, sur le joint de caoutchouc.

4. Revissez les deux demi-châssis ensemble.

Remplacement d'une vitre dans un cadre à rainure

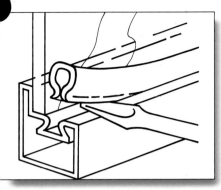

1. Enlevez le joint d'étanchéité du vitrage du cadre ou du châssis à l'aide d'un tournevis, puis retirez la vitre cassée avec précaution. Ouvrez une extrémité du cadre en dégageant les pinces métalliques ou en enlevant les vis de fixation.

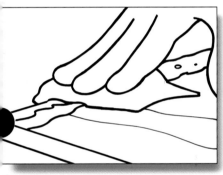

2. Si on a utilisé du mastic pour sceller la vitre, enlevez-le complètement du cadre et de la vitre en vous servant d'un chiffon imbibé de solvant.
ATTENTION : N'utilisez du solvant que dans un endroit bien ventilé.

3. Mesurez la hauteur et la largeur de l'ouverture du châssis et soustrayez 3 mm (1/8 po) de chacune des valeurs mesurées pour tenir compte des irrégularités du châssis. Commandez la vitre aux dimensions voulues chez votre quincaillier ou votre centre de matériaux de construction.

4. À l'aide du couteau à mastiquer, étalez du mastic sur le châssis aux endroits où reposera la vitre. Placez la vitre neuve dans l'ouverture et appuyez-la fermement contre le mastic. Étalez ensuite une couche de 3 mm (1/8 po) d'épaisseur de mastic sur le bord de la vitre et sur une largeur égale à la hauteur apparente du joint du vitrage.

5. Reposez le joint de vitrage. Examinez la bordure du joint pour vous assurer que le mastic est bien comprimé entre le joint et la vitre. Enlevez l'excédent de mastic le long du joint avec le couteau à mastiquer, puis terminez le nettoyage avec un chiffon imbibé de solvant (à utiliser avec prudence).

Réparation ou remplacement d'une moustiquaire

Les moustiquaires percées ou déchirées laissent entrer les insectes dans la maison. Vous pouvez facilement réparer les petits trous ou les petites déchirures. Par contre, si la taille du trou ou de la déchirure est trop importante, remplacez toute la moustiquaire. La moustiquaire des vieilles fenêtres ou portes est souvent en métal. Les fenêtres plus récentes comportent des moustiquaires en toile de fibre de verre.

Niveau de compétence requis :
2 - propriétaire bricoleur

Matériel : moustiquaire ou morceau de moustiquaire précoupé.

Outils : vieux ciseaux, règle ou petit bloc de bois dont les côtés sont perpendiculaires, aiguille à coudre et fil métallique fin ou fil de nylon

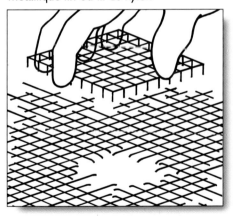

Réparation d'un trou ou d'une déchirure dans une moustiquaire métallique

Remarque : Faites la réparation par l'intérieur de sorte que la surface aura une belle apparence de l'intérieur une fois la réparation terminée.

1. Découpez le pourtour du trou ou de la déchirure à l'aide de cisailles, d'une pince coupante ou de vieux ciseaux de manière à lui donner une forme parfaitement rectangulaire.

2. Coupez un morceau de moustiquaire de forme identique à l'ouverture pratiquée, mais dont les côtés sont plus larges de 25 mm (1 po).

3. Enlevez les trois premiers fils métalliques extérieurs sur le pourtour du morceau servant à la réparation.

4. À l'aide du bloc de bois ou de la règle servant de cadre, recourbez les bords du fil métallique.

5. Placez le nouveau morceau de moustiquaire sur l'ouverture et enfilez-y les fils métalliques recourbés.

6. Tenez la pièce fermement en place, puis, en procédant de l'autre côté de la pièce, repliez les extrémités des fils vers l'ouverture. Vous aurez peut-être besoin de l'aide d'une autre personne pour faire ce travail.

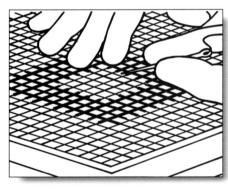

Réparation d'un trou ou d'une déchirure dans une moustiquaire en toile de fibre de verre

1. Découpez le pourtour du trou ou de la déchirure de manière à lui donner une forme parfaitement rectangulaire.

2. Coupez un morceau de moustiquaire de forme identique à l'ouverture pratiquée, mais dont les côtés sont plus larges de 25 mm (1 po).

3. Tirez les « fils » de la pièce de moustiquaire et utilisez-les pour coudre la pièce en place.

Remplacement d'une moustiquaire

Cadres de bois

Niveau de compétence requis :
2 - propriétaire bricoleur

Matériel : moustiquaire, moulure, clous à finir, agrafes ou broquettes

Outils : ruban à mesurer, pistolet agrafeur, couteau tout usage, tournevis, marteau, scie à tronçonner (si nécessaire)

1. Mesurez la longueur et la largeur de l'ouverture. Couper le grillage 150 mm (6 po) plus long et 75 mm (3 po) plus large que cette ouverture.

2. Enlevez la porte ou la fenêtre et posez-la sur une surface plate. À l'aide d'un tournevis, retirez doucement la moulure qui tient la moustiquaire, puis enlevez celle-ci.

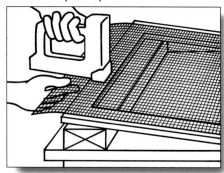

3. Alignez bien le nouveau grillage sur le cadre. Le bord supérieur devrait dépasser la partie supérieure de l'ouverture d'environ 25 mm (1 po). Agrafez le grillage ou enfoncez-y des broquettes à tous les 50 mm (environ 2 po) sur toute la largeur du haut.

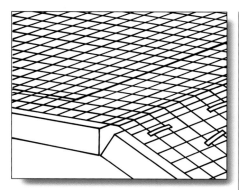

4. Tendez le grillage dans le sens de la longueur. Agrafez le grillage ou enfoncez-y des broquettes à tous les 50 mm (environ 2 po) sur toute la largeur du bas.
Remarque : Pour aider à tendre le grillage, vous pouvez agrafer ou brocher le grillage sur une planchette le long du bord inférieur de manière à chevaucher le bas du cadre. Faites glisser le bord inférieur du cadre par-dessus le bord de votre surface de travail. Exercez une pression suffisante sur la planchette jusqu'à ce que le grillage soit bien tendu sur le cadre. Tenez la planchette dans cette position pendant que vous agrafez ou brochez le grillage sur le cadre.

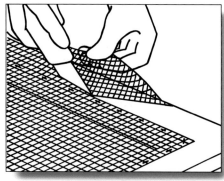

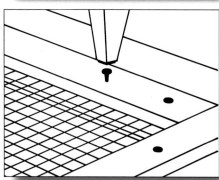

5. Agrafez le grillage ou enfoncez-y des broquettes à tous les 50 mm (environ 2 po) sur le montant central, s'il y en a un. Tendez le grillage sur les côtés et fixez-le au cadre. Coupez l'excédent de grillage et reposez la moulure à l'aide de clous à finir.

Cadres en métal et en vinyle

Niveau de compétence requis :
2 - propriétaire bricoleur

Matériel : grillage, cordon de néoprène

Outils : ruban à mesurer, tournevis, roulette pose-languettes

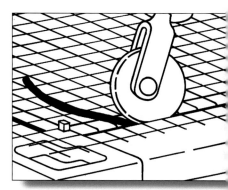

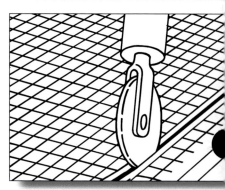

1. Mesurez la longueur et la largeur de l'ouverture grillagée. Coupez un morceau de grillage ayant 150 mm (environ 6 po) de plus en longueur et 75 mm (environ 3 po) de plus en largeur.
2. Enlevez la fenêtre ou la porte et posez-la sur une surface plate.
3. Enlevez le vieux grillage qui est généralement retenu par un cordon en vinyle engagé de force dans la rainure du cadre. Pour enlever ce cordon, utilisez un tournevis.
4. Alignez soigneusement le nouveau grillage sur le cadre. Tenez le grillage bien tendu et remettez le cordon dans la rainure à l'aide de la roulette pose-languettes.
5. Coupez l'excédent de grillage avec un couteau tout usage.

Remplacement de serrures complètes et de serrures de passage.

Les serrures complètes et les serrures de passage (sans mécanisme de verrouillage) sont habituellement des éléments durables à condition qu'elles soient fixées solidement. Normalement, des vis à métaux passent dans la rosette intérieure pour raccorder les poignées intérieure et extérieure, en traversant le pêne demi-tour. Deux vis à bois servent à fixer la têtière sur le chant de la porte. Dans le cadre de l'entretien saisonnier, assurez-vous que toutes ces vis sont bien fixées. Profitez de l'occasion pour vérifier que les vis des charnières sont aussi bien fixées. Fermez la porte et enlevez les axes des charnières, un à la fois, à l'aide d'un marteau et d'un chasse-clou. Lubrifiez les axes avec un lubrifiant à la silicone et remettez-les en place.

Les serrures complètes et de passage peuvent s'user avec le temps et doivent être remplacées.

Niveau de compétence requis :
2 - propriétaire bricoleur

Matériel : serrure de rechange

Outils : tournevis, marteau et ciseau à bois

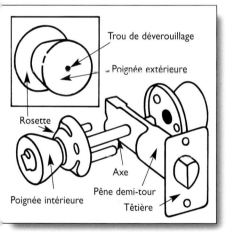

Trou de déverrouillage
Poignée extérieure
Rosette
Axe
Pêne demi-tour
Poignée intérieure
Têtière

1. Mesurez la distance entre le chant de la porte et le centre de la base de la poignée de porte. Cette distance s'appelle la distance d'entrée. Pour une mesure plus exacte, enlevez temporairement les poignées de porte et le pêne demi-tour. Enlevez les deux vis de la rosette intérieure retenant les poignées de porte. (Certaines poignées sont munies d'une languette de déverrouillage; pour déverrouiller, insérez un clou dans la languette.) Enlevez la rosette. Retirez les poignées et l'axe. Enlevez les deux vis de la têtière. Retirez la têtière et le pêne demi-tour. Mesurez la distance entre la têtière et le centre du trou de passage de l'axe dans le pêne demi-tour.

2. Choisissez une nouvelle serrure complète ou une serrure de passage ayant la même distance d'entrée pour qu'elle s'adapte dans les trous de la porte.

3. Insérez le nouveau pêne demi-tour dans le trou sur le chant de la porte et fixez-le en place avec les deux vis de la têtière. Au besoin, utilisez un ciseau à bois pour corriger la mortaise dans le chant de la porte.

4. Insérez l'axe de la poignée intérieure dans le trou du pêne demi-tour.

5. Positionnez la poignée extérieure sur l'axe en alignant les trous de vis.

6. Fixez les poignées en place à l'aide des vis à métaux.

7. Assurez-vous que la porte ferme et que le pêne s'adapte dans la gâche. Au besoin, réglez la position de la gâche et de son logement dans la porte.

Réglage des portes qui coincent
(intérieures et extérieures)

Les portes peuvent créer certains problèmes. Elles grincent, coincent ou frottent. Elles peuvent ne pas fermer parce qu'elle touchent le chambranle ou que le pêne n'est pas aligné avec la gâche. Les poignées de porte peuvent faire un bruit de ferraille et les charnières peuvent être desserrées. Les rails des portes-fenêtres coulissantes peuvent être sales ou décentrés.

Vous pouvez facilement éliminer ces problèmes mineurs, mais énervants.

Niveau de compétence requis :
2 - propriétaire bricoleur

Matériel : lubrifiant en aérosol au graphite ou à la silicone, huile, papier à poncer, petits goujons ou cure-dents, mastic

Outils : tournevis, marteau, rabot, pince

Portes bruyantes

1. De façon générale, vous pouvez empêcher une porte de grincer. Il suffit de mettre quelques gouttes d'huile ou de lubrifiant en aérosol à base de silicone à la partie supérieure de la goupille des charnières. Ouvrez et fermez la porte plusieurs fois pour que l'huile pénètre bien. Si le grincement persiste, relevez la goupille et remettez un peu d'huile.

2. Lubrifiez les serrures bruyantes avec un peu de lubrifiant en aérosol à base de graphite ou de silicone en vente chez votre quincaillier.

3. Pour éliminer le bruit de ferraille des vieilles poignées de porte, desserrez la vis d'arrêt de la poignée. Enlevez la poignée et mettez-y un peu de mastic. Enfoncez ensuite la poignée aussi loin que possible et resserrez la vis. Il se peut que les nouvelles poignées de porte ne puissent pas être resserrées; le cas échéant, il faut les remplacer.

Portes qui coincent ou qui frottent

Portes battantes

1. Voyez si les vis des charnières sont desserrées et resserrez-les au besoin. Si les vis ne tiennent pas, remplacez-les une à une par des vis plus longues de même calibre ou insérez un petit goujon ou un cure-dents dans le trou, brisez l'extrémité visible et reposez la vieille vis.

2. Si le bas de la porte coince ou frotte, voyez si le chant de la porte présente un endroit brillant où la peinture ou le fini est marqué. Ouvrez et fermez lentement la porte plusieurs fois pour localiser l'endroit. Poncez la partie brillante jusqu'à ce que la porte ferme correctement. Ne poncez pas trop sinon la porte sera trop lâche.

3. Si l'encadrement de la porte est fortement déformé, vous devrez peut-être enlever la porte et raboter la partie qui coince.

4. Au besoin, vous devrez repeindre l'encadrement de la même couleur que la finition adjacente.

Portes-fenêtres coulissantes

Niveau de compétence requis :
2 - propriétaire bricoleur
ou (si le rail est très endommagé)

Niveau de compétence requis :
4 - ouvrier/entrepreneur qualifié

Matériel : lubrifiant en aérosol à base de silicone

Outils : aspirateur, marteau

1. Enlevez toute la saleté et les débris dans les rails. Un aspirateur convient bien à ce travail.

2. Une fois les rails propres, lubrifiez-les avec un lubrifiant à la silicone.

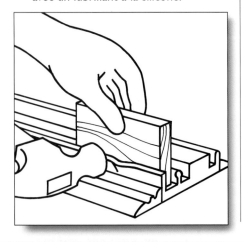

3. Si le rail est légèrement endommagé, essayez de le redresser en utilisant un bloc de bois et un marteau.

4. Si le rail est trop endommagé, vous devrez le remplacer. Il faut souvent confier ce travail à un installateur compétent. Si vous optez pour faire vous-même le travail, commandez un rail de remplacement chez un fabricant de portes. Remplacez le rail en suivant les instructions du fabricant.

Remplacement des charnières de portes

Les charnières de portes peuvent s'user, rouiller et se desserrer et ainsi faire en sorte que la porte n'est plus alignée. Les charnières des portes exposées aux intempéries sont plus sujettes aux dommages et à la rouille et doivent être remplacées. Il existe deux principaux types de charnières : les charnières à goupille mobile et les charnières à goupille fixe. Les charnières à goupille mobile sont les plus courantes. Elles sont munies d'une goupille que vous pouvez enlever sans dévisser les lames. Dans le cas des charnières à goupille fixe, il faut dévisser les lames.

Enlèvement des charnières à goupille mobile

1. Enlevez les goupilles des charnières supérieure et inférieure à l'aide d'un marteau et d'un chasse-clou. Faites sortir la goupille du charnon inférieur, puis à l'aide du marteau et d'un tournevis (à lame plate), frappez le dessous de la tête de la goupille pour la retirer. Si vous faites ce travail vous-même, il est normalement plus facile et plus sûr d'enlever la goupille de la charnière inférieure en premier.

2. Placez la porte sur le plancher de sorte qu'elle repose sur son chant et dévissez les lames des charnières qui y sont fixées. Dévissez ensuite les lames des charnières fixées sur l'encadrement de la porte.

Enlèvement des charnières à goupille fixe

1. Enlevez la porte en retirant d'abord les vis retenant les lames des charnières à la porte. Enlevez d'abord la charnière inférieure.

2. Placez la porte sur le plancher de sorte qu'elle repose sur son chant, puis dévissez les lames des charnières fixées sur l'encadrement de la porte.

Remplacement des charnières et repose de la porte

1. Remplissez de mastic à bois les trous de vis agrandis et laissez durcir le mastic. Percez de nouveaux avant-trous pour les vis des charnières.

2. Posez les nouvelles charnières ou les lames des charnières appropriées sur la porte dans la même position que les anciennes. Serrez les vis à fond moins un demi-tour.

3. Posez les autres lames des charnières à goupille mobile sur l'encadrement de la porte.

4. Placez des petites cales de bois sous la porte ou demandez à quelqu'un de vous aider à tenir la porte pour que vous puissiez la placer de manière que les charnons des deux lames s'emboîtent les uns dans les autres. Insérez les goupilles.

5. Serrez toutes les vis et assurez-vous que la porte est bien alignée et qu'elle ferme correctement. Si elle coince ou frotte, desserrez les vis et déplacez légèrement une ou plusieurs charnières. Vous pouvez utiliser de petites cales en carton (découpées dans l'emballage des charnières) et les placer sous les lames des charnières du côté soit de la porte, soit de l'encadrement.

Réglage des dispositifs de fermeture automatique

Un dispositif de fermeture automatique est très important sur une porte entre la maison et un garage attenant. Il permet de s'assurer que la porte demeure toujours fermée. Le dispositif réduit aussi les risques d'infiltration de monoxyde de carbone toxique émanant de véhicules en marche, à l'intérieur de la maison. Les dispositifs de fermeture automatique sont aussi installés sur les portes à moustiquaire pour permettre de les fermer sans claquement.

Niveau de compétence requis :
2 - propriétaire bricoleur

Matériel : aucun

Outils : tournevis

1. Assurez-vous que toutes les vis de fixation du dispositif de fermeture automatique sont bien serrées. Resserrez-les au besoin.
2. Ouvrez la porte et laissez-la se refermer. Elle doit se fermer complètement mais sans force excessive.
   Si la porte ne ferme pas correctement, vérifiez-en le réglage. Faites les réglages nécessaires en calant les charnières ou en réglant la gâche de la serrure.
4. La plupart des dispositifs de fermeture automatique sont munis d'une vis de réglage posée sur le corps du cylindre. Tournez la vis jusqu'à ce que la pression de fermeture soit acceptable.

Entretien des portes de garage basculantes

Niveau de compétence requis :
3 - propriétaire qualifié

Matériel : lubrifiant à la silicone

Outils : chiffon, tournevis, clés

1. Vérifiez toutes les charnières et tous les supports et assurez-vous que toutes les vis et tous les boulons sont bien serrés.
2. Nettoyez les rails avec un chiffon.
3. Lubrifiez les rails et les galets avec du lubrifiant à la silicone.
4. Vérifiez que la porte fonctionne bien et que les barres de verrouillage s'insèrent facilement dans les fentes des rails. Régler les supports des barres de verrouillage au besoin.
5. Lubrifiez le verrou de la porte avec un lubrifiant approprié ou du graphite en poudre.
6. Vérifiez l'équilibrage de la porte. Celle-ci ne devrait pas sembler lourde à soulever ou légère au point qu'elle puisse s'ouvrir toute seule. En présence de ces deux cas, les ressorts doivent être réglés ou remplacés.
   Avertissement : Les ressorts sont très rigides et ne devraient être ajustés ou remplacés que par un spécialiste.

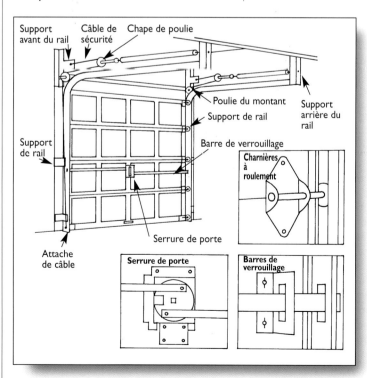

Support avant du rail — Câble de sécurité — Chape de poulie — Poulie du montant — Support arrière du rail — Support de rail — Support de rail — Barre de verrouillage — Charnières à roulement — Serrure de porte — Attache de câble — Serrure de porte — Barres de verrouillage

PAREMENT EXTÉRIEUR

Les problèmes de parement extérieur les plus courants sont les suivants :

- apparence négligée;
- déformation ou séparation;
- solins ou calfeutrage endommagés (risque d'infiltrations d'eau).

Les travaux d'entretien comprennent :

- nettoyage, fixation et petites réparations du parement de vinyle et d'aluminium;
- peinture et teinture du parement de bois;
- petites réparations de la maçonnerie;
- inspection, fixation et calfeutrage des solins et des espaces.

Conseils de prévention

- Protégez votre investissement. Effectuez des inspections périodiques (une ou deux fois par année ou à la suite d'une tempête de vent) de l'extérieur de votre maison pour déceler rapidement des problèmes et les corriger avant qu'ils s'aggravent. Voyez s'il y a des signes ou des endroits présentant des problèmes possibles d'humidité, notamment des fissures, des espaces, des fuites, une détérioration évidente, des taches, une déformation des matériaux et de l'efflorescence sur la brique. La présence de bulles, de fissures et d'écaillage sur la peinture peuvent être des signes d'un problème sous-jacent, par exemple des mouvements d'humidité sous le parement (fuites d'air, condensation).
- Votre inspection périodique doit aussi comprendre les soffites, les bandeaux, les gouttières, les tuyaux de descente, ainsi que le calfeutrage des fenêtres et des portes. Il s'agit d'éléments importants de la finition extérieure.
- Faites l'entretien de tous les éléments de parement extérieur, faites les réparations générales, appliquez les peintures et les enduits et prenez les mesures de prévention recommandées par le fabricant.

- Le sol doit se trouver à au moins 200 mm (8 po) en dessous de tout fini extérieur de manière à prévenir les dommages par l'humidité. Il est acceptable que le sol se trouve à seulement 150 mm (6 po) en dessous de la finition en briques, mais il est préférable de respecter la hauteur de 200 mm (8 po).

Conseils de réparation

- Lorsque vous vous préparez à peindre, prenez le temps de vérifier s'il y a des petits dommages et corrigez-les afin d'éviter des problèmes éventuels plus graves.
- La plupart des produits de calfeutrage permettent d'établir un joint d'une largeur maximale d'environ 60 mm (0,25 po) entre des matériaux solides. Obturez les cavités ou les trous de plus grandes dimensions à l'aide de fibre de verre, d'une corde de polystyrène ou de mousse en aérosol. Couvrez ensuite la réparation avec un matériau solide comme du bois ou un solin d'aluminium de sorte qu'il n'y demeure que de très petits espaces. Calfeutrez ensuite ces derniers.
- Utilisez un échafaudage (que vous pouvez louer) comme plate-forme de travail sûre.

Considérations particulières

Maison saine^MC
- Une étanchéité à l'air efficace réduira votre consommation d'énergie et les problèmes d'humidité et de moisissure.

Sécurité

- Il faut souvent utiliser des échelles pour effectuer les travaux de réparations et d'entretien du parement extérieur. Sachez vous servir d'une échelle en toute sécurité. Envisagez de louer un échafaudage et de l'équipement de protection pour effectuer vos travaux de réparation.
- Si votre maison a plus de 40 ans, vous pouvez supposer que la peinture à l'extérieur contient du plomb. La situation n'est pas toujours alarmante. La peinture au plomb n'est pas dangereuse si elle est en bon état, mais si elle s'écaille,

elle peut poser un risque pour la santé. Le ponçage et le grattage de la peinture au plomb peuvent aussi propager dans l'air de grandes quantités de particules contenant du plomb.
- Les bébés, les jeunes enfants, les femmes enceintes et leur fœtus sont les personnes les plus vulnérables aux peintures à base de plomb. Il est possible d'analyser des échantillons de peinture en utilisant une trousse d'analyse domestique ou en faisant appel à un laboratoire spécialisé. Les lois fédérales et provinciales en vigueur limitent la quantité de plomb que peuvent renfermer les produits commerciaux. Les nouvelles peintures n'en contiennent pas.

Tâches

Entretien du parement de vinyle et d'aluminium

Le parement de vinyle et d'aluminium est durable et requiert peu d'entretien. L'entretien régulier comprend l'inspection pour déceler des dommages, le nettoyage, le calfeutrage des fissures et des trous et la vérification que le sol ne recouvre pas le parement sans quoi l'humidité pourrait endommager la maison. Dans des situations inhabituelles, si une pièce du parement est très endommagée (fissures, marques, trous importants ou rupture), il faudra peut-être la remplacer. Faites appel à un entrepreneur qualifié.

Niveau de compétence requis :
2 - propriétaire bricoleur

Matériel : savon non abrasif, eau, produit de calfeutrage

Outils : brosse à long manche, pistolet à calfeutrer, râteau ou pelle

1. Nettoyez les taches sur la surface avec de l'eau et du savon doux non détergent et non abrasif. Commencez par le bas et remontez de manière à éviter les traînées. Vous pouvez employer une brosse à long manche pour nettoyer le parement. Rincez ensuite la surface avec un tuyau d'arrosage (évitez d'utiliser un jet sous pression car l'eau pourrait s'infiltrer derrière le parement et les solins conçus pour assurer une protection lorsque l'eau ruisselle vers le bas et non

vers le haut, comme c'est le cas lorsqu'on utilise un pulvérisateur à haute pression en projetant le jet de bas en haut).

2. Calfeutrez les fissures visibles et remplacez le vieux calfeutrage pour bien assurer l'étanchéité des joints.

3. Évitez qu'il y ait de la terre à moins de 200 mm (8 po) du bord inférieur du parement. Vous empêcherez ainsi les dommages causés par l'humidité à la structure de la maison. La pente du sol doit être orientée loin de la maison.

Entretien du parement de bois ou à base de bois

Il importe de maintenir le parement de bois ou à base de bois bien sec pour empêcher qu'il se détériore ou qu'il s'y forme de la moisissure. L'entretien régulier comprend l'inspection pour déceler des fissures et des problèmes d'humidité, la réparation des pièces endommagées, le nettoyage et la peinture.

Niveau de compétence requis :
2 - propriétaire bricoleur

Matériel : savon non abrasif, eau, produit de calfeutrage

Outils : brosse à long manche, tuyau d'arrosage, pistolet à calfeutrer, râteau ou pelle

1. Récurez doucement le parement de bois en utilisant de l'eau, un savon doux non abrasif et non détergent et une brosse à long manche. Rincez les surfaces à la main ou avec un tuyau d'arrosage (les appareils à haute pression font pénétrer l'eau de force dans le parement).

2. Une détérioration prématurée, telles que des fissures ou une décoloration peuvent causer des infiltrations. Vérifiez le calfeutrage et remplacez-le au besoin. Remplacez le vieux calfeutrage fissuré.

3. Vérifiez qu'il n'y a pas formation de marre d'eau attribuable à une mauvaise pente ou à un mauvais drainage du terrain ou encore à des éclaboussures provenant des gouttières. Évitez les éclaboussures en posant des déflecteurs en vente dans les centres de matériaux de construction ou chez votre quincaillier.

4. Une pièce de parement endommagée ou déformée peut être enlevée et remplacée. Faites appel à un spécialiste en rénovation ou à un entrepreneur pour obtenir de l'aide.

Parement de bois peint

Peindre le parement extérieur aidera à protéger votre maison des dommages causés par l'humidité et les intempéries. Effectuez les travaux de peinture lorsque vous commencez à voir des signes d'usure et d'écaillage de la peinture. À mesure que la peinture s'use, la couche d'apprêt commence à paraître à travers la couche de finition, la vieille peinture se décolore et le grain du bois est de plus en plus apparent.

Attendez que ces signes apparaissent. Si vous repeignez trop souvent le parement, vous vous retrouverez avec une épaisse couche de peinture qui éventuellement se fissurera et se détachera. Cette couche épaisse empêchera le parement de se détendre et se contracter en fonction des fluctuations de température ou de suivre les mouvements naturels de la structure de votre maison. Si vous attendez trop longtemps, par contre, la surface peinte se détériore et est plus difficile à restaurer. Le cas échéant, vous devrez peut-être mettre la surface à nu en la ponçant et reprendre tout le travail au début. En inspectant régulièrement l'état de la peinture du parement extérieur, vous serez plus à même de juger le moment venu pour repeindre.

Niveau de compétence requis :
2 - propriétaire bricoleur

Matériel : peinture, apprêt pour bois

Outils : brosse métallique ou laine d'acier, rouleaux et bacs, pinceaux 50 mm (2 po) à 100 mm (4 po) de largeur, de préférence à bout effilé, pinceau pour cadres (utile pour les cadres de fenêtres, les moulures ou d'autres surfaces étroites), détergent, éponges ou chiffons, bâches de protection, récipient à peinture, agitateurs en bois, tenue de protection, équipement de sécurité, échelle coulissante, escabeau, ponceuse et pistolet décapeur (à chaleur).

Avant de peindre ou de repeindre, inspectez soigneusement la surface et réparez-la, s'il y a lieu.

1. Remplacez les pièces de bois dégradées ou endommagées autour des fenêtres, des marches, des poteaux, des avant-toits et ailleurs.

2. Nettoyez les gouttières et les tuyaux de descente avant de les peindre.

3. Utilisez une brosse métallique ou de la laine d'acier pour enlever la rouille des surfaces métalliques. Appliquez un apprêt à métal sur ces surfaces avant de poser la couche de finition.

4. Utilisez des bâches pour protéger la végétation et les fenêtres des éclaboussures de peinture.

5. Grattez ou enlevez la peinture écaillée ou boursouflée à l'aide d'une brosse métallique. Vous pouvez aussi employer une ponceuse ou un pistolet décapeur pour enlever la peinture récalcitrante.

6. Servez-vous de laine d'acier pour enlever la rouille sur les têtes de clous à découvert. Chassez les clous et remplissez les trous de mastic à bois, poncez la surface pour qu'elle soit lisse et nettoyez-la avant de la peindre.

7. Enlevez toute la saleté et toute la crasse des murs.

8. Nettoyez les surfaces présentant de la moisissure en suivant la méthode appropriée (voir la page 24).

9. Choisissez de la peinture à l'eau pour faciliter le nettoyage et l'élimination plus sûre des restes de peinture.

Quantité de peinture à acheter

La quantité nécessaire dépend de la surface à peindre et du type de peinture que vous allez utiliser. Il faut prévoir au minimum 1 litre (environ une pinte) de peinture par couche pour couvrir environ 8 m² (environ 86 pi²) de surface murale. Plusieurs couches seront peut-être nécessaires selon la qualité de la peinture utilisée et l'intensité de la couleur à recouvrir.

Application de la peinture

Réunissez tous les outils dont vous aurez besoin. Ne faites le travail que s'il n'y a pas de pluie ou de grands vents prévus et que la température est comprise entre 10 °C (50 °F) et 32 °C (90 °F). Évitez le plus possible de peindre directement au soleil. Attendez toujours que la peinture soit sèche avant d'en appliquer une autre couche et souvenez-vous que la température et l'humidité affectent le temps de séchage. Suivez les instructions données sur l'étiquette du pot de peinture.

Marche à suivre

1. Avant de monter dans une échelle, assurez-vous qu'elle est bien retenue et qu'elle ne glisse pas. Ne la placez pas sous un angle trop prononcé. Ne vous tenez jamais sur le dernier barreau ni sur le rebord d'une fenêtre adjacente. Essayez toujours de garder une main sur l'échelle. Ne vous étirez pas pour tenter de rejoindre un endroit éloigné.

2. Faites attention de ne pas causer de risque pour les personnes en bas. Suspendez le pot de peinture et un seau vide à votre échelle de manière qu'ils ne tombent pas. Servez-vous du seau pour y mettre les chiffons, les pinceaux et les grattoirs de sorte que vous n'ayez pas à monter dans l'échelle et en descendre trop souvent. Faites en sorte que les enfants et que les animaux domestiques se trouvent à l'écart de l'aire de travail.

3. Peignez les parties les plus hautes de la maison (les planches de soffite par exemple) en premier et procédez ensuite en descendant. Dans le cas contraire, de la saleté, des rognures de peinture et des dégouttures souilleront votre travail.

4. Commencez à peindre les objets circulaires tels que les tuyaux de descente par coups en diagonale, puis finissez par des coups transversaux en descendant. Cela empêchera les dégouttures de peinture.

5. Jetez les pots de peinture vides et les chiffons sales tous les jours. Rangez l'échelle et le matériel à la fin de votre journée de travail. Fermez hermétiquement les pots de peinture partiellement utilisés et rangez-les hors de la portée des enfants.

Entretien du parement de stuc

Niveau de compétence requis :
3 - propriétaire qualifié

Matériel : mortier à stuc, calfeutrage

Outils : couteau à mastiquer, petite truelle de maçon,

Le stuc est un fini extérieur résistant, durable et économique qui est offert en plusieurs couleurs. La peinture peut redonner l'aspect du neuf au stuc et elle y adhère mieux que sur de nombreux autres matériaux parce que le stuc est plus stable à différentes températures.

L'entretien comprend un nettoyage léger, la réparation des fissures et du calfeutrage et empêcher la terre d'entrer en contact avec le stuc.

1. Enlevez la saleté sur le stuc avec un tuyau d'arrosage (le jet ne doit pas être trop puissant). Évitez les machines de lavage à haute pression.

2. Remplissez les petites fissures de mortier auquel vous aurez donné une nuance similaire. Les petites fissures peuvent être attribuables au retrait naturel du stuc nouvellement posé. Laissez travailler ces petites fissures pendant environ deux ans jusqu'à ce que le retrait cesse.

3. Inspectez les surfaces et reposer du calfeutrage au besoin autour des tuyaux, des admissions et des sorties d'air.

4. Le sol doit se trouver à au moins 200 mm (8 po) en dessous du bord inférieur du stuc de manière à empêcher les dommages au fini du mur, à l'isolant et à l'ossature des murs.

Entretien de la maçonnerie

Le parement de maçonnerie est posé comme placage et il peut être en briques, en pierres ou en matériaux qui les imitent. Il faut inspecter régulièrement la maçonnerie pour déceler des problèmes tels que l'effritement du mortier, des lézardes ou de l'efflorescence. L'efflorescence est la formation de « poussière » blanchâtre sur la maçonnerie. Elle se produit lorsque les sels contenus dans le mortier humide se dissolvent et migrent à la surface. Cette « poussière » n'est pas dommageable et disparaîtra avec les intempéries. Si elle persiste toutefois, l'efflorescence peut indiquer des problèmes qui devront être corrigés, notamment :

- des infiltrations d'eau par le mortier;
- une migration de l'humidité de l'intérieur;
- des dommages à la gouttière;
- un mauvais positionnement du tuyau de descente.

Si vous devez nettoyer la brique, récurez-la légèrement en évitant d'endommager la surface ou le mortier. Servez-vous d'une solution de nettoyage de la brique vendue en magasin ou faites appel à un spécialiste. Les produits commerciaux de nettoyage de la brique peuvent être caustiques (acides, par exemple); suivez donc les instructions du fabricant touchant la sécurité.

Le sol doit se trouver à au moins 150 mm (6 po) en dessous du bord inférieur de la brique de manière à empêcher les dommages au fini du mur, à l'isolant et à l'ossature des murs. L'écart dans le cas des autres types de parement doit être de 200 mm (8 po).

Niveau de compétence requis :
3 - propriétaire qualifié

Matériel : mortier

Outils : couteau à mastiquer, petite truelle de maçon, ciseau à froid, échelle, truelle à lisser, fer à joints

Réparation des fissures dans la maçonnerie

Prévoyez travailler lorsque la température est supérieure au point de congélation. Servez-vous d'un ciseau à froid pour enlever toutes les particules détachées de mortier dans les fissures à réparer.

2. Mélangez une petite quantité de mortier conformément aux instructions figurant sur l'emballage. Utilisez une truelle triangulaire pour poser le mortier dans les joints.

3. Enlevez l'excédent de mortier et lissez la surface à l'aide d'une truelle à lisser ou d'un outil adapté au type de joint de la surface adjacente. Un tube de cuivre ou un goujon de bois permettent de former un joint arrondi lisse.

4. Nettoyez la surface de la brique avec une brosse et de l'eau. La plupart des mélanges de mortier doivent être gardés humides pendant deux ou trois jours. Suivez les instructions figurant sur l'emballage.

Entretien des solins et calfeutrage

Les fissures autour des portes et des fenêtres peuvent laisser entrer de la saleté, de l'humidité, des insectes et d'autres animaux nuisibles et peuvent accroître vos coûts de chauffage. Réparez les fissures et les trous dès que vous les remarquez.

La laine d'acier est très utile pour boucher les gros trous tels que les pénétrations des conduites de branchement. Elle sert aussi à prévenir l'admission de petits rongeurs et de gros insectes tels que les fourmis charpentières. Assurez l'étanchéité à l'air et à l'humidité en pulvérisant de la mousse de polyuréthanne dans l'espace par-dessus la laine d'acier. La mousse doit être protégée des rayons du soleil. Posez du calfeutrage si cela est possible (selon les dimensions) ou posez un solin.

Niveau de compétence requis :
2 - propriétaire bricoleur

Matériel : calfeutrage convenant au travail, laine d'acier, mousse de polyuréthanne à faible dilatation, solin

Outils : pistolet à calfeutrer, couteau à mastiquer, échelle, couteau tout usage, cisailles à métal

1. Voyez s'il y a des fissures, des espaces ou des trous qui doivent être calfeutrées
2. Enlevez le vieux calfeutrage et nettoyez la surface.
3. Choisissez un produit de calfeutrage, de la mousse ou un solin qui convient au travail en question.
4. Posez de la laine d'acier, de la mousse, un solin ou du calfeutrage à l'aide des outils appropriés mentionnés ci-dessus.
5. Lissez rapidement la surface du joint de calfeutrage avec un doigt mouillé avant que le produit forme une pellicule.

TOITURES

Le revêtement de la toiture est essentiel pour protéger votre maison et son contenu de la pluie, du vent, de la neige et du soleil. Protégez votre investissement en effectuant un entretien préventif de la toiture et en la réparant rapidement. Des travaux d'entretien simple tels que l'émondage des branches d'arbres en contact avec le toit ou près de celui-ci éviteront les dommages et empêcheront la prolifération d'insectes et la formation de mousse qui pourraient réduire la durabilité de la toiture. Inspectez régulièrement la toiture pour déceler des problèmes tels que des bardeaux manquants ou endommagés, des clous en saillie, des solins desserrés ou manquants, des fissures ou des espaces dans le calfeutrage, des trous ou de la pourriture. Consultez le *Guide d'inspection du propriétaire-occupant* de la SCHL pour connaître toutes les suggestions d'inspection.

Les problèmes de toiture les plus courants sont les infiltrations attribuables à :

- des bardeaux ou des solins endommagés;
- des bancs de glace;
- des marres d'eau.

Les travaux d'entretien comprennent :

- l'inspection des solins et du calfeutrage;
- l'inspection des aérateurs dans les soffites et le toit et l'enlèvement des obstructions à ces endroits;
- l'inspection et l'étanchéisation des pénétrations dans le toit, telles que les aérateurs des accessoires de plomberie et les cheminées.

Conseils de prévention

- Protégez votre investissement. Inspectez régulièrement le toit (une ou deux fois l'an ou après une tempête de vent) pour déceler rapidement des problèmes et les corriger avant qu'ils s'aggravent. Voyez si des bardeaux ou des solins sont endommagés, brisés ou manquants près des gouttières ou dans les noues du toit. Si possible, servez-vous de jumelles pour faire votre inspection en toute sécurité à partir du sol.

- Les inspections périodiques vous donnent aussi l'occasion de déceler des problèmes de structure, tels qu'un affaissement ou une inclinaison du toit. Les problèmes de structure devront être évalués par un couvreur spécialisé ou un inspecteur en bâtiment compétent.
- Lorsque vous installez des lumières de Noël, fixez-les avec des pinces plutôt qu'avec des clous pour ne pas endommager le toit et la bordure du toit.

Conseils de réparation

- Achetez des matériaux de réparations de la toiture dans un centre de matériaux de construction ou chez votre quincaillier.
- Il est dangereux de travailler sur le toit. Louez donc de l'équipement de sécurité dans un magasin de location d'équipement.
- Si vous doutez de vos capacités à faire les réparations ou si vous ne possédez pas l'équipement nécessaire, confiez le travail à un couvreur compétent.

Considérations particulières

Maison saine^{MC}

- Un toit qui coule peut causer des problèmes d'humidité et ainsi entraîner une détérioration prématurée, la formation de moisissure et, éventuellement, des problèmes de qualité d'air intérieur.
- L'étanchéisation des pénétrations du toit aide à réduire les déperditions calorifiques et la consommation d'énergie.

Sécurité

- Les travaux sur un toit sont dangereux et nécessitent une formation et de l'équipement spéciaux. Envisagez de confier les travaux de réparation de la toiture à un couvreur spécialisé.

Tâches

Réparation d'un toit qui coule

Si le toit coule, réparez-le sans délai. La plupart des infiltrations d'eau par le toit se produisent aux endroits les plus vulnérables (joints autour des solins, tuiles ou bardeaux manquants ou endommagés, noues obstruées par des débris, endroits de la gouttière contenant de l'eau stagnante qui traverse le revêtement de papier).

Si votre toit coule, vous devez d'abord essayer de localiser la source d'infiltration d'eau. Il est souvent difficile de faire ce travail car l'eau circule souvent en dessous du revêtement de la toiture avant qu'on puisse remarquer l'infiltration. Si l'infiltration apparaît sous la forme d'une tache décolorée sur un plafond ou à la partie supérieure d'un mur extérieur au printemps ou au moment d'un redoux en hiver, il est possible en réalité que le toit ne coule pas. Il peut alors s'agir d'humidité non apparente, signe de problèmes plus complexes dans la maison.

Si la toiture coule ou est détériorée à plusieurs endroits, vous devriez faire appel à une entreprise de toiture réputée. Demandez des évaluations et des devis estimatifs à au moins trois entrepreneurs avant de choisir celui qui exécutera les travaux.

Niveau de compétence requis : 3 - propriétaire qualifié

Matériel : composé d'étanchéité pour toiture

Outils : pistolet à calfeutrer, couteau à mastiquer

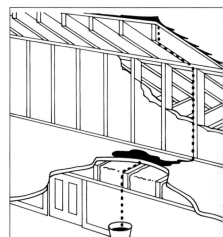

1. Repérez la source d'infiltration d'eau. Voyez si les coins de solins ou de bardeaux sont relevés ou desserrés; l'eau pourrait s'infiltrer sous les solins à ces endroits.
2. Enduisez le dessous du bord relevé du bardeau ou du solin de composé d'étanchéité et appuyez fermement sur la surface pour garantir l'étanchéité.

Remplacement de bardeaux d'asphalte endommagés

Niveau de compétence requis :
3 - propriétaire qualifié

Matériel : éléments de toiture ou solins de rechange, bitume de collage pour toiture, clous à toiture

Outils : lampe de poche, marteau, levier, couteau à mastiquer, échelle, équipement de sécurité

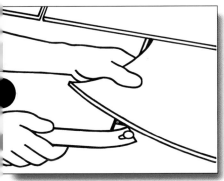

1. Il vaut mieux exécuter ce travail par temps est frais. Insérez doucement un levier plat sous le bardeau au-dessus. Brisez soigneusement la languette d'étanchéité retenant les bardeaux ensemble. Soulevez le bardeau du dessus d'un pouce ou deux de manière à découvrir les clous retenant le bardeau à remplacer. Enlevez le bardeau endommagé.

2. Insérez un bardeau neuf à sa place.

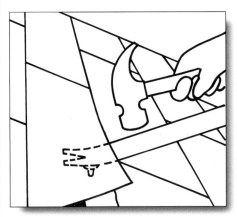

3. Si le bardeau du dessus peut être plié suffisamment sans se briser, clouez le nouveau bardeau au sommet de chaque languette et de chaque côté. Employez des clous à toiture galvanisés. Le bardeau chevauchant doit cacher la tête des clous. Si le bardeau du dessus risque de se briser, collez le nouveau bardeau en place à l'aide de bitume de collage pour toiture.
4. Mettez une petite quantité de bitume de collage sur la tête des clous et appuyez fermement sur le bardeau du dessus pour le remettre en place.

Prévention de barrages de glace

Des barrages de glace se forment par temps froid lorsque fond la neige sur le toit (souvent en raison d'une isolation insuffisante des murs extérieurs ou des lucarnes, de fuites d'air chaud par les plafonds et d'une mauvaise circulation de l'air froid sous le papier de revêtement du toit). L'eau de fonte regèle à la bordure inférieure du toit. Les barrages de glace retiennent l'eau qui refoule sous les bardeaux, causant ainsi des infiltrations dans le grenier. Pour corriger le problème des bancs de glace, il faut améliorer l'isolation et l'étanchéité à l'air du plafond tout en assurant une circulation d'air sous le papier de revêtement du toit aux gouttières de sorte que l'air demeure froid. Ce travail doit être confié à un couvreur compétent qui évaluera votre toiture, l'isolation, l'étanchéité à l'air et la circulation d'air dans le grenier.

Entretien des solins et scellement du toit

Le toit peut présenter des fuites si les solins métalliques sont vieux ou endommagés. Les solins usés, perforés par la rouille ou autrement endommagés, devront probablement être remplacés. Le remplacement d'un solin exige souvent des réparations complémentaires aux bardeaux, le remplacement de tous les bardeaux et, parfois, la réparation de la structure même du toit. Confiez le travail à un couvreur compétent.

Niveau de compétence requis :
3 - propriétaire qualifié (réparation de petits trous)
ou
Niveau de compétence requis :
4 - ouvrier/entrepreneur qualifié (remplacement de solins)

Matériel : bitume de collage pour toiture

Outils : couteau à mastiquer

1. Au moment de l'inspection annuelle du toit, voyez si les solins présentent des petits trous de corrosion ou d'autres dommages.
2. Bouchez les petits trous avec du bitume de collage pour toiture.

Entretien des aérateurs dans les soffites et le toit

Les codes de construction exigent normalement une cote de ventilation de 1:300 dans le grenier. Cela signifie un débit de 10 cm^2 par 30 m^2 de surface du grenier (1 pi^2 par 300 pi^2). La cote exigée pour les toits inclinés est de 1:150. Idéalement, la ventilation doit être répartie uniformément, soit environ la moitié dans les soffites et la moitié plus haute dans toit. Cette ventilation doit être assurée au moyen d'aérateurs de toit, d'aérateurs de faîte ou d'aérateurs aux extrémités du pignon. Pour que les aérateurs de soffites soient efficaces, il doit y avoir un espace entre le dessous du platelage du toit et l'isolant de plafond aux bords de l'immeuble. Non seulement cet espace permet-il d'amener l'air des soffites jusque dans le grenier, mais il maintient le platelage du toit froid. Lorsque le platelage du toit est froid, il y a moins de risques de fonte de la neige, de formation de bancs de glace et d'infiltrations d'eau. Des arrêts pour isolant vendus dans le commerce peuvent être installés pour créer l'espace voulu au-dessus de l'isolant des avant-toits.

Si le plafond est bien étanche à l'air (voir la section *Murs et plafonds*), la ventilation devrait être suffisante dans le grenier. La ventilation du grenier est souvent surévaluée. En hiver, l'air froid à l'extérieur ne peut retenir beaucoup d'humidité ni évacuer l'humidité du grenier. En été, plutôt que le volume de ventilation, c'est davantage la chaleur du soleil et la couleur des bardeaux du toit qui affectent la température dans le grenier. Si vous désirez améliorer la ventilation dans le grenier, assurez-vous qu'elle est distribuée le plus uniformément possible. L'emploi d'aérateurs de soffites et d'aérateurs soit de toit, de faîte ou d'extrémités de pignon devrait suffire. Les aérateurs à lame ou d'autres dispositifs actifs de ventilation ne seront d'aucune aide et peuvent en réalité attirer plus d'humidité en hauteur par un plafond qui n'est pas étanche.

Posez des grillages sur les aérateurs pour empêcher l'entrée d'oiseaux, d'insectes et de petits animaux. Réparez le plus rapidement possible les aérateurs brisés ou manquants pour empêcher l'entrée de pigeons et de chauve-souris. De graves problèmes de santé sont attribuables aux excréments de ces bêtes ainsi qu'aux acariens si petits qu'ils peuvent facilement s'infiltrer dans les aires habitables. Si la maison est infestée, faites appel à un spécialiste en extermination pour vous débarrasser de cette vermine et procéder à un nettoyage complet.

Remarque : Lorsque vous repeignez les soffites, faites attention de ne pas enduire les aérateurs de peinture et ainsi les boucher.

Les conduits des ventilateurs d'extraction de salle de bains ou les conduits de ventilation secondaire de plomberie peuvent être mal ventilés dans le grenier. L'air chaud et humide peut causer de graves problèmes d'humidité, de moisissure ou de pourriture. Les conduits d'aérateurs et les conduits de ventilation secondaire de plomberie devraient refouler à l'extérieur (voir la page 38 à la section *Murs et plafonds*).

Niveau de compétence requis :
3 - propriétaire qualifié

Matériel : arrêts d'isolant préfabriqués ou isolant rigide, cales de bois, pare-insectes, clous

Outils : pistolet agrafeur, marteau, ruban à mesurer, gants, masque antipoussières, lunettes de protection, lampe de poche, baladeuse

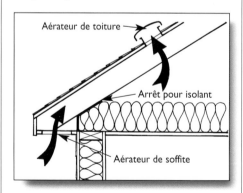

Aérateur de toiture

Arrêt pour isolant

Aérateur de soffite

1. De l'extérieur, localisez les aérateurs de soffites et les autres aérateurs de toit. Servez-vous de jumelles pour mieux voir. Prenez le temps de vérifier qu'il n'y a pas de bardeaux desserrés ou manquants ni de problèmes de cheminée.
2. Montez dans le grenier pendant la journée pour examiner la ventilation. Éteignez les lumières et voyez si la lumière du jour passe par les aérateurs des soffites. Si la lumière ne passe pas entre l'isolant et le platelage du toit le long des avant-toits et que vous avez confirmé la présence d'aérateurs de soffites, soit que les aérateurs de soffites sont bouchés, soit que l'isolant est trop près du platelage du toit.
3. Rendez-vous à proximité de l'avant-toit en faisant attention de ne marcher que sur des éléments de la structure. Écartez l'isolant le long des avant-toits.
4. Posez des arrêts d'isolant préfabriqués ou des arrêts fabriqués sur place à partir de panneaux de polystyrène extrudé retenus au platelage du toit par des cales de bois clouées sur les côtés des chevrons. L'espace entre l'arrêt d'isolant et le platelage du toit doit être d'au moins 63 mm (2,5 po).
5. Replacez l'isolant pour qu'il recouvre le bord extérieur du mur périmétrique.
6. Assurez-vous que les aérateurs de toit, de faîte et d'extrémités de pignon sont bien fixés et protégés par un grillage.
7. Assurez-vous que les persiennes des aérateurs d'extrémités de pignon sont bien droites de manière à prévenir l'infiltration d'eau.
8. Sur le toit, réparez le bitume de collage ou les joints d'étanchéité autour des aérateurs pour empêcher les infiltrations d'eau.

Entretien des joints autour des pénétrations du toit

Les pénétrations du toit telles que les cheminées, les puits de lumière, les aérateurs de plomberie, les aérateurs de ventilateurs d'extraction et les aérateurs de grenier, sont des endroits où l'eau est susceptible de s'infiltrer. Ces infiltrations se produisent habituellement si les solins ou les joints autour des pénétrations sont détériorés. Il arrive parfois que les solins ne soient pas bien recouverts ou sont mal placés. En cas de problèmes graves des solins, il peut être préférable de consulter un spécialiste. Autrement, il peut suffire de corriger provisoirement les problèmes en bouchant les trous, en les réparant régulièrement et en remplaçant les solins lors du remplacement complet du revêtement de la toiture.

Niveau de compétence requis :
3 - propriétaire qualifié

Matériel : bitume de collage pour toiture (en pot ou en tube), produit de scellement à l'acrylique clair, ruban de mastic à endos d'aluminium

Outils : pistolet à calfeutrer, échelle, équipement individuel de protection contre les chutes, couteau à mastiquer, chiffon

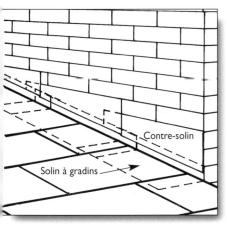

Contre-solin

Solin à gradins

1. Inspectez toute la toiture, en particulier les pénétrations. Vérifiez aussi les solins autours des lucarnes ou aux intersections d'un mur et du toit. Un solin doit être posé sur toutes les pénétrations. Les endroits à problèmes ou les éléments de fixation découverts doivent être enduits de bitume ou d'un produit d'étanchéité.

2. Utilisez du bitume de collage pour toiture pour protéger les éléments de fixation découverts ou badigeonnez-en les bardeaux au-dessus des solins, au besoin. Employez aussi le bitume de collage pour assurer l'étanchéité des joints autour des conduits d'évent, si nécessaire.

3. Utilisez un produit de scellement à la silicone ou à l'acrylique clair pour étancher les joints au droit des solins encastrés dans les cheminées de brique (ou à tout autre endroit où un joint clair est nécessaire pour maintenir une belle apparence).

4. Bouchez temporairement les petits trous dans les solins métalliques à l'aide de bitume de collage pour toiture ou de petits morceaux de ruban de mastic à endos d'aluminium.

5. Si les solins de noue font en sorte de refouler l'eau sous les bardeaux, soulevez doucement les bardeaux près des solins et posez-y une bande uniforme de bitume de collage. Replacez les bardeaux en y exerçant une pression de manière à former un joint étanche continu sur toute la longueur du solin de noue.

GOUTTIÈRES ET TUYAUX DE DESCENTE

Les gouttières sont destinées à recueillir l'eau coulant du toit. Les tuyaux de descente servent à évacuer l'eau loin de l'immeuble. Des déflecteurs placés sous chaque tuyau de descente aident à disperser l'eau sur la pelouse. Si les gouttières fonctionnent mal, l'eau se déverse le long des murs. Ce ruissellement peut tâcher les murs, causer des problèmes d'eau dans le sous-sol et faire décoller la peinture des murs extérieurs. Si les tuyaux de descente ne permettent pas d'évacuer l'eau loin de l'immeuble, l'eau peut envahir le sous-sol et des marres d'eau peuvent se former autour de la fondation et du terrain.

Les problèmes de gouttières et de tuyaux de descente les plus courants sont les suivants :

- accumulation de débris empêchant une bonne évacuation;
- mauvais réglage;
- petites fuites.

Les travaux d'entretien comprennent :
- l'enlèvement périodique des débris.

Conseils de prévention

- Pour que les gouttières fonctionnent bien, enlevez les débris qui s'y trouvent.
- Réglez les gouttières et les tuyaux de descente pour qu'ils évacuent l'eau correctement.
- Coupez les branches et émondez les arbustes à proximité des gouttières et du toit.

Conseils de réparation

- Posez des grillages métalliques pour empêcher les feuilles et les débris de remplir et de boucher les tuyaux de descente.

Considérations particulières

Maison saine^MC

- Les gouttières et les tuyaux de descente sont essentiels pour assurer l'évacuation de l'eau loin de votre maison. Une humidité excessive à l'intérieur peut favoriser la formation de moisissure et la prolifération d'acariens susceptibles de créer des problèmes de santé.
- Fixez un baril sous les tuyaux de descente pour recueillir l'eau de pluie. Cette eau pourra servir à l'arrosage extérieur. Vous conserverez ainsi l'eau et réduirez vos coûts d'aqueduc.

Sécurité

- L'inspection et l'entretien des gouttières et des tuyaux de descente font appel à l'utilisation d'une échelle. Faites preuve de grande prudence et suivez les consignes de sécurité pertinentes (voir la page 14 à *Échelles* dans la *section Votre boîte à outils*).
- Il se vend sur le marché des rallonges de tuyaux de descente qui s'abaissent automatiquement avec l'écoulement d'eau. Grâce à ces éléments, on ne risque pas de trébucher accidentellement sur le tuyau ni de le briser. Des déflecteurs doivent tout de même être installés.

Tâches

Nettoyage et réglage des gouttières et des tuyaux de descente

Niveau de compétence requis :
2 - propriétaire bricoleur

Matériel : attaches à lames ou clous pour gouttières selon votre installation, vis ou clous, produit d'étanchéité à la silicone, bitume de collage pour toiture

Outils : échelle, tuyau d'arrosage, marteau, tournevis, dégorgeoir

1. À l'automne et au printemps, inspectez les gouttières et les tuyaux de descente et enlevez les feuilles et les débris qui s'y trouvent. Resserrez les joints, s'il y a lieu.

2. Examinez les orifices par lesquels l'eau s'écoule des gouttières dans les tuyaux de descente. Ces orifices doivent être munis d'un pare-feuilles ou d'un grillage. Nettoyez les pare-feuilles ou les grillages et remettez-les en place.

3. Vérifiez que toutes les attaches des gouttières sont bien serrées. Si une attache à lame est desserrée, fixez-la avec une vis galvanisée ou remplacez le clou existant par un clou galvanisé. Remplacez les attaches brisées ou endommagées.

4. Si l'attache est du type à manchon et clou et qu'elle est desserrée, reclouez-la en utilisant un clou galvanisé ou en aluminium.

5. Voyez si les tuyaux de descente fuient ou sont bouchés. Si un tuyau de descente est bouché, nettoyez-le à partir de l'orifice de la gouttière en utilisant un dégorgeoir.

6. Voyez si les gouttières fuient ou si elles évacuent l'eau correctement en y versant de l'eau avec un tuyau d'arrosage ou un seau. Si l'eau ne s'écoule pas correctement, réglez une ou plusieurs attaches en amont de l'orifice de sortie jusqu'à ce que l'eau s'écoule correctement. Dans le cas d'une attache à lame, vous devrez peut-être relever le bord du bardeau ou du matériau de revêtement du toit pour découvrir le point de fixation.

7. Déclouez l'attache du toit, puis dévissez ou détachez l'extrémité fixée à la gouttière.

8. Refixez l'attache plus haut sur la toiture ou sur la bordure du toit. Le nouveau clou ou la nouvelle vis doit être posé(e) à au moins 20 mm (3/4 po) de l'ancien trou de clou.

9. Remettez ensuite la gouttière en position et fixez l'extrémité libre de l'attache à la gouttière.

10. Si l'attache est de type à manchon et clou, libérez la gouttière en retirant le clou (utilisez une cale de bois pour y appuyer l'arrache-clou ou coupez le clou avec la lame d'une scie à métaux).

11. Placez un nouveau manchon à un autre endroit à proximité, mais à au moins 20 mm (3/4 po) de l'emplacement précédent. Soulevez la gouttière et fixez-la à la bordure du toit avec un clou galvanisé neuf passant dans le manchon. Enduisez la tête des clous d'un peu de bitume de collage pour toiture.

Niveau de compétence requis :
2 - propriétaire bricoleur

Matériel : produit d'étanchéité à la silicone, toile de fibre de verre, bitume de collage pour toiture

Outils : échelle, marteau, tournevis, brosse métallique, couteau à mastiquer, pistolet à calfeutrer, chiffon

Réparations de petites fuites dans les gouttières et les tuyaux de descente

1. Localisez la fuite et enlevez les débris de l'endroit en question.
2. Gouttières et tuyaux de descente en vinyle — les fuites sont normalement attribuables à un desserrement des joints ou à une mauvaise étanchéité des joints. Essayez de resserrer les raccords. Si l'opération ne fonctionne pas, remplacez la pièce ou colmatez la fuite avec un produit d'étanchéité à la silicone.
3. Gouttières et tuyaux de descente métalliques — les fuites sont attribuables à des fissures ou à des trous. Utilisez une brosse métallique pour enlever la poussière de rouille ou de métal.
4. Dans le cas de petites fissures ou de petits trous, nettoyez la surface et enduisez-la de bitume de collage pour toiture avec un couteau à mastiquer.
5. Dans le cas de fissures ou de trous de plus de 5 mm (3/16 po), posez un morceau de toile de fibre de verre de 10 mm à 20 mm (3/8 po à 3/4 po) plus grand que le trou à boucher. Étalez une mince couche de bitume de collage pour toiture sur la surface à boucher, posez le morceau de toile de fibre de verre par-dessus en y appuyant fermement, puis étalez une deuxième couche plus épaisse de bitume de collage.

Niveau de compétence requis :
1 - entretien simple

Matériel : déflecteurs

Outils : aucun

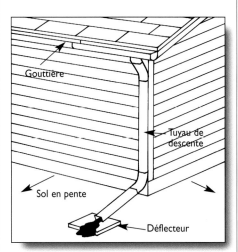

Gouttière

Tuyau de descente

Sol en pente

Déflecteur

Installation de déflecteurs

1. Placez un déflecteur au sol sous chaque tuyau de descente. Grâce au déflecteur, l'eau est dirigée loin de la maison. Autrement, elle rejaillit au sol. Pour de meilleurs résultats, utilisez des déflecteurs longs pour diriger l'eau à au moins 1 m (3 pi) du mur et assurez-vous que la pente à proximité du mur est d'environ 300 mm (1 pi) pour 3 m (environ 10 pi).
2. Vérifiez la position des déflecteurs chaque fois que vous inspectez et nettoyez les gouttières et les tuyaux de descente. Les déflecteurs ont tendance à s'enfoncer dans le sol avec le temps. Si c'est le cas, relevez la terre sous les déflecteurs jusqu'à ce que la pente soit la même qu'auparavant.

ESCALIERS, RAMPES, TERRASSES ET VÉRANDAS

Pour en assurer le bon état et la sécurité, il faut entretenir régulièrement les escaliers, les rampes, les terrasses et les vérandas.

Les problèmes d'escaliers, de rampes, de terrasses et de vérandas les plus courants sont les suivants :

- détérioration du bois;
- planches endommagées;
- petits trous ou fissures dans le béton;
- béton brisé.

Les travaux d'entretien comprennent :
- peinture et finition du bois;
- inspection régulière et réparation du béton;
- inspection et serrage des garde-corps.

Conseils de prévention

- Les marches cassées, fendues, lâches ou affaissées sont dangereuses et peu esthétiques. Réparez-les ou remplacez-les immédiatement.

Conseils de réparation

- Prévoyez réparer le béton lorsqu'il fait chaud pour qu'il durcisse correctement.
- Utilisez des clous galvanisés pour éviter les taches de rouille sur les terrasses en bois.

Considérations particulières

Maison saine[MC]

- Employez du cèdre ou du séquoia comme bois de remplacement. Ces types de bois contiennent des agents de conservation naturels qui en prolongent la durée et éliminent le besoin d'ajouter des agents chimiques de conservation.
- Pour faire fondre la glace sur les trottoirs et les escaliers, employez des produits de déglaçage non toxiques à la place du sel. Ces produits sont moins dommageables pour l'environnement et ne dégradent pas le béton.

Sécurité

- Évitez les situations favorisant les chutes et les trébuchements. Débarrassez les escaliers, les rampes, les terrasses et les vérandas d'objets superflus et installez des garde-corps.
- Réparez les irrégularités ou remplacez les pavés de béton brisés de trottoirs. Soulevez les pavés, remettez le sol de niveau et damez le remblai.
- Assurez un bon éclairage dans les endroits où se trouvent des escaliers. Des lumières aident à mieux voir où l'on met les pieds.
- Choisissez des finis antidérapants pour éviter de glisser et de tomber.
- Les rampes pour fauteuils roulants sont glissantes en hiver et lorsqu'il pleut. Installez des lattes perpendiculaires aux solives et posez de la peinture antidérapante dans laquelle vous pourrez mélanger du sable de silice. La surface sera sans doute un peu plus difficile à nettoyer, mais elle sera plus sûre pour les personnes en fauteuils roulants.

Tâches

Réparations ou remplacement des escaliers de bois

Les marches en bois endommagées ou cassées doivent être réparées sans délai.

Niveau de compétence requis : 3 - propriétaire qualifié

Matériel : bois de remplacement, clous galvanisés, clous à finir, peinture ou teinture de couleur appariée aux autres marches

Outils : marteau, équerre de charpentier, barre-levier, pinceau, scie électrique circulaire portative ou égoïne

Sans contremarche ou marches de madrier

1. Avec un marteau, frappez sous la marche endommagée jusqu'à ce qu'elle se dégage. Lorsque les clous sortent, dégagez la marche et retirez les clous avec l'arrache-clou du marteau. Enlevez la marche et les clous en saillie qui sont demeurés pris dans le limon d'escalier.
2. Au besoin, coupez d'équerre une extrémité du madrier de remplacement en alignant la longue branche de l'équerre sur un des côtés longitudinaux du madrier et tracez un trait de coupe sur le madrier le long de la branche courte de l'équerre. Coupez le madrier le long de ce trait.
3. Mesurez la longueur de la marche à remplacer et reportez la mesure sur le madrier de remplacement à partir du côté d'équerre. À l'aide de l'équerre, tracez un trait de coupe à la longueur mesurée et sciez le madrier (la nouvelle marche).
4. Mettez la nouvelle marche en place et fixez-la avec des clous. Enfoncez au moins trois clous à chaque bout de la marche, un près de chaque bord et un au centre. Utilisez des clous d'au moins 38 mm (1 1/2 po) plus longs que l'épaisseur de la marche.
5. Appariez la finition de la nouvelle marche à celle des autres.

Avec contremarche

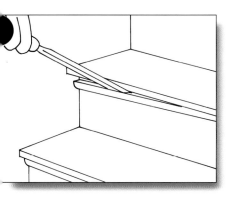

1. Il se peut qu'il y ait une baguette le long de la partie supérieure de la contremarche sous le nez de la marche (la partie de la marche qui se prolonge au-delà de la contremarche). Si c'est le cas, enlevez-la avec une barre-levier.

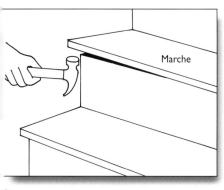

2. Si la marche est fixée à la contremarche, frappez sous la marche, près du nez, pour la dégager de la contremarche en dessous. Servez-vous de la barre-levier pour dégager la marche qui est aussi fixée aux deux limons à ses extrémités.

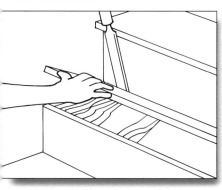

3. Une fois l'avant et les côtés de la marche décloués, tirez doucement la marche vers l'avant jusqu'à ce que l'arrière soit dégagé de la contremarche au-dessus.

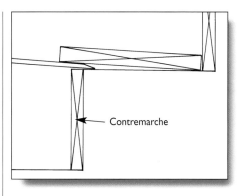

Contremarche

4. Enlevez la contremarche s'il faut aussi la remplacer. Commencez par libérer partiellement la contremarche de la marche au-dessus en y exerçant un mouvement de levier.

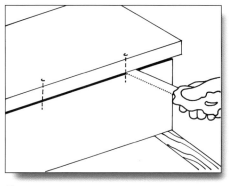

5. Lorsque les clous apparaissent, enlevez-les ou coupez-les au ras de la contremarche avec la lame d'une scie à métaux.

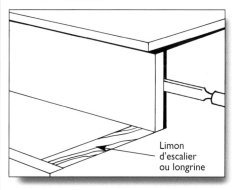

Limon d'escalier ou longrine

6. En exerçant un effet de levier, séparez la contremarche des limons. Arrachez les clous qui font saillie.

7. Coupez les nouvelles marche et contremarche aux mesures voulues.

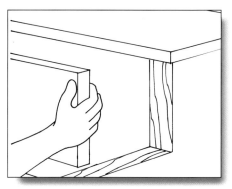

8. Posez d'abord la contremarche sous le nez de la marche au-dessus et contre la face des limons.

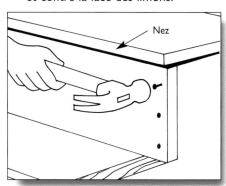

Nez

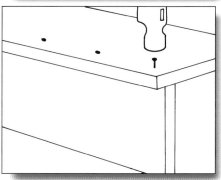

9. Placez temporairement la nouvelle marche sous la contremarche et clouez la contremarche à sa place sur les limons. Clouez la marche du dessus sur la contremarche.

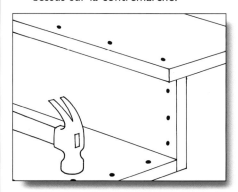

10. Placez la nouvelle marche à sa position définitive et clouez-la sur les limons et la contremarche en dessous. Enfoncez les clous au même espacement que les vieux clous ou à environ 150 mm (6 po) les uns des autres. Enfoncez au moins trois clous de chaque côté de la marche, un à environ 50 mm (2 po) de chaque bord et un au centre.

11. Si la baguette a été enlevée, replacez-la et fixez-la avec des clous galvanisés. Appariez la finition des nouvelles marches et contremarches à celle des autres.

Réparation de petites fissures ou de petits trous dans le béton

Il est facile de réparer les petites fissures ou les petits trous dans le béton et cela empêchera les problèmes de s'aggraver. Les problèmes peuvent comprendre l'effritement ou le poussiérage en surface, des fissures ou la rupture de pièces. Les défectuosités dans le béton peuvent être attribuables à de mauvaises techniques de mélange, de mise en place ou de cure.

Niveau de compétence requis :
2 - propriétaire bricoleur

Matériel : liant liquide au latex, poudre de béton de réparation

Outils : brosse métallique, ciseau à froid, pinceau, truelle de maçon, lunette de sécurité, appareil respiratoire

1. Si la surface du béton présente un problème de poussiérage ou d'effritement, nettoyez la surface. Effectuer ensuite un nettoyage plus approfondi et appliquez un scellant à béton en suivant les instructions du fabricant du produit de scellement.
ATTENTION : Les produits de scellement contiennent normalement des produits carcinogènes connus. Utilisez donc le produit uniquement à l'extérieur et dans un endroit bien aéré.

2. Au moment de réparer des fissures ou des pièces endommagées, assurez-vous d'enlever les particules de béton détachées avec un ciseau à froid ou avec un grattoir. Lorsque vous utilisez le ciseau à froid, essayez d'élargir la fissure sous la surface pour permettre une bonne prise de la pièce de réparation. Nettoyez bien la surface.

3. Scellez les fissures très étroites avec un produit de scellement ou un bouche-pores appliqué au moyen d'un pistolet à calfeutrer. Pour les fissures plus larges, servez-vous d'un composé de réparation pour béton.

4. Des composés de réparation spéciaux sont aussi utiles aux endroits où la surface de béton est bien effritée ou que des petits morceaux se sont détachés. Suivez les instructions du fabricant du produit.

Entretien du bois à l'aide de teintures et de produits de conservation

Il faut assurer une protection continue des escaliers, des rampes, des terrasses et des vérandas en bois contre l'effet du soleil et des intempéries afin d'en maintenir la durabilité et la belle apparence.

Niveau de compétence requis :
2 - propriétaire bricoleur

Matériel : teinture ou produit de conservation imperméabilisant

Outils : pinceau, chiffons, bâches pour protéger les plantes, échelle, lunettes et tenue de protection

1. Préparez la surface selon les instructions du fabricant du produit que vous employez. Normalement, vous devrez nettoyer la surface et la poncer légèrement avant d'y appliquer le produit.

2. Étalez des bâches pour protéger la végétation à proximité.

3. Appliquez la teinture ou le produit de conservation conformément aux instructions du fabricant. Pour la plupart des surfaces, vous devrez appliquer deux couches de produit et refaire le travail à tous les deux à cinq ans. Appliquez le produit aussi sur le dessous de la surface si vous y avez accès.

Entretien des garde-corps

Les terrasses, les escaliers, les mains courantes et les garde-corps se trouvent à l'extérieur et ont souvent été ajoutés plus tard à la construction d'origine, mais ces éléments doivent tout de même être conformes aux exigences des codes de construction en vigueur au moment de leur aménagement. En outre, les garde-corps de terrasses et les rampes d'escaliers sont exposées aux intempéries qui peuvent les endommager.

En général, les vérandas, les terrasses et les balcons extérieurs doivent être protégés par des garde-corps sur tous les côtés ouverts s'ils sont à plus de 600 mm (24 po) du sol. La hauteur des garde-corps doit être d'au moins 900 mm (35 1/2 po) si la hauteur de la terrasse est inférieure à 1 800 mm (6 pi) du niveau du sol adjacent. Si la terrasse est à plus de 1 800 mm (6 pi) du sol, la hauteur minimale des garde-corps doit être de 1 070 mm (42 po). Aucun élément du garde-corps sur lequel on peut monter doit se trouver entre 100 mm (4 po) et 900 mm (35 1/2 po) au-dessus du plancher de la terrasse ou du balcon. Les ouvertures dans le garde-corps ne doivent pas permettre le passage d'une sphère de 100 mm (4 po) de diamètre. Des mains courantes doivent être installées sur les escaliers comportant plus de trois marches. Consultez le code de construction pertinent pour connaître les exigences en vigueur.

Niveau de compétence requis :
2 - propriétaire bricoleur

Matériel : bois résistant à la pourriture (tel que du cèdre) ou matériaux de construction de terrasse compatibles, vis antirouille, peinture ou teinture

Outils : ruban à mesurer, scie, perceuse, tournevis, papier abrasif, bloc de ponçage ou ponceuse.

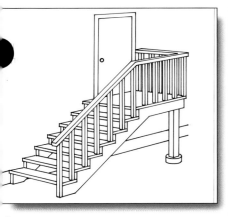

1. Inspectez les mains courantes et les garde-corps pour vous assurer qu'ils sont conformes aux lignes directrices susmentionnées et que les éléments et les attaches sont bien fixés et en bon état.
2. Modifiez les mains courantes pour qu'elles soient conformes aux lignes directrices. Vous pourriez devoir faire appel à l'aide d'un spécialiste pour ce travail.
3. Remplacez les éléments dégradés.
4. Serrez ou remplacez les attaches desserrées.
5. Peignez ou teignez le bois régulièrement afin de réduire le plus possible la dégradation attribuable aux intempéries.

TERRASSEMENT ET DRAINAGE

La plupart des terrains sur lesquels sont érigées des maisons ne sont nivelés que grossièrement au moment de la construction. C'est au propriétaire qu'il incombe de finir le terrassement et d'exécuter l'aménagement paysager. De nombreuses maisons connaissent des problèmes d'humidité et d'inondation causés par l'affaissement du sol, qui empêche aussi l'établissement d'une pente appropriée et une bonne évacuation des eaux de ruissellement. Le sol autour de la maison devrait présenter une pente descendante partant de la maison de sorte que les eaux de ruissellement soient évacuées loin de la fondation.

Les problèmes de nivellement et de drainage les plus courants sont les suivants :

- affaissement du sol ou remblayage insuffisant;
- matériel de drainage inefficace.

Les travaux d'entretien comprennent :
- maintenir une pente appropriée à proximité de la fondation;
- empêcher l'érosion;
- nettoyer et régler les puits de fenêtre;
- assurer l'étanchéité entre les trottoirs, les entrées de cour et les murs.

Conseils de prévention

- Faites des inspections périodiques pour déceler et corriger des petits problèmes avant qu'ils s'aggravent.
- S'il n'y en a pas, posez des gouttières sur tous les avant-toits, ainsi que des tuyaux de descentes, des rallonges de tuyaux de descente et des déflecteurs pour évacuer l'eau loin de la maison.
- Assurez-vous que la pente adjacente à la fondation ne retient pas l'eau dans un jardin ou dans un massif floral, mais qu'elle évacue l'eau de ruissellement.

Conseils de réparation

- S'il est impossible d'établir une pente autour de la fondation, envisagez de couvrir le sol d'une couche d'argile. Une autre solution consiste à enfouir une toile de polyéthylène à une profondeur de 150 mm (6 po), en lui donnant une pente s'éloignant de la fondation. L'une ou l'autre de ces méthodes permettra d'évacuer l'eau loin de la fondation.

Considérations particulières

Maison saine^{MC}

- Un terrassement et un drainage bien exécutés sont essentiels pour empêcher l'infiltration d'humidité dans la maison. L'humidité peut amener une détérioration prématurée des matériaux de construction et la formation de moisissure susceptible de causer de graves problèmes de santé.

Sécurité

- L'exécution de gros travaux de terrassement et de drainage requiert souvent de la machinerie lourde. Pour conduire ces machines, il faut avoir reçu une formation pertinente et mettre en pratique les mesures de sécurité requises pour prévenir les accidents.

Tâches

Maintien d'une pente suffisante adjacente à la fondation

Les gros travaux de terrassement et de drainage requièrent habituellement de la machinerie lourde d'excavation, d'épandage, de nivellement et de transport de terre. Il vaut donc mieux confier ce travail à un entrepreneur spécialisé. De nombreux problèmes découlent cependant de petites dépressions qui se forment près de la fondation aux points où les tuyaux de descente peuvent diriger l'eau. Ce problème peut souvent être corrigé avec un matériau approprié épandu à l'aide d'une pelle, d'un râteau et d'une brouette.

Niveau de compétence requis : 2 - propriétaire bricoleur dans le cas des petits problèmes
ou
Niveau de compétence requis : 4 - ouvrier/entrepreneur qualifié dans le cas des gros problèmes

Matériel : remblayage, tuyau d'argile, brouette, pelle, râteau

Outils : machinerie lourde pour le transport et l'épandage du remblayage

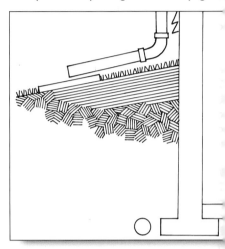

1. La pente doit être de 300 mm (1 pi) pour 3 m (environ 10 pi) en partant de la maison. Une pente plus prononcée est même préférable.
2. Si votre maison est construite sur un lot parfaitement de niveau, vous devriez remblayer contre les fondations, aussi haut que possible, sur une distance d'environ 1,5 m (environ 5 pi), en s'éloignant des murs. Donnez une pente graduelle en descendant jusqu'à la légère dépression qui se trouve à la limite de la propriété. Cette pente éloignera les eaux de ruissellement des fondations.
3. Si votre maison est construite sur un lot plus bas que le terrassement établi, vous pouvez avoir à remblayer de manière que les eaux de ruissellement s'écoulent vers la rue ou vers le fond du terrain.
4. Si la pente autour de la maison est° insuffisante pour assurer un bon écoulement des eaux, vous pouvez installer un système de tuyaux de drainage enfouis. Vous devrez probablement confier ce travail à un entrepreneur. Une autre solution consiste à enfouir une toile de polyéthylène sous la pelouse à une profondeur de 150 mm (6 po), en lui donnant une pente en partant de la fondation.

Prévention de l'érosion

Le terrassement et le drainage sont essentiels pour contrôler l'humidité autour des fondations. Normalement, le remblayage autour des fondations se tasse après le premier hiver, ce qui produit une dépression près des murs de fondation. Cette dépression permet aux eaux de ruissellement de s'accumuler près du mur et, éventuellement, de surcharger les conduits de drainage et de s'infiltrer dans les fondations.

Le sol autour de la maison ne devrait pas se trouver à moins de 200 mm (8 po) du parement des murs. La pente partant des murs de fondation devrait se prolonger sur une distance d'environ 3 m (10 pi) et avoir un rapport de 1:10 (300 mm pour 3 m).

Niveau de compétence requis :
2 - propriétaire bricoleur pour les petits problèmes
ou
Niveau de compétence requis :
4 - ouvrier/entrepreneur qualifié pour les gros problèmes

Matériel : terre à jardin, semences de gazon, gazon en plaques, rallonges de tuyaux de descente, déflecteurs

Outils : pelle, râteau, râteau à gazon, brouette

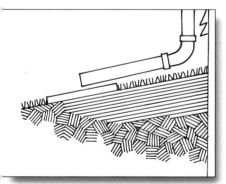

1. Abaissez le terrain adjacent aux fondations s'il se trouve à moins de 200 mm (8 po) du parement des murs.
2. Donnez au terrain une pente de 300 mm (1 pi) sur une distance de 3 m (10 pi) en partant des murs de fondation. Si le terrassement avoisinant l'empêche, donnez au terrain le plus de pente possible à partir des fondations. Si nécessaire, établissez une rigole de drainage peu profonde à au moins 3 m

(10 pi) de la maison de sorte que le terrain adjacent à la maison ne présente pas une pente en direction des fondations. Assurez-vous que les eaux de ruissellement à proximité s'écoulent loin de la maison le long de la rigole.
3. Finissez le terrassement en épandant une couche de terre à jardin ou d'argile qui formera une couverture pour limiter la pénétration des eaux de ruissellement près des fondations.
4. Engazonner la pente nouvellement établie. L'emploi de plaques de gazon assure un contrôle plus immédiat de l'érosion, mais à un prix plus élevé.
5. S'il n'y a pas des gouttières à tous les avant-toits, posez-en. Installez aussi des tuyaux de descente, des rallonges de tuyaux de descentes et des déflecteurs afin d'évacuer les eaux pluviales provenant du toit loin des fondations.

Nettoyage et réglage des puits de fenêtres

Les fenêtres ou les parties des fenêtres se trouvant en dessous du niveau du sol doivent être protégées au moyen de puits. La partie inférieure des puits doit se trouver à au moins 200 mm (8 po) sous le bord inférieur de la fenêtre. Le fond du puits doit être couvert de gravier perméable assurant un bon drainage vers le drain de fondation et empêchant la formation de marre d'eau dans le puits. Si le matériau de remblayage n'assure pas un bon drainage, posez une colonne de gravier au fond du puits et raccordez-la au tuyau de drainage en argile s'il y en a un.

La pente autour du puits de fenêtre doit permettre un écoulement des eaux de ruissellement loin de la maison. Assurez-vous que l'eau, en particulier l'eau de fonte provenant du toit au printemps, s'écoule loin de la maison et non dans les puits de fenêtres. Si l'eau gèle dans les puits pendant la nuit, l'eau de fonte le lendemain pourrait s'écouler sur la glace et s'infiltrer dans la maison en passant par la fenêtre.

Les parois des puits de fenêtres sont habituellement faites de plastique ou de métal ondulé. Les puits de fenêtres peuvent être fixés aux murs de fondations, mais dans certains sols,

l'action du gel peut les soulever et ainsi endommager les murs de fondation. Souvent, il est préférable de mettre en place les puits de fenêtre et de les régler après quelques années afin de corriger tout déplacement attribuable à l'action du gel.

Niveau de compétence requis :
2 - propriétaire bricoleur

Matériel : pierre concassée ou gravier

Outils : pelle, niveau, ruban à mesurer, râteau, balai à feuilles

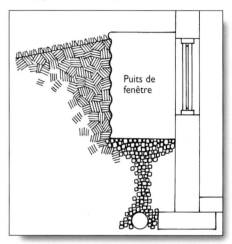

Puits de fenêtre

1. Enlevez régulièrement les feuilles et les débris dans les puits de fenêtres.
2. Assurez-vous que le fond du puits est assez bas sous la fenêtre et qu'il est bien perméable.
3. Si le puits de fenêtre a été déplacé sous l'action du gel ou d'un affaissement du sol, enlevez-le. Épandez une couche de gravier ou de pierre concassée pour niveler le fond. Reposez le puits de sorte que sa partie supérieure soit de niveau et à la bonne hauteur. Remblayez. Le remblai doit présenter une pente partant de la maison ou du puits de fenêtre. Épandez une couche d'argile sur le sol adjacent comme indiqué précédemment.

Scellement des fissures entre les trottoirs, les entrées de cour et les murs

Les trottoirs et les entrées de cour adjacents aux fondations peuvent constituer une bonne couverture de protection afin d'évacuer les eaux de ruissellement loin des fondations. Cependant, certains trottoirs et certaines entrées de cour peuvent être plats ou leur pente peut être orientée vers le mur en raison du tassement du remblayage. Si vous devez corriger un grave problème de pente, faites appel à un entrepreneur.

Si l'entrée de cour ou le trottoir est plat ou présente une pente orientée vers les fondations, il est toujours nécessaire d'assurer l'étanchéité entre ces surfaces et les fondations afin de prévenir l'infiltration d'eau par les fissures.

Niveau de compétence requis :
2 - propriétaire bricoleur

Matériel : produit de scellement au polyuréthanne (en tubes), bouche-fissures pour entrée de cour (en tubes)

Outils : brosse métallique, pistolet à calfeutrer

1. Enlevez les débris lâches ou le vieux calfeutrage de la fissure avec une brosse métallique.
2. Remplissez de sable les fissures profondes jusqu'à environ 13 mm (1/2 po) sous la surface.
3. Scellez la fissure avec du produit de scellement au polyuréthanne pour trottoirs ou chaussée, ou avec du bouche-fissures d'entrée de cour pour surfaces pavées.

Besoin d'aide

Besoin d'aide

Les travaux d'entretien et de réparation requièrent des compétences et des connaissances diverses. Les propriétaires n'ont pas tous le temps et les compétences nécessaires pour exécuter tous les travaux autour de la maison. Heureusement, des spécialistes qualifiés sont en mesure de vous aider.

Conseils pour l'embauche de spécialistes

Voyez d'abord le genre de spécialiste auquel vous devez faire appel. Si vous avez besoin de quelqu'un pour inspecter votre maison et déceler la source d'un problème, appelez un inspecteur en bâtiment compétent. Si le problème est particulier à une pièce de la maison, vous devrez appeler un spécialiste dans ce domaine. Par exemple, si vous avez un problème d'appareil de chauffage, vous devrez appeler un technicien compétent en chauffage. Si le problème touche la qualité de l'air intérieur, vous pouvez appeler un spécialiste en qualité de l'air intérieur qui a suivi le programme de formation de la SCHL sur la qualité de l'air des habitations. (Communiquez avec le bureau de la SCHL de votre localité pour obtenir la liste des personnes qualifiées en vertu du programme de formation de la SCHL sur la qualité de l'air des habitations).

- Cherchez des références auprès de membres de votre famille, d'amis ou de voisins.
- Choisissez une personne d'expérience et qui est membre d'une association professionnelle dans son domaine. Selon le domaine et la province, le spécialiste peut être obligé de détenir un permis ou un numéro d'enregistrement pour accomplir son travail en conformité de la loi.
- Demandez un devis estimatif d'au moins trois entrepreneurs.
- Demandez un devis estimatif écrit. Pour tous les travaux, il est essentiel d'obtenir une entente écrite précisant en détail la nature des travaux et les responsabilités de chacune des parties en cause. Dans bien des cas, tels que l'inspection de la maison ou l'inspection de la qualité de l'air intérieur, vous devriez obtenir un rapport final par écrit. Vous aurez besoin de ce document à titre de référence pour exécuter des réparations ultérieures.

Pour obtenir une liste complète de toutes les étapes à suivre, y compris le choix d'un entrepreneur ou d'un inspecteur en bâtiment, consultez les feuillets documentaires de la SCHL, *Série votre maison, Le choix d'un entrepreneur*, 62839 et *Le choix d'un inspecteur en bâtiment*, 62043.

Pour en savoir plus

La SCHL possède de nombreuses publications qui peuvent vous en apprendre davantage sur l'entretien de votre maison.

Pour commander ces publications et en savoir plus sur les autres produits de la SHCL, communiquez avec :
Le bureau de la SCHL de votre localité
ou
La Société canadienne d'hypothèques et de logement
700, chemin de Montréal
Ottawa (Ontario) K1A 0P7
Téléphone : 1 800 668-2642
Télécopieur : 1 800 245-9274

Visitez notre site Web à l'adresse www.schl.gc.ca

Publications proposées

Titre	Numéro de publication de la SCHL
Avant de rénover, Guide et catalogue pour la rénovation	61154
Matériaux de construction pour les personnes hypersensibles à l'environnement	61278
Construction de maison à ossature de bois - Canada	61199
Élimination de la moisissure dans la maison	61279
Glossaire des termes d'habitation	61949
Rénovation de la maison saine : Trucs et conseils pratiques	61151
Guide d'inspection du propriétaire-occupant	62115
Manuel du propriétaire-occupant	62096
Économiser l'eau chez soi	61970
Guide technique du rénovateur	61330
Guide d'assainissement de l'air : Comment cerner et régler les problèmes de qualité de l'air de votre habitation	61270
Feuillets documentaires - série Votre maison — gratuits	
Après une inondation	60605
Ventilation du vide sous toit, humidité dans le vide sous toit et formation de barrières de glace	62082
Monoxyde de carbone	62094
Le choix d'un déshumidificateur	62093
Les gaz de combustion dans votre maison	62076
Combattre la moisissure	60606
Le choix d'un entrepreneur	62278
Le choix d'un inspecteur en bâtiment	62840
L'entretien du ventilateur-récupérateur de chaleur (VRC)	62091
Mesurer l'humidité dans votre maison	62075
L'enlèvement de la glace sur les toitures	62084
Modèle de contrat de rénovation	62352
Nettoyer les conduits de chauffage	62092
Essai de mesure du débit d'air à l'aide d'un sac à ordures	62289
Importance des ventilateurs de cuisine et de salle de bains	62085
Le filtre de votre générateur d'air chaud	62089
Votre installation d'assainissement	62796
Avant d'amorcer les rénovations :	
Avant de construire une annexe	62269
Avant d'améliorer l'efficacité énergétique de votre maison - L'enveloppe du bâtiment	62265
Avant d'améliorer l'efficacité éconergétique de votre maison - installations mécaniques	62263
Évaluation de vos installations mécaniques - confort et sécurité	62267
Évaluation des travaux de rénovations	62247
Avant de rénover votre salle de bains	62255
Avant de rénover votre sous-sol - Problèmes d'humidité	62251
Avant de rénover votre sous-sol - Aspects structuraux et conditions du sol	62249
Avant de rénover votre cuisine	62253
Avant de réparer ou remplacer des matériaux - Les murs extérieurs	62261
Avant de rénover vos portes et fenêtres	62257
Avant de réparer ou de remplacer le revêtement du toit	62259

Glossaire

Glossaire

ABS – (ABS) - Acronyme désignant le polystyrène-butadiène-acrylonitrile. Un type de plastique rigide utilisé dans les tuyaux de plomberie servant aux installations de drainage, d'évacuation des eaux usées et de conduits de ventilation secondaire. Peut aussi être employé pour l'eau potable.

Aérateur de faîte - Évent spécial en métal ou en plastique qui est installé le long du faîte du toit.

Aérateur de toit - Évent à installer sur une surface du toit et qui s'intègre à la toiture pour assurer un joint étanche à l'eau ʊt en favorisant le passage d'air.

ʘérateurs d'extrémité de pignon - Évent en métal ou en plastique posé à l'extrémité d'un pignon ou d'une lucarne d'une habitation.

Air pulsé - Air poussé dans des conduits (ou gaines) à l'intérieur de la maison au moyen d'un ventilateur installé sur le bâti d'un appareil de chauffage

Ampère - Unité de courant électrique équivalente au courant continu produit par une tension d'un volt sur une résistance d'un ohm.

Anode sacrificielle - Une baguette en magnésium ou en aluminium enveloppée autour d'un fil en acier vissé sur le dessus d'un chauffe-eau et qui empêche le réservoir de rouiller.

Appareil de combustion - Un appareil de chauffage ou de cuisson à combustible, tel qu'un générateur de chaleur au mazout ou au gaz, un poêle à bois, un radiateur au mazout ou au gaz ou une cuisinière au gaz.

Avant-toit - Partie du toit qui s'avance en saillie sur la façade du mur extérieur.

Bordure du toit - Une planche de finition posée sur la façade de l'avant-toit et des saillies du toit.

Cale - Un mince pièce de matériau (parfois effilée) servant à remplir un vide entre des objets.

Calfeutrer (ou étanchéiser) - Rendre étanche à l'aide d'un produit d'étanchéité ou de scellement.

Calfeutrage - Matériau ayant diverses compositions chimiques et servant à exécuter un joint étanche à l'air ou à l'eau.

Carreau de céramique - Carreaux décoratifs en céramique, de formes et de tailles diverses, et normalement employés pour assurer une durabilité dans des endroits très exposés à l'humidité.

Charnière à goupille fixe - Type de charnière dont la goupille ne peut être enlevée.

Charnière à goupille mobile - Type de charnière dont la goupille peut être retirée des charnons de manière à séparer les deux lames de la charnière.

Châssis - Un petit cadre de bois, de métal ou de plastique, fixe ou mobile, qui retient le carreau dans une fenêtre.

Ciment hydraulique - Un ciment qui fait prise sous l'action de l'eau. Les ciments hydrauliques à durcissement rapide sont employés pour boucher rapidement des petites infiltrations d'eau dans les structures en béton.

Clouage en extrémité - Clouage de deux pièces de bois ensemble sur la surface de l'une des pièces et dans l'extrémité du grain de l'autre pièce. Par exemple, on peut clouer en extrémité des renforts de la structure du plancher en enfonçant les clous dans le côté des solives et dans l'extrémité du grain des renforts.

Clous à pointe perdue - Clous à petite tête servant à fixer des moulures à panneau, etc.

Colonne montante - En plomberie, tuyau d'alimentation en eau qui se prolonge sur au moins un étage complet.

Condensation - La transformation en eau de la vapeur contenue dans l'air au contact de surfaces froides.

Contremarche – Planche disposée verticalement sous les marches d'un escalier.

Connecteur - Type de connecteur vissable servant à fixer et à protéger les extrémités torsadées de deux fils réunis ensemble.

Convecteur - Un appareil de chauffage dans lequel l'air entre par une ouverture près du plancher, est chauffé en passant dans un élément chauffant, puis ressort dans la pièce par une ouverture dans le haut de l'appareil.

Coulis - Mélange clair de ciment, de mortier et d'eau.

COV - Acronyme de composé organique volatil. Un des groupes de composés chimiques organiques qui peuvent être à l'état de vapeur ou de gaz à une température ambiante donnée. Ils sont présents dans de nombreux produits courants tels que les vernis et les peintures à l'huile, les produits de calfeutrage, les colles, les tapis en matières synthétiques et les revêtements de plancher en vinyle, etc. Les COV contribuent à la mauvaise qualité de l'air intérieur.

Crépi - Couche de plâtre ou de mortier appliquée sur des murs de maçonnerie ou de béton.

Croix de Saint-André (en bois) ou entretoises croisées (en métal) - Contreventement à l'aide de petites planches de bois ou de goujons métalliques insérés diagonalement entre les solives de plancher ou de toit.

Détecteur de poteaux - Un dispositif électronique servant à détecter des variations de densité dans les murs ou dispositif magnétique servant à repérer les vis et les clous non apparents. D'une façon comme de l'autre, le dispositif permet de détecter les supports de structures dans les murs et les plafonds.

Dispositif de fermeture automatique - Dispositif pneumatique ou hydraulique de fermeture de porte servant à fermer automatiquement une porte.

Efflorescence - Formation d'une poudre blanchâtre à la surface de parois de maçonnerie.

Électrolyse - Réaction électrochimique entre deux métaux dissemblables comme le cuivre et l'acier galvanisé, et qui corrode le joint où les deux métaux sont en contact.

Entaille - Une rainure ou un trait de scie.

Entretoisement - Méthode servant à renforcer les solives et les planchers en installant des éléments transversaux ou des blocs rigides entre les solives.

Étanchéisation à l'air - Pose d'un coupe-bise tel que du calfeutrage ou de la mousse à coefficient de dilatation pour obturer les petites fissures et les espaces dans les fenêtres, les portes, les murs et les plafonds afin de réduire les infiltrations ou les fuites d'air et les déperditions calorifiques.

Évent à turbine - Évent de toit comportant des ailettes en forme de champignon et qui sert à extraire l'air du grenier par le toit (éventuellement à extraire l'air chaud et humide des aires habitables).

Faux-plancher - Planches ou revêtement posées sur les solives pour soutenir le plancher fini.

Fusible - Un dispositif servant à ouvrir automatiquement un circuit électrique en cas de surcharge de courant ou de court-circuit, par le biais d'un élément fusible; un dispositif de protection contre les surintensités.

Gouttière - Profilé fixé sur l'avant-toit pour recueillir et évacuer l'eau de ruissellement du toit.

Hygromètre - Instrument servant à mesurer le taux d'humidité relative dans l'air.

Imperméabilisation - Méthode de contrôle de l'eau pour l'empêcher de s'infiltrer dans un bâtiment. En ce qui concerne les fondations, « l'imperméabilisation » empêche l'humidité du sol de s'infiltrer par capillarité ou sous forme de vapeur d'eau, alors que « l'étanchéité » permet de résister à l'infiltration des eaux souterraines dans des situations où le niveau de la nappe phréatique à proximité des fondations peut s'élever plus haut que le plancher des fondations sans garantie que cette eau pourra être évacuée efficacement.

Interrupteur de défaut à la terre - Dispositif conçu pour couper presque instantanément un branchement accidentel entre un élément sous tension d'un circuit électrique et la terre (court-circuit ou choc) lorsque le courant dépasse une valeur préétablie très faible. Ce dispositif réagit à une situation dangereuse bien avant un fusible ou un disjoncteur et avant qu'une personne subisse un choc électrique.

Inversion de tirage (refoulement) - Retour d'air de l'extérieur vers l'intérieur d'un bâtiment par un registre barométrique, une hotte ou un brûleur à la suite du blocage de la cheminée ou d'une pression supérieure à celle du tirage de la cheminée. L'inversion de tirage ramène des odeurs, des fumées et des gaz toxiques à l'intérieur du bâtiment. Une inversion de tirage « à froid » se produit lorsque la cheminée sert de prise d'air, mais qu'aucun brûleur ne fonctionne ou qu'il n'y a qu'un feu qui couve dans le foyer. L'inversion de tirage « à chaud » se produit lorsque que le retour d'air empêche l'évacuation des gaz chauds de la cheminée.

Limon d'escalier - Élément incliné soutenant les marches et les contremarches d'un escalier.

Longrine - Grosse et longe pièce de bois horizontale retenant les montants verticaux d'une structure ou supportant un plancher.

Marche - Partie horizontale d'un escalier, par opposition à la contremarche.

Mastic - Tout matériau sous forme de pâte servant d'enduit protection.

Membrane de protection contre l'humidité - Tout matériau employé pour retarder le passage ou l'écoulement de vapeur ou d'humidité dans une construction et pour empêcher la condensation.

Meneau - Un élément horizontal servant à séparer des carreaux de verre, de fenêtres ou de portes-fenêtres.

Mortaise - Découpe dans une planche ou un autre élément et destinée à recevoir un tenon, une charnière, etc.

Nez - Bord arrondi qui fait saillie sur une marche, une fenêtre, un seuil, etc.

Occlusion d'air - Bulles d'air emprisonnées dans un matériau.

Panneau de copeaux orientés ou panneau OSB - Panneau de bois fait de copeaux orientés dans le même sens et collés ensemble. Il s'agit d'un produit très résistant fait de matériaux de rebuts.

Pare-air - Matériau intégré à l'enveloppe du bâtiment pour retarder le mouvement d'air. Aussi appelé pare-vapeur/pare-air lorsqu'il sert à retarder l'air et l'humidité.

Plinthe chauffante - Radiateur ayant la forme d'une plinthe et qui comporte des ouvertures de circulation d'air sur le dessus et le dessous.

Pompe de puisard - Pompe, normalement électrique, qui sert à évacuer l'eau contenue dans un puisard.

Porteur - Se dit d'un élément de construction destiné à supporter une charge en plus de son propre poids.

Produit d'étanchéité à la silicone - Un composé à la silicone exempt de solvant qui est très durable et très efficace pour étanchéiser des joints mobiles larges. Une bonne aération est requise pendant la pose et le durcissement du produit.

Produit de scellement ou d'étanchéité - Produit souple utilisé à l'intérieur ou à l'extérieur d'un bâtiment pour boucher les espaces dans l'enveloppe du bâtiment et empêcher les infiltrations et les fuites d'air.

Profilé - Pièce de bois rectangulaire servant à remplacer les languettes posées dans les rainures de deux éléments assemblés. Dans les moustiquaires de fenêtres, mince bande retenant le grillage dans le cadre.

Protection contre l'humidité (1) et enduit de protection (2) - (1) Procédé d'enduction de l'extérieur des murs de fondation à l'aide d'une composition spéciale empêchant l'humidité de traverser les murs. (2) Matériau empêchant l'humidité de traverser les dalles de plancher en béton et de traverser la maçonnerie pour se transmettre au bois.

Puisard - Réservoir étanche qui reçoit l'eau évacuée par un drain de plancher ou un drain de fondation et qui la refoule dans le conduit d'égout à l'aide d'une pompe.

QAI - Acronyme de qualité de l'air intérieur. Une expression générique concernant la présence de contaminants chimiques et biologiques dans l'air d'un bâtiment et leurs effets potentiels sur la santé.

Radiateur - Partie de l'installation, à découvert ou dissimulée, à partir de laquelle la chaleur est rayonnée dans une pièce ou un autre espace à l'intérieur du bâtiment; échangeur de chaleur.

Registre barométrique ou régulateur barométrique de tirage - Dispositif servant à maintenir le tirage voulu d'un appareil en abaissant automatiquement le tirage excédentaire de la cheminée à la valeur désirée.

Réservoir sous pression - Réservoir d'alimentation en eau dans lequel l'eau qui entre refoule un tampon d'air vers le haut du réservoir jusqu'à ce que la pression atteigne une valeur préétablie, ce qui arrête la pompe. La pression dans le réservoir permet de soutirer de l'eau du réservoir jusqu'à ce que la pression chute à une valeur préétablie basse qui remet la pompe en marche. Le réservoir sous pression permet d'utiliser de l'eau sans que la pompe se mette en marche chaque fois.

Rigole de drainage - Petite rigole aménagée dans le terrain et qui est normalement gazonnée et plus large que profonde.

Rosette - Grosse plaque d'une poignée de porte qui s'appuie fermement sur la porte.

Serrure complète - L'ensemble d'une poignée de porte qui comprend les poignées ou les manettes, un pêne demi-tour et des accessoires.

Serrure de passage - Ensemble de poignées de portes ou manettes, pêne demi-tour et accessoires sans mécanisme de verrouillage.

Soffites - Le dessous d'éléments d'un bâtiment tels que des escaliers, des avant-toits, de poutres, etc.

Solin de toit - Solin préformé en caoutchouc qui s'adapte autour d'un conduit de ventilation secondaire de plomberie et qui s'intègre à la toiture tout en formant un joint étanche à l'eau.

Solin de couronnement (ou manchon couvre-joint) - Bande solin faite de tôle ou d'un autre matériau et montée au-dessus d'une fenêtre ou d'une porte pour la protéger de la pluie.

Solin - Tôle ou autre matériau utilisé dans la construction des toits et des murs pour empêcher l'infiltration d'eau.

Solive - Membrure horizontale en bois ayant normalement une épaisseur nominale de 50 mm (2 po) et servant à soutenir les planchers, les plafonds ou les toitures.

Solvant - Une substance, normalement liquide, qui permet de dissoudre les constituants de base d'une peinture.

Soudure - Un composé métallique qui se liquéfie lorsque chauffé et qui est appliqué dans son état liquide. La soudure sert à assembler des tuyaux et des raccords de plomberie en cuivre.

Stuc - Tout matériau ressemblant à du ciment et employé comme revêtement extérieur de murs et autres parois. Le stuc est posé humide, il durcit en séchant et est durable.

Tuyau de descente - Tuyau qui amène l'eau provenant des gouttières au sol ou vers une installation d'évacuation des eaux de ruissellement.

Vapeur d'eau - De l'eau à l'état de vapeur présente dans l'air dans diverses concentrations.

Vitrage - Un terme générique désignant le matériau transparent ou translucide posé dans une fenêtre ou une porte. Normalement du verre, mais pas toujours.

VRC - Acronyme de ventilateur-récupérateur de chaleur. Un système de ventilation qui amène de l'air frais de l'extérieur à l'intérieur tout en récupérant la chaleur de l'air vicié évacué. Le VRC aide à contrôler le taux d'humidité à l'intérieur, à améliorer la qualité de l'air intérieur et peut diminuer les coûts de chauffage.

Index